AF371902

YVES KLEIN E ARMAN
LE VIDE ET LE PLEIN

Collezione Giancarlo e Danna Olgiati
Mousse Publishing

INTRODUZIONE
INTRODUCTION
Giancarlo e/and Danna Olgiati

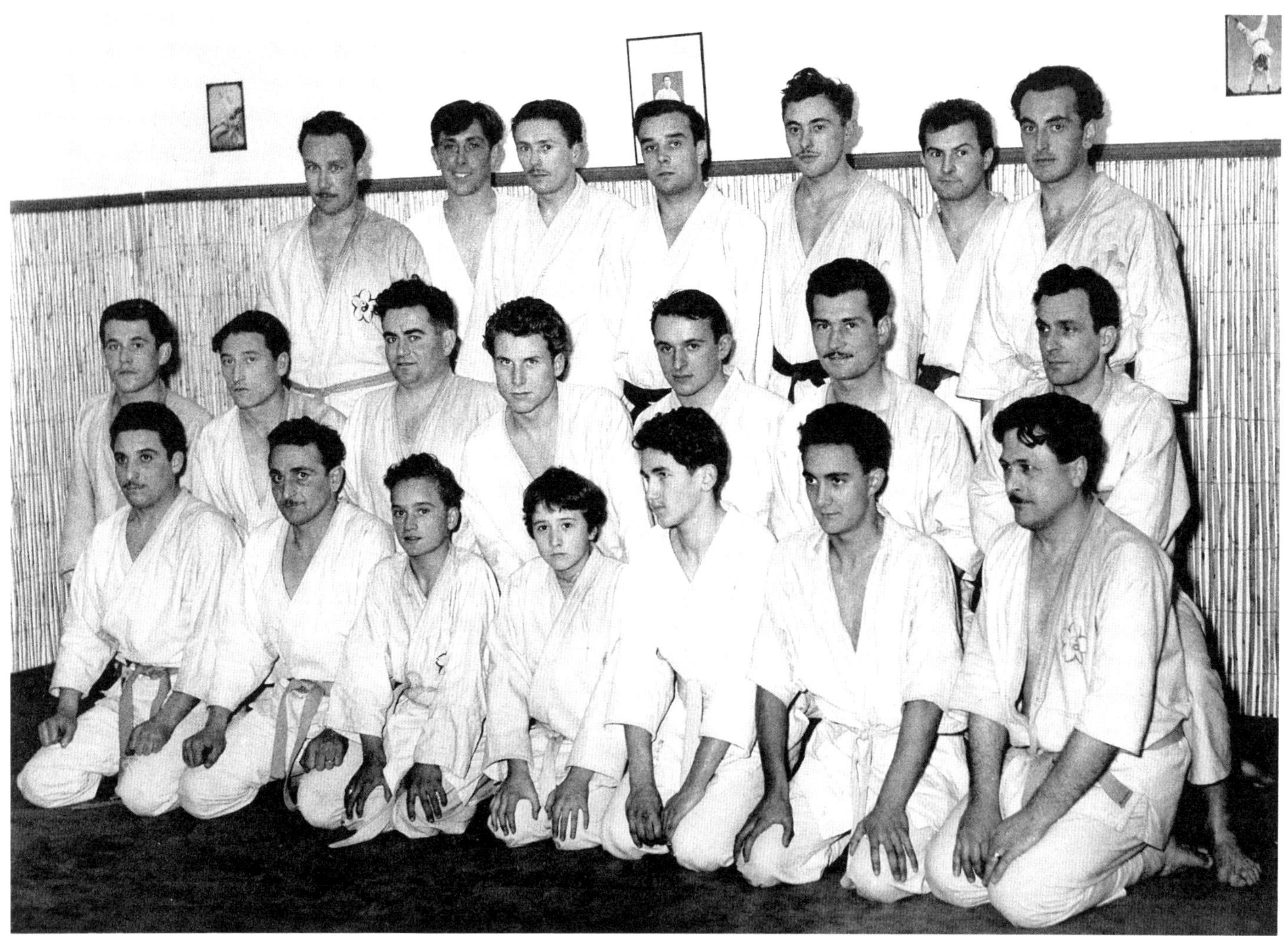

Yves Klein (quarto in alto da destra/fourth on top from the right) e/and Arman (secondo in alto da destra/second on top from the right), École de judo, Nizza/Nice, 1952 ca.

Ritornare all'origine della nostra Collezione ci sembra doveroso per capire la centralità della passione di Giancarlo per due artisti fra loro diversissimi ma profondamente legati, Yves Klein e Arman. Essi segnarono la sua generazione soprattutto per il fatto che erano protagonisti del Nouveau Réalisme.

Da qui la necessità di organizzare e promuovere una mostra, *Yves Klein e Arman. Le Vide et Le Plein*, che recupera e reinterpreta due concetti (uno orientato dalla spiritualità, *le vide* di Klein; l'altro dal consumismo quantitativo, *le plein* di Arman) che nei rapporti fra i due artisti furono alla base di confronto e riflessione costanti, in particolare in due mostre della gallerista parigina Iris Clert.

Ci sono momenti nella vita di un collezionista che sono decisivi per la sua formazione: il momento decisivo per Giancarlo fu un soggiorno a Düsseldorf, città in cui fu mandato da suo padre (dopo aver conseguito le lauree in Economia e Diritto all'Università di Ginevra) per un periodo di pratica di diritto finanziario alla Commerzbank. Düsseldorf, con Berlino ancora divisa, era allora uno dei centri pulsanti dell'arte. Visitando la città, Giancarlo entrò per caso, spinto dalla curiosità, nella Galerie Schmela, piccola ma prestigiosa galleria dell'Avanguardia. La galleria ospitava in quei tempi opere di artisti del calibro di Gerhard Richter e Sigmar Polke nonché artisti del Gruppo Zero (le opere di Piero Manzoni, Jan Schoonhoven e Günther Uecker, fratello di Rotraut Uecker, moglie di Klein, anch'essa artista, gli fecero grande impressione) e dei Nouveaux Réalistes di cui appunto Klein e Arman erano protagonisti. Fu da Alfred Schmela che Giancarlo vide per la prima volta opere di Klein. Ebbe da subito la sensazione di essere di fronte a una rivoluzione nell'arte per la presenza di alcune opere dell'artista: dai Monocromi alle Cosmogonie e Antropometrie, dalle Spugne alle *Peintures de Feu*, queste ultime all'entrata della galleria scuotevano lo spirito per la presenza del loro potente messaggio concettuale e spirituale. Inoltre Giancarlo ebbe l'occasione di vedere alcune Accumulazioni di Arman e altre opere dei Nouveaux Réalistes e capì che quegli artisti, tranne Klein, e quelle opere, erano il segno del boom economico e della rivoluzione consumistica. In particolare le opere di Arman suggerivano, con il loro linguaggio quantitativo, una nuova riflessione sull'oggetto, dopo le intuizioni sul ready-made avute cinquant'anni prima da Marcel Duchamp.

Yves Klein morì prematuramente due mesi dopo a Parigi, ma Giancarlo fu folgorato dalle sue opere tanto da portarsi dentro quell'esperienza visiva e intellettuale per molto tempo. In effetti, solo nel 1979, tramite l'assistente di Yves, Jean Jacques Mirouse, ebbe la possibilità e l'occasione di acquistare *Cosmogonie – Une pluie Fine de Printemps* (COS 40) del 1961, e poi, nel 1986, tramite Arman, un monocromo rosso, *Monochrome rouge sans titre* (M 106), del 1956, già proprietà di Andy Warhol, seguito negli anni successivi, per appropriarsi dei colori del fuoco, da uno giallo, *Monochrome jaune sans titre* (M 73) del 1957, e uno blu, *Monochrome bleu sans titre* (IKB 246) del 1958 e, infine, da un ultimo acquisto, grazie a un'informazione di Pierre Restany e Arman, di una splendida spugna *Sculpture Éponge bleue sans titre* (SE 263) del 1960 ca. di proprietà del loro amico e artista Nicolás García Uriburu.

Con Arman, fraterno amico di Klein anche per la comune e fondamentale passione per il judo, Giancarlo aveva stretto un legame professionale e di profonda amicizia già nel febbraio del 1977, che durerà fino alla sua morte nel 2005.

Da collezionista appassionato comprò molti suoi lavori (dai *Cachets* a un *Allure d'Objets* – in quest'opera, "qui exalte le mouvement, je suis fils de Balla" disse Arman a Giancarlo in un serrato colloquio sulle sue ascendenze – dalle *Colères* alle *Accumulations,* dalle *Poubelles* alle *Coupes*) e grazie alle sue relazioni anche alcune opere degli altri Nouveaux Réalistes.

Dopo il soggiorno a Düsseldorf (1962-1964), grazie alle informazioni di Schmela e Restany, Giancarlo stabilì un forte rapporto con Milano, città dove Restany lanciò il manifesto dei Nouveaux Réalistes nel 1960. È a Milano che Giancarlo partecipò a una prima mostra su Arman (1968), quale protagonista di una ricerca sul concetto del "plein de l'art", nella Galleria di Arturo Schwarz, curata da Restany (in una piccola sala della galleria c'erano opere di Martial Raysse, Daniel Spoerri e Cèsar); e l'anno successivo a una seconda nella Galleria Apollinaire di Guido Le Noci sui Nouveaux Réalistes (1969), anch'essa curata da Restany, con una particolare sottolineatura della rivoluzione blu di Klein. Due mostre bellissime che confermarono a Giancarlo quanto Milano fosse centrale per la promozione degli artisti del Nouveau Réalisme, grazie alla presenza di Restany e di due altri straordinari personaggi: Le Noci e Schwarz. Tre protagonisti profondamente amici e mossi dalle stesse convinzioni sul rapporto virtuoso fra l'Avanguardia storica (Futurismo, Giacomo Balla; Dadaismo, Marcel Duchamp e Kurt Schwitters; Suprematismo, Kazimir Malevič) e quella contemporanea (il Nouveau Réalisme), un rapporto che fu sempre presente nel collezionare di Giancarlo.

Ed è infine a Milano che fu celebrata l'apoteosi del decimo anniversario dei Nouveaux Réalistes nel 27, 28, 29 novembre del 1970 con il funerale del movimento. Giancarlo partecipò con Restany all'happening degli artisti e fu invitato da Spoerri al banchetto, un capolavoro di Eat Art del Nouveau Réalisme, che chiuse il cerimoniale al ristorante Biffi. Gli anni Ottanta costituirono un momento di ancora più intensa vicinanza fra Giancarlo e Arman. In effetti, Giancarlo partecipò a due mostre di elevata qualità dal comune titolo *Arman o l'oggetto come alfabeto. Retrospettiva 1955-1984*: una al Museo Civico di Belle Arti, Villa Ciani di Lugano (29 giugno – 16 settembre 1984) e l'altra al Palazzetto Eucherio Sanvitale di Parma (25 ottobre – 30 novembre 1984), accompagnate da due cataloghi con i contributi critici di Restany su venticinque anni di attività artistica di Arman e di Walter Schönenberger, Direttore del Museo Civico di Belle Arti di Lugano.

Ma questa vicinanza non si fermò lì: Giancarlo contribuì a realizzare anche una terza ricca antologica di Arman nella Galerie Pavillon Werd di Zurigo (23 gennaio – 1 marzo 1986) con un contributo critico in catalogo dal titolo "Per Arman: un accumulo di ragioni" di Manuela Kahn-Rossi, futura Direttrice del Museo Cantonale d'Arte di Lugano.

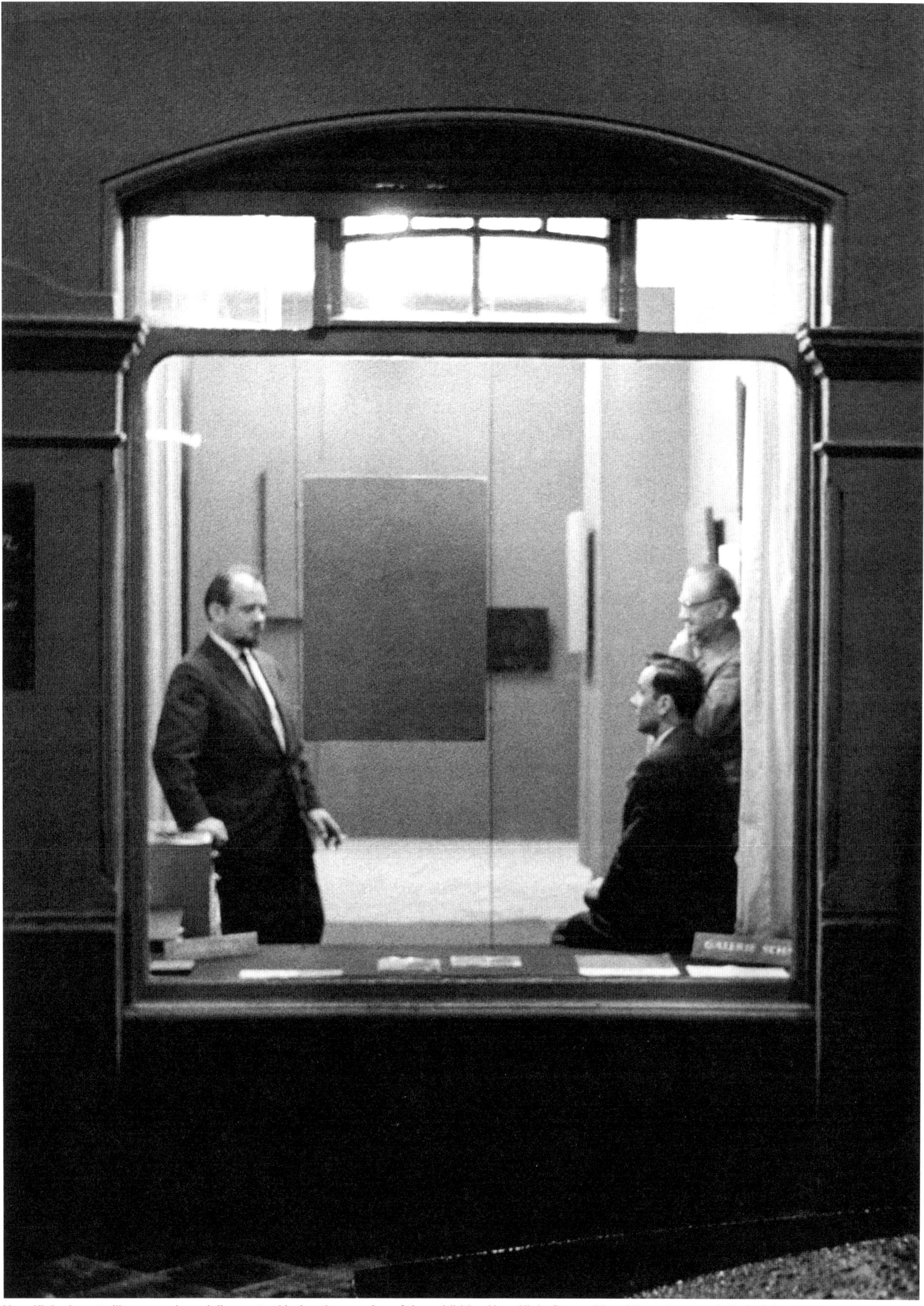

Yves Klein durante l'inaugurazione della mostra/during the opening of the exhibition *Yves Klein, Propositions Monochromes*, Galerie Schmela, Düsseldorf, 31 maggio/May 1957

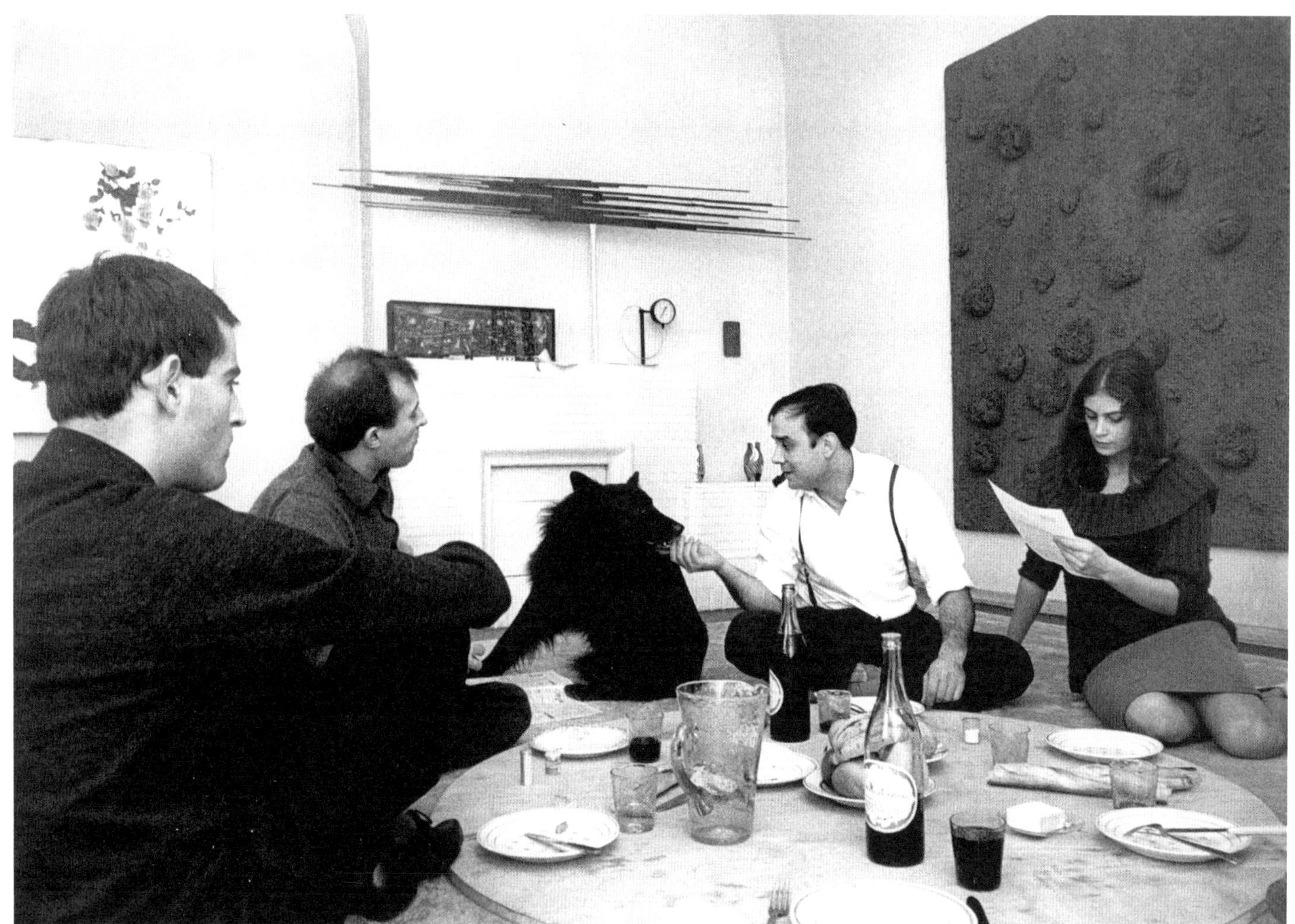

Martial Raysse, Arman, Yves Klein e/and Rotraut Uecker, 14 rue Campagne-Première, Parigi/Paris, 1960 ca.

Nel settembre del 1985 Arman fu invitato dal SIMA (Salone Internazionale dei Mercanti d'Arte, Venezia) a fare una mostra anche con opere di Giancarlo, fra cui *Allure d'Objets* (1958). In quell'occasione Arman gli suggerì di visitare la galleria Fonte d'Abisso Arte, dove vide e comprò due opere di Balla (esposto con altri futuristi) e incontrò Danna, la donna della sua vita, proprietaria della galleria. Danna condivise da subito l'amore per Klein, Arman e i Nouveaux Réalistes e successivamente, dopo i necessari studi, organizzò due mostre di grande impatto nella sua galleria milanese.

Una prima curata da Restany con il titolo *Nouveaux Réalistes. Anni '60. La memoria viva di Milano* (16 ottobre – 18 dicembre 1997). Per questa mostra il curatore recuperò le opere esposte a Milano negli anni Sessanta. La mostra ebbe un grande successo di critica e di pubblico. Purtroppo nell'agosto del 2003 Restany morì improvvisamente per una crisi cardiaca e lasciò nel mondo dell'arte e in noi un grande vuoto e l'impossibilità di curare una seconda mostra dedicata ad Arman dal titolo *Le Plein de l'Art*. La curatela fu affidata da Danna a Marco Meneguzzo, che descrisse con competenza e passione il percorso di Arman, delineando il ritratto di un artista "ossessionato di riempire tutti i vuoti".

Per la realizzazione di questa mostra ringraziamo con viva riconoscenza:

l'amico Bruno Corà, autore di una curatela che non solo esplicita in modo esemplare la sua riconosciuta competenza scientifica ma anche un'autentica passione;

Mario Botta che nel suo splendido progetto dedicato ai due artisti fa convivere la spiritualità dell'uno con il consumismo e l'edonismo dell'altro;

la Fondazione Yves Klein, diretta autorevolmente da François Roulin e co-fondata da Rotraut Klein e Daniel Moquay, amici di vecchia data, senza la cui collaborazione la mostra non sarebbe stata possibile;

Tobia Bezzola per il suo contributo di particolare competenza scientifica e incentrato sul rapporto fra Tinguely, già amico di suo padre, e Yves Klein;

i collezionisti privati per i significativi prestiti, tra cui l'amico di una vita Gian Enzo Sperone;

il MASI di Lugano, il suo Direttore Tobia Bezzola e i suoi collaboratori, per una ormai consolidata ed efficace collaborazione.

Giancarlo e Danna Olgiati

We feel it is essential to return to the origins of our collection to understand, and contextualize, the centrality of Giancarlo's passion for two artists who were at once extremely different from each other and profoundly connected. Yves Klein and Arman left their mark on his generation, chiefly due to the fact that they were exponents of the Nouveau Réalisme. This explains the need to organize and promote this exhibition—*Yves Klein and Arman. Le Vide et Le Plein*—that retrieves and rereads two concepts. These concepts, Klein's *le vide*, guided by spirituality, and Arman's *le plein*, driven by quantitative consumption, underpinned the constant exchange and reflection in the relations between the two artists that was stimulated in particular in two shows by the Parisian gallerist Iris Clert. There are moments in the life of a collector that are decisive in his or her development: for Giancarlo, the decisive moment was a sojourn in Düsseldorf. After graduating in Economics and Law at the University of Geneva, he was sent to the city by his father for a period of practical training in financial law at the Commerzbank. At the time, with Berlin still divided, Düsseldorf was one of the most dynamic hubs of the art world. While visiting the city, quite by chance Giancarlo came across the small but prestigious avantgarde Galerie Schmela and, driven by curiosity, he went inside. At that time the gallery was displaying works by artists of the caliber of Gerhard Richter and Sigmar Polke, as well as artists of the Zero Group (the works of Piero Manzoni, Jan Schoonhoven, and Günther Uecker, brother of Rotraut Uecker, Klein's wife, who was also an artist, made a great impression on Giancarlo) as well as by the Nouveaux Réalistes, of which Klein and Arman were exponents. It was at Alfred Schmela's gallery that Giancarlo first saw Klein's works, and in the presence of some of them—the *Monochromes*, the *Cosmogonies* and the *Anthropométries,* the *Éponges* and the *Peintures de Feu*—he immediately had the sensation of an artistic revolution. The *Peintures de Feu* were displayed at the entrance to the gallery, where their potent conceptual and spiritual message had a breathtaking impact. Giancarlo was also able to see several of Arman's *Accumulations* and other works by the Nouveaux Réalistes, and he realized that these artists, excepting Klein, and these works were symbolic of the economic boom and the consumer revolution. The works of Arman in particular, with their quantitative language, stimulated a new reflection on the object, following up on Marcel Duchamp's intuitions on the readymade fifty years earlier.

Two months later Yves Klein died prematurely in Paris, but Giancarlo had been so dazzled by his works that he carried that visual and intellectual experience with him for a very long time. It was indeed not until 1979 that, through Yves's assistant Jean Jacques Mirouse, Giancarlo had the chance to acquire *Cosmogonie – Une pluie Fine de Printemps* (COS 40), 1961, and then in 1986 through Arman, a red monochrome from 1956, *Monochrome rouge sans titre* (M 106), that had previously belonged to Andy Warhol. This was joined over the following years by a yellow one, *Monochrome jaune sans titre* (M 73) from 1957, and a blue one, *Monochrome bleu sans titre* (IKB 246) from 1958, so as

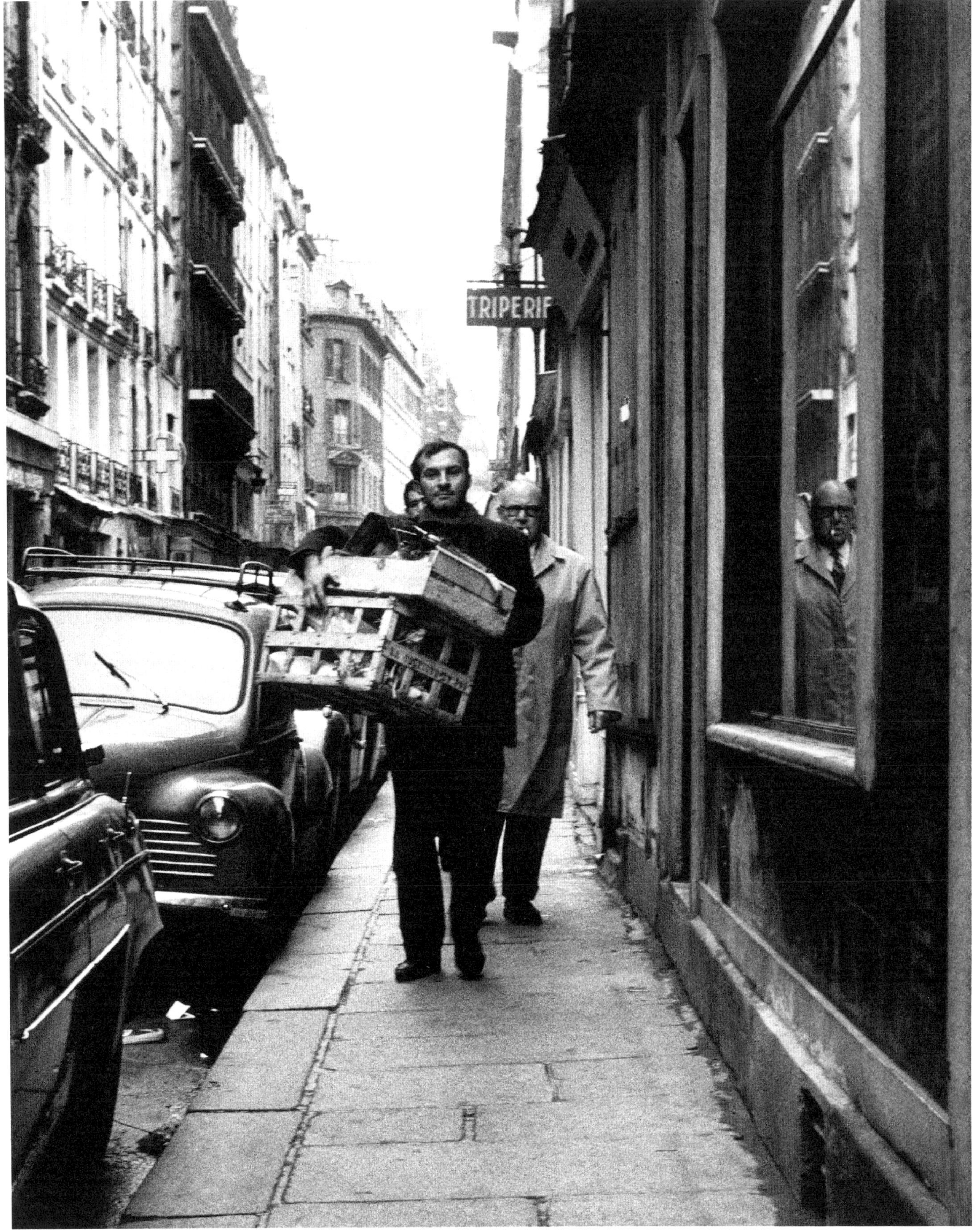

Arman durante la preparazione della mostra/Arman installing the exhibition *Le Plein*, Galerie Iris Clert, Parigi/Paris, 23 ottobre/October 1960

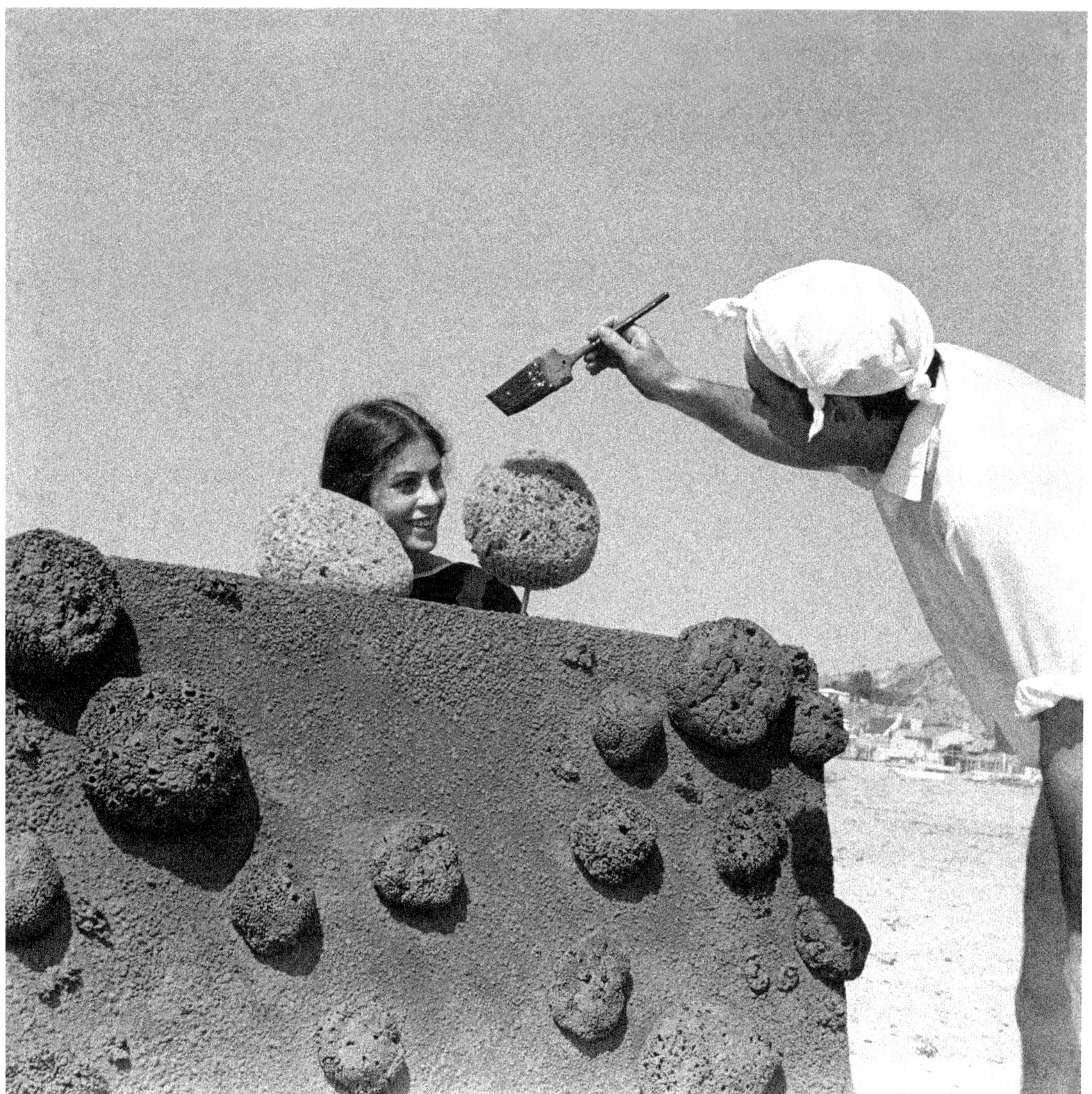

Rotraut Uecker e/and Yves Klein che realizza un/making a *Relief Éponge* (RE 28), Malibu, Los Angeles, maggio/May 1961

to appropriate the colors of fire. Finally, the last purchase, made thanks to information provided by Pierre Restany and Arman, was a splendid sponge, *Sculpture Éponge bleue sans titre* (SE 263) from 1960, belonging to their friend, the artist Nicolás García Uriburu. From February 1977 Giancarlo had already formed a professional connection and a profound friendship with Arman—who had been Klein's fraternal comrade also due to their shared and fundamental passion for judo—which continued up to the artist's death in 2005. As a passionate collector, he purchased many of Arman's works from the cycles of the *Cachets*, the *Allures d'Objets*— in this work, "qui exalte le mouvement, je suis fils de Balla," Arman told Giancarlo in a dense conversation about his artistic lineage—the *Colères*, the *Accumulations*, the *Poubelles*, and the *Coupes* and, thanks to his connections, also some works by the other Nouveaux Réalistes.

After his stay in Düsseldorf (1962–1964), on the strength of information provided by Schmela and Restany, Giancarlo forged a strong rapport with Milan, the city where Restany had launched the manifesto of the Nouveaux Réalistes in 1960. It was in Milan that, in 1968, he attended a first show on Arman as the exponent of research into the "plein de l'art" curated by Pierre Restany in the gallery of Arturo Schwarz, where works by Martial Raysse, Daniel Spoerri and Cèsar were displayed in one small room. The following year Giancarlo attended a second show on the Nouveaux Réalistes at Guido Le Noci's Galleria Apollinaire, this too curated by Restany, featuring a particular emphasis on Klein's blue revolution. These were two superb shows that convinced Giancarlo of the centrality of Milan in the promotion of the artists of the Nouveau Réalisme, due to the presence of Restany and two other extraordinary figures: Le Noci and Schwarz. The three protagonists were firm friends and shared the same convictions about the virtuous relations between the historic avantgarde—Futurism, Giacomo Balla; Dadaism, Marcel Duchamp and Kurt Schwitters; Suprematism, Kazimir Malevič—and the contemporary vanguard of Nouveau Réalisme. Such relations were always central to Giancarlo's collecting.

It was also in Milan that the apotheosis of the tenth anniversary of the Nouveaux Réalistes was celebrated with the funeral of the movement on November 27, 28 and 29, 1970. Giancarlo attended the artists' happening with Restany and was invited by Spoerri to the banquet, a masterpiece of Nouveau Réalisme Eat Art held at the Biffi restaurant to round off the celebration.

The closeness between Giancarlo and Arman became even more intense during the 1980s. Giancarlo was indeed involved with two top-quality exhibitions with the same title, *Arman o l'oggetto come alfabeto. Retrospettiva 1955–1984*. One was held at the Museo Civico di Belle Arti, Villa Ciani of Lugano (June 29 – September 16, 1984) and the other at the Palazzetto Eucherio Sanvitale in Parma (October 25 – November 30, 1984), accompanied by the respective catalogues featuring critical contributions by Restany on Arman's twenty-five years of activity and by Walter Schönenberger, director of the Museo Civico di Belle Arti of Lugano.

But the closeness didn't stop there: Giancarlo also contributed to the realization of a third extensive retrospective on Arman at the Galerie Pavillon Werd in Zurich

(January 23 – March 1, 1986), with a critical essay in the catalogue titled "Arman: un accumulo di ragioni" by Manuela Kahn-Rossi, future director of Museo Cantonale d'Arte of Lugano. In September 1985, Arman was invited by SIMA (Salone Internazionale dei Mercanti d'Arte, Venezia) to hold a show, including loans by Giancarlo, among which was *Allure d'Objets* (1958). On that occasion, Arman suggested he visit the Fonte d'Abisso Arte gallery, where he saw and bought two works by Balla (exhibited with other Futurists) and met Danna, the love of his life, owner of the gallery. Danna immediately shared a passion for Klein, Arman, and the Nouveaux Réalistes and, after the necessary studies, organized two highly impressive exhibitions in her gallery in Milan.

The first, *Nouveaux Réalistes. Anni '60. La memoria viva di Milano* (October 16 – December 18, 1997) was curated by Restany, who retrieved for the occasion the works displayed in Milan in the 1960s. The exhibition was a great success with both critics and the public. Sadly, Restany died suddenly of a heart attack in August 2003, which was an enormous loss to the art world and to us, making it impossible for him to curate the second exhibition on Arman, *Le Plein de l'Art*. Danna decided to entrust the curation to Marco Meneguzzo, who described Arman's career with passion and competence, delineating the portrait of an artist "obsessed with filling all the voids."

Our heartfelt thanks for making this exhibition possible go to:

Our friend Bruno Corà, whose curatorship expresses not only his recognized scientific expertise but also a genuine passion;

Mario Botta who, in his splendid design project for the two artists successfully brings together the spirituality of one and the consumerism and hedonism of the other;

The Yves Klein Foundation, masterfully managed by François Roulin and co-founded by our long-standing friends Rotraut Klein and Daniel Moquay, without whose collaboration this exhibition would not have been possible;

Tobia Bezzola, for his contribution of specific scientific expertise centered on the relationship between his father's friend Tinguely and Yves Klein;

The private collectors for their generous loans, including our lifelong friend Gian Enzo Sperone;

The MASI of Lugano, its director Tobia Bezzola and his collaborators, for a by now consolidated and highly efficient collaboration.

Giancarlo and Danna Olgiati

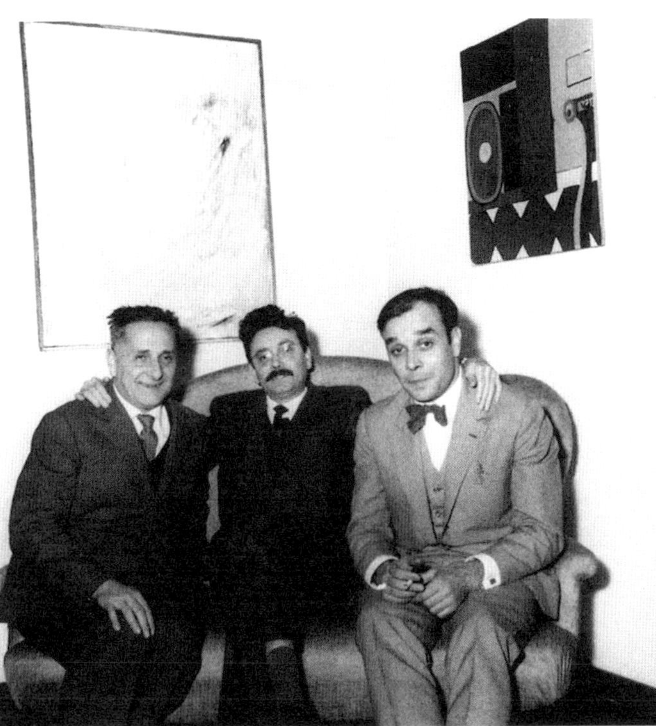

Guido Le Noci, Pierre Restany, Yves Klein, mostra/exhibition *Yves Klein: Le monochrome. Il nuovo realismo del colore*, Galleria Apollinaire, Milano/Milan, 20 novembre/November 1961

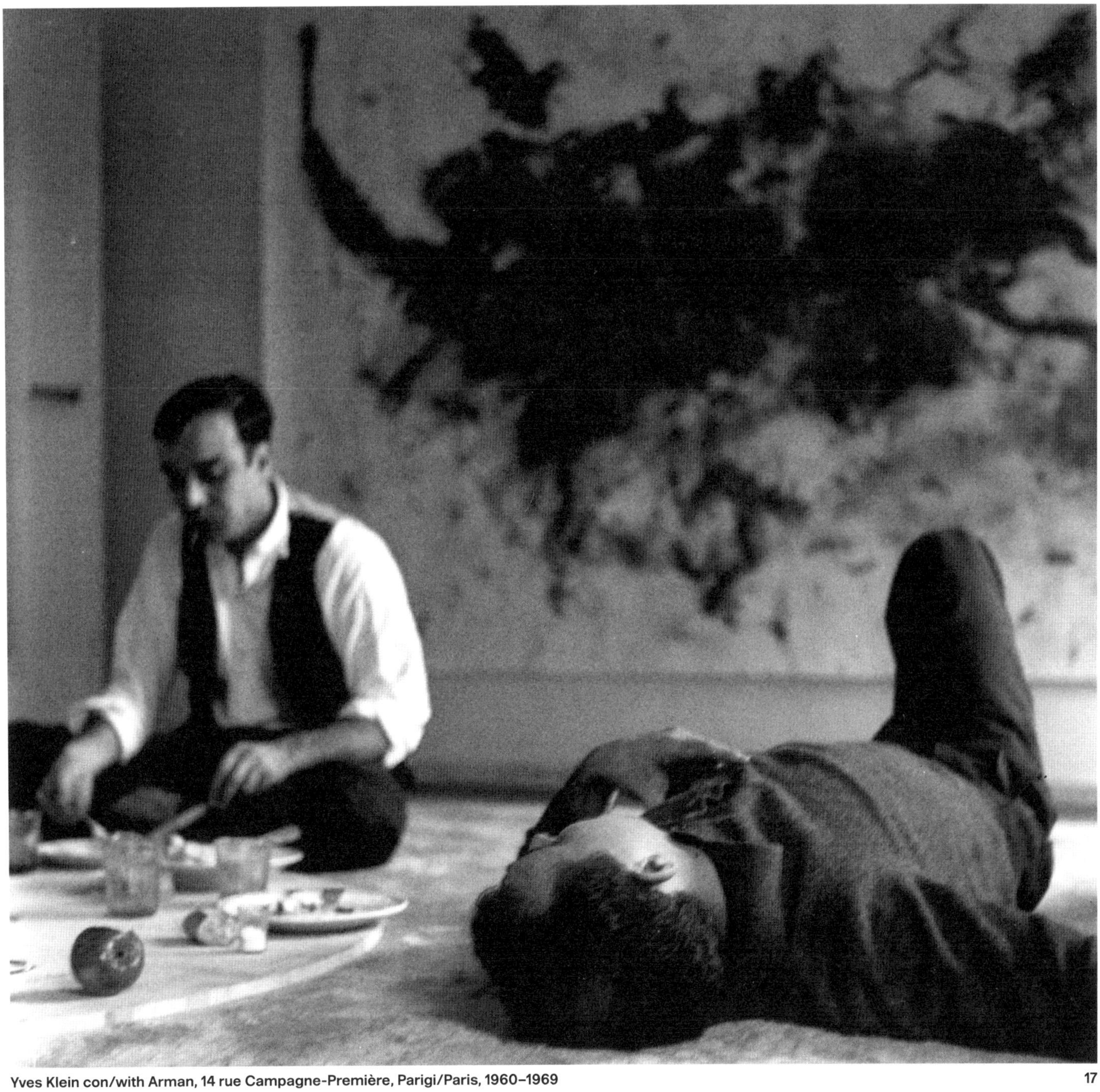

Yves Klein con/with Arman, 14 rue Campagne-Première, Parigi/Paris, 1960–1969

LE VIDE ET LE PLEIN
Bruno Corà

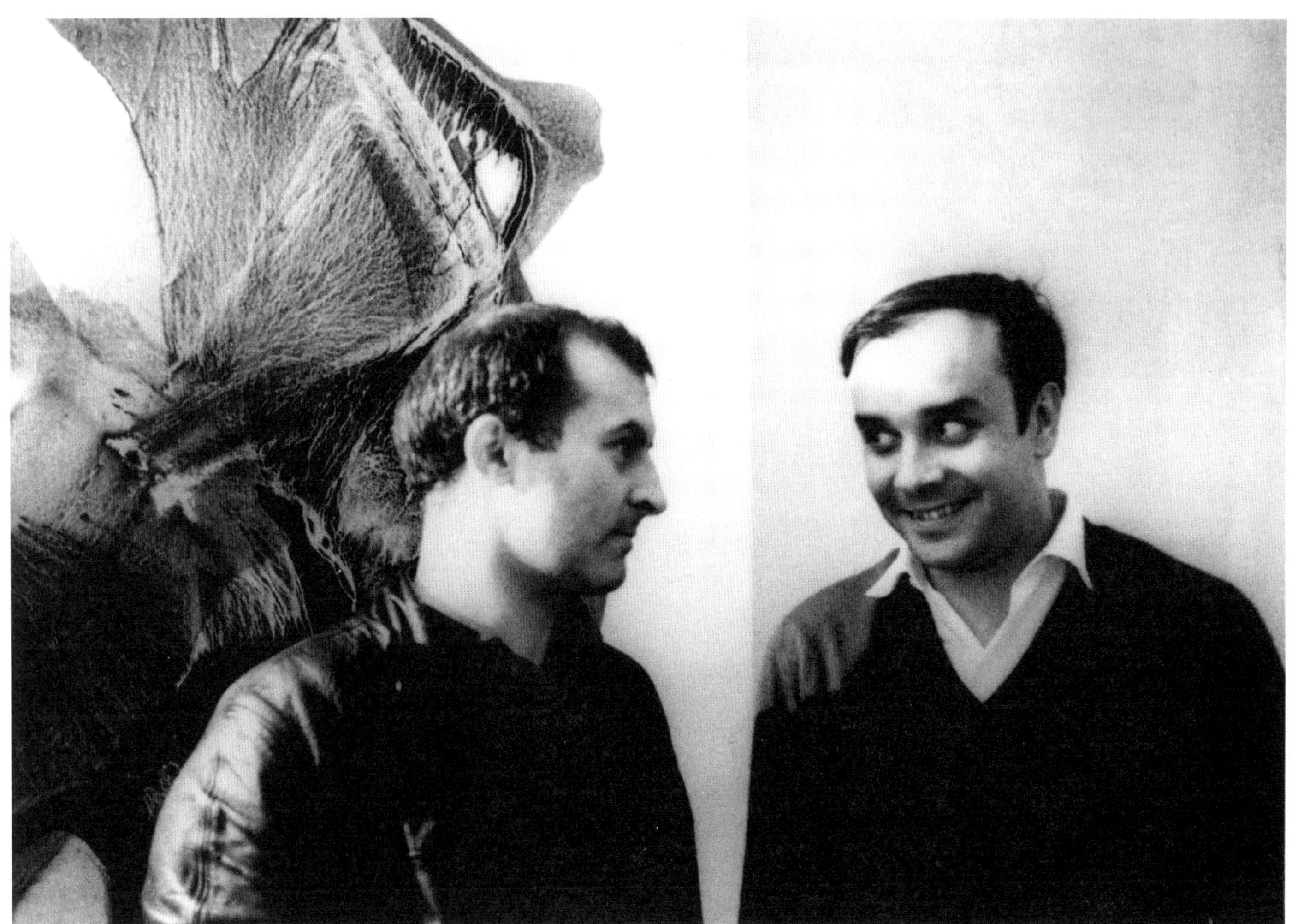
Yves Klein e/and Arman, 1960 ca.

PREMESSA

La mostra *Yves Klein e Arman. Le Vide et Le Plein* è un evento inedito proteso a rendere evidentc che l'intera azione artistica di Yves Klein è stata rivolta alla sensibilizzazione di una estesa dimensione-concetto del "vuoto" in quanto superamento della nozione di arte sinonimo di produzione materiale di opere. La sua tensione creatrice si è manifestata nel mostrare come tutti gli artisti "del cuore e della testa" dovrebbero collaborare per superare la tradizionale idea dell'arte stessa, e lavorare individualmente per un ritorno alla vita reale, quella cioè in cui l'uomo pensante non è più il centro dell'universo ma l'universo è il centro dell'uomo.

Nel suo discorso pronunciato in occasione dell'esposizione di Jean Tinguely a Düsseldorf nel gennaio 1959, Klein dichiara che in quel modo "nous deviendrons des hommes aériens, nous connaîtrons la force d'attraction vers le haut, vers l'espace, vers nulle part et partout à la fois; la force d'attraction terrestre ainsi maitrisé nous l'éviterons litéralment dans une totale liberté phisique et spirituelle!"[1]

All'opposto, sempre nella mostra *Le Vide et Le Plein* si rende evidente con le opere di Arman – amico sodale di Klein nell'intensa vita artistica trascorsa insieme a partire dall'incontro giovanile nella scuola di judo di Nizza, città natale dei due artisti – in cosa consista l'essenza moderna industriale e tecnologica della vita umana nei contesti urbani di molta parte del mondo, e la condizione di "soggetto consumatore" – di ogni tipo d'oggetto – dell'uomo contemporaneo.

Nell'apparente opposizione enunciata nelle distinte poetiche di Klein con *le vide* e di Arman con *le plein*, in verità si attua una integrazione di tensioni e prassi artistiche, emblematicamente opposte ma entrambe protagoniste suggestive nel definire insieme un unico frangente epocale.

Dell'opera e delle gesta di Klein, così come di Arman, in distinti momenti e in separate occasioni, a Lugano si erano già potute osservare apparizioni ritenute pregevoli. Basti richiamare alla mente la mostra *Arman o l'oggetto come alfabeto. Retrospettiva 1955–1984*, tenutasi al Museo Civico di Belle Arti Villa Ciani nel 1984,[2] o quella di Yves Klein al Museo d'Arte della Città di Lugano nel 2009,[3] quest'ultima affiancata negli spazi aperti di piazza e giardini della città da sculture metalliche di Rotraut Uecker, sua consorte.

Ma l'evento di un serrato vis-à-vis tra i due grandi protagonisti del Nouveau Réalisme, Klein e Arman, basato sull'antinomia estetica e poetica del "vuoto" e del "pieno", fondamenti linguistici differenti delle opere dei due nizzardi, non aveva ancora mai avuto luogo. L'iniziativa, da tempo auspicata sia da Daniel Moquay sia da Giancarlo Olgiati in frequenti incontri e in varie circostanze, si attua ora con questo episodio espositivo. Esso consente una simultanea percezione di ben sessanta opere dei due artisti, poste in diretto confronto mediante la magistrale creazione di ambienti disegnati appositamente da Mario Botta, che annovera tra le sue imprese anche questa nuova creazione allestitiva degli spazi della Collezione Olgiati (dopo quella recentemente dedicata alla mostra *Balla '12 Dorazio '60. Dove la luce*), di cui nelle pagine che seguono si possono apprezzare i disegni e i *rendering* progettuali.

Sono davvero numerosi gli aspetti che la mostra invita a considerare: anzitutto, in entrambe le personalità artistiche si riscontra una decisa facoltà di dotare le individuali proposizioni di pronunciamento estetico con forti segni di volontà trasformative e di nuovi orientamenti nei confronti dell'allora vigente sensibilità artistica dell'École de Paris, tra il 1946 e il 1950.

Ai condivisi percorsi di formazione riguardanti attività ritenute extra artistiche, come l'interesse e la pratica della disciplina del judo o l'iniziazione alle dottrine esoteriche come quella dei Rosacroce, si succedono in entrambi scelte e attività analoghe di puro e semplice sostentamento esistenziale. Ma fondamentalmente sia Klein che Arman alimentano in sé la vocazione artistica, senza perdersi mai di vista l'uno con l'altro. È opportuno rilevare tuttavia che Klein esercita sull'amico un'influenza non trascurabile nel consigliarne i momenti di qualificazione nell'orientamento linguistico da conseguire. In Arman peraltro cresce un'intensa considerazione per le dirompenti intuizioni e le capacità di comunicazione e autopromozione dell'amico.

Bisogna affermare con chiarezza che la mostra *Le Vide et Le Plein* non ha avuto l'obiettivo di riproporre, attraverso simulate ricostruzioni, azioni-gesto compiute da Klein e da Arman. Sarebbe stato praticamente impossibile e concettualmente erroneo, pertanto mai nemmeno lontanamente immaginato.

Di fatto, i due avvenimenti espositivi del 1958 e del 1960 sono irripetibili a causa della loro essenzialità performativa connessa all'azione dal vivo dei loro autori. In ciò l'arte di taluni artisti di quella generazione e delle generazioni di artisti a loro successivi, inclini alla creazione gestuale connessa alla temporalità e alla precarietà degli esiti, si è potuta trasmettere e rendere fruibile attraverso le loro opere, le fotografie o i documenti filmici. Klein, non a caso, aveva perfino dichiarato che le sue opere erano le ceneri della sua arte.

Le ormai storiche esposizioni attuate dai due artisti sono state dunque considerate come entità poetiche che hanno influito sulla creazione di numerose opere esposte in questa mostra. Ciascuna opera dei due artisti reca quindi interiormente i principi cardine del *vide* o del *plein* riversati da loro in essa.

YVES KLEIN: LE VIDE

Se *le vide* - il vuoto - insieme alla scelta della monocromia è stato uno dei principi fondativi dell'arte di Yves Klein, sull'entità che esso esprime si rende opportuna una nuova riflessione, sia pure sintetica, tanto di richiamo storico-estetico, quanto rievocativa della parabola di eventi, azioni, dichiarazioni, formalizzazioni e superamento di tutte le prassi messe in atto dall'artista a partire dal 1947 fino al 1962, anno della sua prematura scomparsa.

Una letteratura e una fortuna storico-critica particolarmente vasta, ha sondato e rispecchiato quasi tutto ciò che l'opera e la vita di Klein hanno evidenziato, mettendo in risalto ogni aspetto di entrambe e producendo una specifica mitologia attorno all'uomo e all'artista come poche altre dedicate a protagonisti della modernità e della contemporaneità. Ma dove e quando ha origine l'interesse di Yves Klein per la dimensione del vuoto? E, soprattutto, cosa ha significato per lo sviluppo dell'arte contemporanea la sua esperienza del vuoto?

L'avventura monocroma e l'attrazione per il vuoto inizia assai presto per Klein. Nel 1961, durante il suo viaggio negli Stati Uniti, nello stendere il *Manifeste de l'Hôtel Chelsea* egli rammemora e dichiara: "Alors que j'étais encore un adolescent, en 1946, j'allai signer mon nom de l'autre côté du ciel durant un fantastique voyage 'réalistico-imaginaire'. Ce jour-là, alors que j'étais étendu sur la plage de Nice, je me mis à éprouver de la haine pour les oiseaux qui volaient de-ci de-là dans mon beau ciel bleu sans nuage, parce qu'ils essayaient de faire des trous dans la plus belle et la plus grande de mes oeuvres".[4]

L'anno successivo, nell'estate del 1947, Klein si iscrive al club di judo del quartiere generale della polizia di Nizza, dove fa la conoscenza, tra gli altri judoka, di Armand Fernandez (poi in arte denominato Arman) e di Claude Pascal, poeta. È noto che i tre amici, assieme alla passione per il judo, condividono l'avventura dei viaggi, la creazione artistica e poetica e la frequentazione della spiaggia di Nizza dove scelgono di dividersi il mondo: Arman avrà la terra e le sue ricchezze, Claude l'aria e Yves il cielo e il suo infinito!

In quel *Manifeste de l'Hôtel Chelsea*, steso in occasione della mostra *Yves Klein: Le Monochrome* presso la Leo Castelli Gallery di New York (1961), egli sembra voler fare il punto sul percorso da lui compiuto sino a quel momento e lo scritto riassume pressoché tutte le fasi più significative di ciò che lo ha portato a divenire l'artista de *Le Vide*.

La concatenazione delle esperienze e degli eventi da lui concepiti e delle opere da lui realizzate durante l'arco temporale che dal secondo dopoguerra (1947) giunge sino alla data della sua prematura scomparsa (6 giugno 1962) annovera una intensa serie di scadenze. Dopo aver seguito a Nizza i corsi di judo, diventando dapprima "cintura bianca" e successivamente "cintura gialla" (nel dicembre 1947), scopre in quei mesi la *Cosmogonia dei Rosacroce* di Max Heindel, iniziando a praticare con Pascal e Arman la dottrina esoterica del rosacrocianesimo attraverso l'istruzione di Louis Cadeaux, che li associa al centro esoterico rosacrociano di Oceanside in California. In un seminterrato della casa dei genitori di Arman a Nizza i tre amici creano un ambiente per la meditazione e Klein dipinge in esso una intera parete di blu. Dopo il conseguimento di altri gradi di judo – la "cintura arancione" e la "cintura verde" – e assolto il servizio militare, nel 1949 Klein si reca a Londra con Pascal e lavora dal corniciaio Robert Savage, presso cui apprende a stendere l'oro su tavola che, insieme all'impiego di altri materiali, lo aiuteranno nell'azione pittorica intrapresa negli anni successivi. Ma già a Londra e poi in Irlanda, tra il 1949 e il 1950, secondo la testimonianza di Pascal, Klein realizza cartoncini rettangolari monocromi a base di pastelli. Non è trascurabile che in quel frangente temporale Klein componga anche la *Symphonie Monoton-silence* (1949) connessa idealmente ai suoi primi pastelli monocromi.

Nel 1950 invia a Nizza ad Arman una cartolina recante un monocromo rosa da un lato e dall'altro la frase di Pascal che annuncia "il 1951 sarà l'anno del Massacro rosa". Il messaggio conserva un proprio ermetismo. In una conversazione avuta con Daniel Abadie nel 1998, in occasione della mostra personale presso la Galerie Nationale du Jeu de Paume, Arman conferma quel dato di precocità del monocromatismo di Klein: "Quand il était en Espagne, avant de partir au Japon, il avait déjà réalisé des monochromes. Il m'avait envoyé, en août 1950, une carte postale entièrement peinte en rose – je l'ai malheureusement perdue".[5]

Dopo un viaggio e una residenza in Spagna nel 1951, nell'autunno di quell'anno Klein, ritornato a Parigi, si iscrive a un corso di lingua giapponese all'École des Langues Orientales e cerca informazioni presso l'Istituto Franco-giapponese per compiere un viaggio onde perfezionare le sue facoltà di judoka. Nell'estate del 1952 parte da Marsiglia e approda a Yokohama dove si iscrive al Kōdōkan Judo Institute mentre trova impiego come insegnante all'Institut Culturel Franco-Japonais di Tokyo. Thomas McEvilley ritiene – come Klein stesso aveva affermato – che il judo fu la prima esperienza dello spazio spirituale dall'inizio alla fine della sua vita: "Sollecitare i muscoli, volare in aria e atterrare senza farsi male: tutto ciò lo svincolava dalle limitazioni dei 'semplici fatti' facendolo sentire libero e potente. Yves avrebbe cercato la libertà priva di ostacoli dello spazio vuoto, attivarla con le opere immateriali, seguirne il volo e la caduta nelle impronte, consumare con essa un rapporto di amore-morte nel salto o persino venderla, anche se il ricavato finiva nel fiume del tempo e non nelle sue tasche. Lo spazio trasparente e scintillante, integro e senza difetti, che contiene Tutto ma è Nulla: fu questo il punto di partenza e di arrivo di Klein, il preludio del sermone che pronunciò con la propria vita".[6]

Il soggiorno di circa un anno e mezzo in Giappone non fornì a Klein solamente la conquista dell'ambita "cintura nera" quarto dan al Kōdōkan Institute di Tokyo, ma altresì lo immerse nella intensità della filosofia Zen e nella sensibilizzazione sul "vuoto", dimensione che domina la cultura asiatica. È il caso di ricordare quell'essenziale componimento di Lao-Tzu, filosofo fondatore della Scuola Taoista alcuni secoli prima di Cristo, che ben lascia comprendere la centralità dell'elemento del "vuoto" in questa dottrina: "In una ruota, trenta raggi convergono in un solo mozzo al centro, e da quel piccolo vuoto dipende l'utilità del carro. Così da un pezzo di argilla si può ricavare un vaso, ma è dalla cavità interna che dipende l'utilità dello stesso. E ancora, l'utilità di una casa è in ragione delle porte e delle finestre cioè dei vuoti che vi siano stati aperti. Infatti è solo dal 'non-essere' che si realizza l'essere'".[7]

Come afferma inoltre François Cheng "le Vide n'est pas, comme on pourrait le supposer, quelques chose de vague ou d'inexistant, mais un élément éminemment

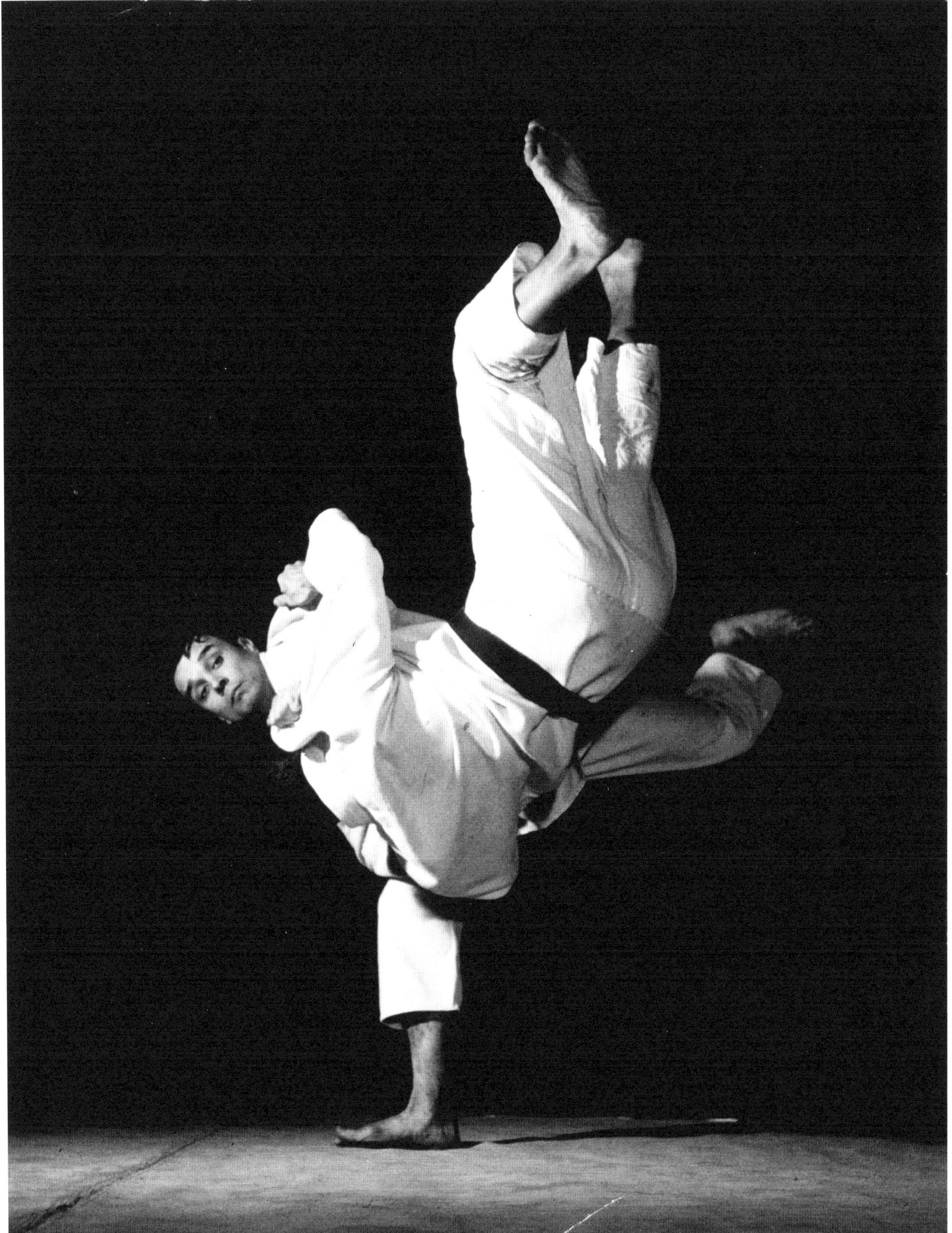

Yves Klein in una presa di judo/during a judo demonstration, Centre Culturel Américain, Parigi/Paris, 2 febbraio/February 1957

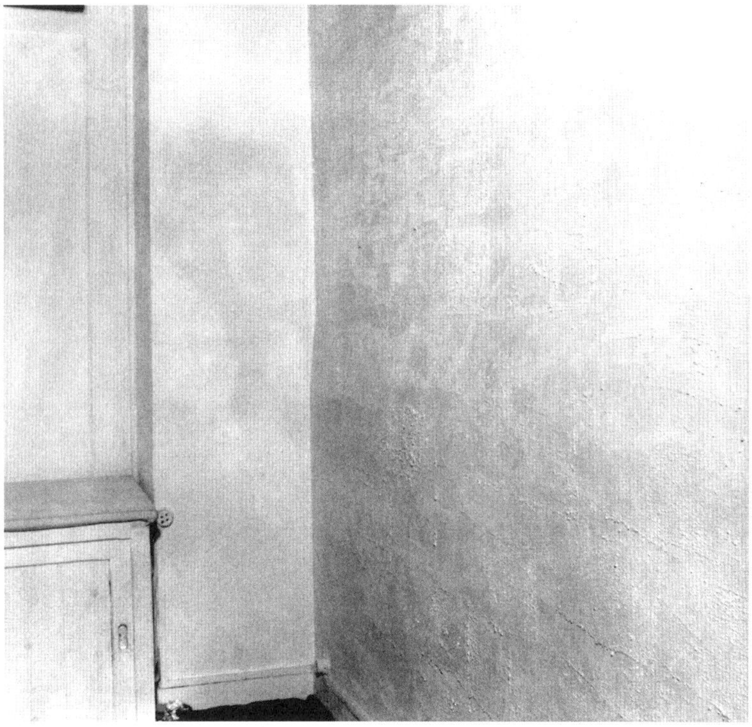

Mostra/Exhibition *La spécialisation de la sensibilité à l'état de matière première en sensibilité picturale stabilisée [Le Vide]*,
Galerie Iris Clert, Parigi/Paris, 28 aprile/April 1958

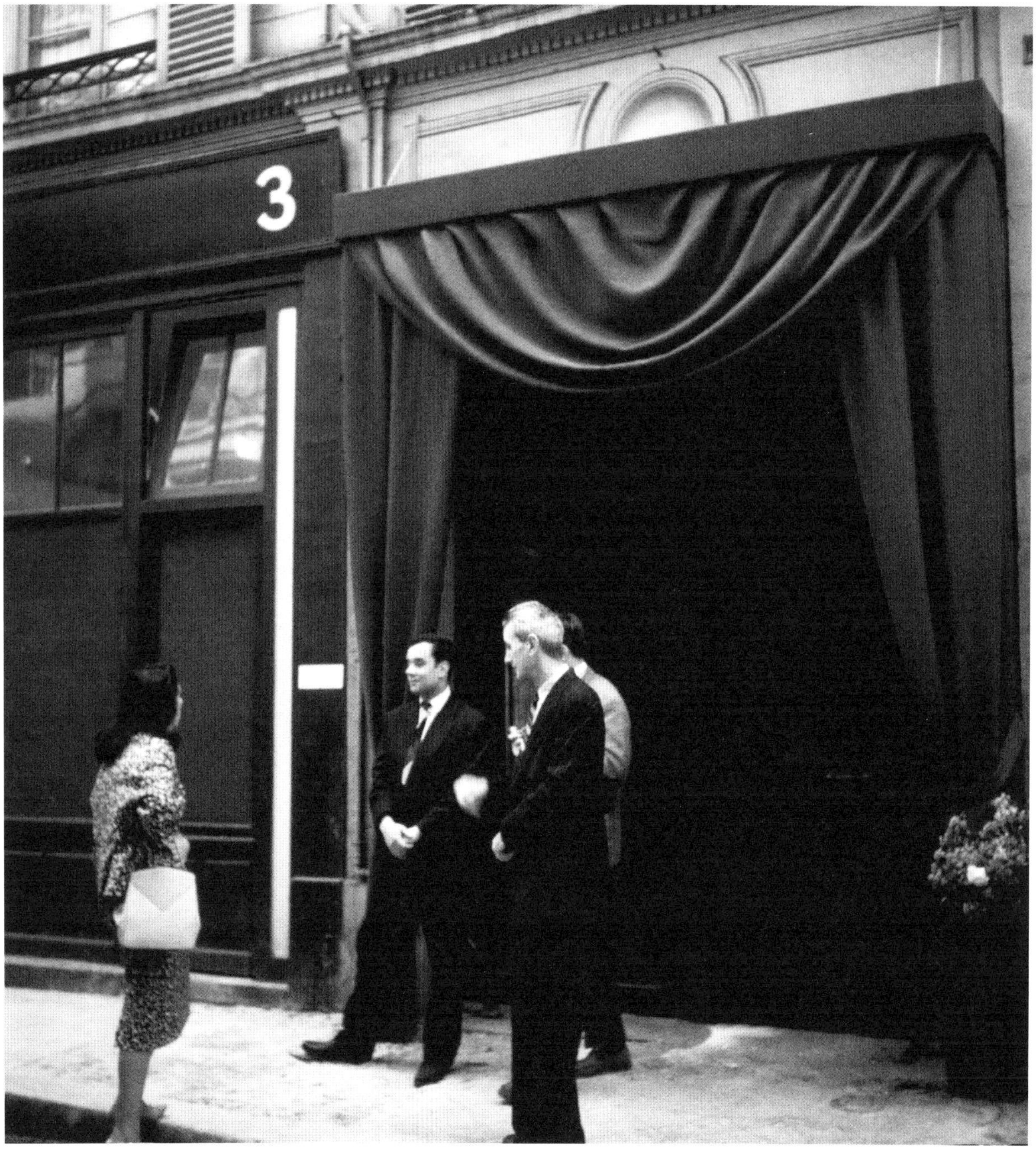

Mostra/Exhibition *La spécialisation de la sensibilité à l'état de matière première en sensibilité picturale stabilisée [Le Vide]*, Galerie Iris Clert,
Parigi/Paris, 28 aprile/April 1958

dynamique et agissant. Lié à l'idée des souffles vitaux et du principe d'alternance Ying-Yang, il constitue le lieu par excellence où s'opèrent les transformations, où le Plein serait à même d'atteindre la vraie plénitude. C'est lui, en effet, qui en introduisant dans un système donné discontinuité et réversibilité, permet aux unités composant du système de dépasser l'opposition rigide et le développement en sens unique, et offre en même temps la possibilité d'une approche totalisante de l'univers par l'homme".[8]

Le iniziative che progressivamente portano Klein a sancire, attraverso una formalizzazione imprescindibile per quanto perentoria, il suo interesse – una vera inclinazione all'assoluto – verso la dimensione del vuoto, sono numerose e non eludibili, poiché costitutive della sua poetica dell'immaterialità dell'arte.

Tra quanto finora accennato, ma pur richiamato, non si può intanto ignorare la pubblicazione del suo emblematico libro *Les fondements du Judo* presso l'editore Bernard Grasset a Parigi nel novembre 1954, dopo il suo rientro dal Giappone (e dopo che la federazione francese di judo non gli riconosce il diploma Kōdōkan!). Analogamente, nel maggio del 1954 in un nuovo soggiorno spagnolo a Madrid con Claude Pascal, dopo aver collocato una serie di quadri monocromi nella palestra di una scuola di judo e ripreso l'insegnamento di quella disciplina, Klein dà alle stampe le due piccole pubblicazioni *Yves Peintures* e *Haguenault Peintures*, in cui appaiono immagini di monocromi mai concretamente realizzati, seppur idealmente concepiti e muniti di differenti didascalie topologiche riferite a città internazionali e introdotti da una prefazione di Pascal realizzata con semplici linee nere. Un'importante svolta nell'impresa del monocromo, quale preludio e antefatto de *Le Vide*, si ha nel 1955, quando al rifiuto di un suo monocromo arancione presentato al Salon des Réalités Nouvelles, in autunno, presso gli ambienti delle Editions Lacoste di Parigi, oppone ed espone monocromi di differenti colori nella mostra *Yves Peintures* presso il Club des Solitaires.

Da questo episodio in poi Klein sembra entrare in una fase operativa che, dalla sua congenita inquietudine, muta in azione mirata e determinata. La serie di incontri significativi per lo sviluppo della sua parabola luminosa, con Pierre Restany, giovane critico emergente, e con Colette Allendy e Iris Clert, entrambe galleriste propizie per la diffusione della sua opera, porteranno un maggiore impulso alla sua affermazione. Nel catalogo della mostra organizzata presso la Galerie Colette Allendy a Parigi, Restany scrive "La minute de vérité", testo sul quale ritorna successivamente nel novembre 1956, denominandolo stavolta "L'epoca blu, il secondo minuto della verità" per la mostra del gennaio 1957. Restany scrive che, dopo Parigi, è a Milano che egli richiede un istante di verità, istante senza il quale né lui né altri potrebbero avere amore, arte, poesia, o emozione pura. Il critico francese, nell'esaltare il Blu di Klein non esita a coniugarlo a quello degli affreschi di Giotto ad Assisi, come peraltro Klein stesso aveva già fatto, dichiarando Giotto suo precursore.

La mostra presso la Galleria Apollinaire di Milano diretta da Guido Le Noci, apertasi il 2 gennaio 1957, per una decina di giorni, con il titolo *Yves Klein: Proposte monocrome. Epoca Blu*, annoverava undici dipinti monocromi effettivamente realizzati tutti nell'anno precedente. Tra gli aspetti sorprendenti, oltre alla loro intensità poetica, si segnalava che alle loro eguali misure non corrispondevano uguali prezzi d'acquisto e inoltre che, in quell'occasione, Lucio Fontana acquistò uno dei monocromi, atto che conferiva un importante riconoscimento all'opera del giovane artista non ancora trentenne.

Ma l'episodio espositivo dirompente – successivo alle mostre *Yves le monochrome* (Galerie Iris Clert) e *Pigments Purs* (Galerie Colette Allendy), nonché *Propositions Monochromes* (Galerie Schmela di Düsseldorf) e *Monochrome Propositions of Yves Klein* (Gallery One di Londra), tutte personali effettuate anch'esse nel 1957 insieme ad alcune collettive in Francia, Germania e Italia – è certamente quello della mostra *La spécialisation de la sensibilité à l'état matière première en sensibilité picturale stabilisée*, più nota come *Le Vide*, alla galleria di Iris Clert a Parigi, nella quale Klein fornisce la versione emblematica dell'Immaterialità. Quel giorno, il 28 aprile 1958, l'artista compie trent'anni e dalla madre Marie Raymond riceve in dono il libro *Psicanalisi dell'aria* di Gaston Bachelard, autore poi divenuto significativo per gli sviluppi della sua opera.

La mostra *Le Vide* è certamente un cardine della poetica del vuoto e dell'immaterialità perseguita da Klein, ma non esaurisce la proteiforme azione che egli continuerà a compiere nell'ottica del processo di "dépassement de la problématique de l'art" concepito e avviato con la *Symphonie Monoton-silence* del 1949, e proseguito con episodi leggendari come il *Saut dans le Vide* (1960), creazioni come il giornale di un solo giorno *Dimanche 27 novembre 1960*, e interventi performativi come quello espresso a *Vision in Motion/Motion in Vision* a Hessenhuis, Anversa, nel marzo del 1959, mostra alla quale partecipò – insieme a Robert Breer, Pol Bury, Heinz Mack, Bruno Munari, Otto Piene, Jesús Rafael Soto, Daniel Spoerri, Dieter Roth, Jean Tinguely e altri – al solo momento del vernissage. In questa mostra Klein, anziché collocare un dipinto o un elaborato tangibile e visibile nell'ambiente a lui destinato, pronunciò ad alta voce di fronte al pubblico alcune parole di un'espressione di Bachelard, filosofo ed epistemologo consigliatogli in lettura dalla madre: "D'abord, il n'y a rien, ensuite il y a un rien profonde, puis une profondeur bleue". Alla replica dell'organizzatore belga della mostra, che domandò a Klein dove si trovasse la sua opera in mostra, egli rispose "Là, là oú je parle en ce moment", e alla domanda successiva rivoltagli che chiedeva quale fosse il prezzo di quell'opera, rispose: "Un kilo d'or, un lingot d'or pur d'un kilo me suffira". Secondo Klein, infatti, l'impregnazione dello spazio attraverso la sua presenza emanatrice della "sensibilité picturale à l'état matière première dans l'éspace spécialisé et stabilisé" non poteva essere acquisita con semplice denaro ma con oro.

Nella sua celebre conferenza alla Sorbonne di Parigi "L'évolution de l'art vers l'immatériel" (3 giugno 1959) Klein ha modo di puntualizzare questo e altri episodi del suo lavoro di cui la mostra *Le Vide et Le Plein* consente un'osservazione diretta e un confronto con l'opera dell'amico Arman, distintosi per aver dato corpo all'entità opposta del "vuoto", appunto il "pieno", con non minore intensità e felicità di soluzioni.

LE OPERE IN MOSTRA
Prima di compiere un'analoga riflessione sul concetto *le plein* di Arman si osservino in successione le opere in esposizione al fine di rendere evidenti le differenti tensioni poetiche ed estetiche tra i due artisti.

Un'essenziale frontalità oppositiva, ideata e resa possibile dal progetto complessivo dell'immagine della mostra e del suo allestimento stabilito dal disegno di Mario Botta, consente di accedere agli ambienti che si snodano lungo un asse mediano di percorso nello spazio della Collezione Olgiati, tragitto che, come nella navata di un tempio, incontra a sinistra e a destra del suo tracciato una serie di "absidi" poligonali entro le quali trovano luogo le opere di Klein e di Arman.

Nel versante sinistro del percorso si incontra il ciclo dei monocromi di Klein. Si osservano ben nove opere realizzate dall'artista nell'arco di cinque anni; esse coprono in modo esemplare la fase "storica" della intensa stagione del monocromatismo di Klein, a partire dalla mostra presso il Club des Solitaires (1955) fino alle sue prime antropometrie del 1960. Accanto al *Monochrome rose sans titre* (MP 30) (1955), si alternano i due *Monochrome rouge sans titre* (M 106) (1956) e (M 96) (1957); il *Monochrome jaune sans titre* (M 73) (1957); il *Monochrome noir sans titre* (M 78) (1957); i due *Monochrome bleu sans titre* (IKB 38) (1957) e (IKB 246) (1958); il *Monochrome blanc sans titre* (M 70) (1957); e infine il *Monochrome or sans titre* (M 59) (1959), in foglia d'oro su vetro.

Nell'abside successiva, abitano nel pentagonale dispiegamento delle pareti cinque antropometrie, esiti delle impronte dei corpi delle modelle collaboratrici con Klein, cosparse di pigmento puro blu e resina sintetica, su carta e su tela. Si distinguono *Monique* (ANT 59) (1960); l'*Anthropométrie sans titre* (ANT 116) (1960), e l'*Anthropométrie Suaire sans titre* (ANT SU 13) (1960 ca.), su tela fine.

Nella terza abside si annoverano tre *Sculpture Éponge bleue sans titre* (la SE 82, la SE 89, e la più grande SE 263 della Collezione Olgiati, tutte spugne naturali del 1960 ca., impregnate di pigmento puro e resina sintetica montate su basi in metallo o su pietra), il *Relief Éponge rose sans titre* (RE 8) e il *Fa* (RE 31), di color blu, entrambi rilievi del 1960 a base di spugne naturali e piccole pietruzze impregnati di pigmenti puri e resina sintetica. Nel medesimo spazio è presente il *Relief Planétaire – Grenoble* (RP 2) (1961), ottenuto da Klein con un'impronta di cartone impregnata di pigmento puro e resina sintetica, che rappresenta in scala la smaterializzazione della regione fisica attorno a Grenoble. Infine, in quella stessa ambientazione si situa l'*Excavatrice de l'espace* (S 19) (1958), opera su disco in legno impregnato di pigmento blu puro e resina sintetica recante un

motore elettrico e munita di piedini di metallo, realizzata in stretta collaborazione con Jean Tinguely, scultore geniale e poeta del movimento effimero delle macchine. Quest'opera, se alimentata elettricamente, raggiungendo altissime velocità diffonde un alone blu immateriale. La sua presenza in mostra è proprio rivolta a suscitare la percezione dell'immaterialità del Blu.

Nel prosieguo del percorso, tra le opere di Klein, nel quarto ambiente si possono apprezzare le *Cosmogonie*, esplicito richiamo, più di altri, all'eco rosacrociano delle meditazioni cosmologiche giovanili di Klein. Le differenti versioni di elaborazioni a base di pigmento puro blu e leganti consegnano allo sguardo impronte di fenomeni naturali come la pioggia con cui sono state eseguite la *Cosmogonie – Une pluie Fine de Printemps* (COS 40) (1961), e la *Cosmogonie pluie* (COS 22) (1961); vi sono inoltre la cosmogonia *Vent Paris-Nice* (COS 10) (1960) e le due cosmogonie *Giboulée de mars...* (COS 34) e *Cosmogonie sans titre* (COS 17), entrambe realizzate a Cagnes-sur-Mer nel 1960, di cui la prima eseguita ed esposta al sole il giorno successivo, la seconda ricavata mettendola nel roseto al bordo della riviera. Nel testo introduttivo al catalogo della mostra di Klein presso la Galleria Civica d'Arte Moderna di Torino, Aldo Passoni annotava che nelle cosmogonie "l'introduzione del mezzo colore è l'artificio per fermare il messaggio cosmico incessante".[9] Peraltro, è il caso di osservare che sia nelle *Anthropométries* che in talune *Cosmogonies* Klein ha fatto ricorso alla modalità dell'"impronta", tecnica alla base di esperienze pittoriche dell'amico Arman sin dal 1954, con i *Cachets*, e poi con le *Allures* dal 1958, fino al 1960.

Nell'ultima abside dedicata alle opere di Klein sono allestite infine le *Peintures de Feu*. Sin dal suo primo lavoro realizzato coi fuochi di Bengala e denominato *Tableau d'un minute* (1957), Klein rivolge a questo elemento primario della natura un interesse particolare. Sul fuoco, Klein si interroga infatti nel manifesto dell'Hotel Chelsea: "Qu'est-ce qui provoque en moi cette recherche de l'empreinte du feu? Pourquoi faut-il que j'en cherche la Trace elle-même? Parce que tout travail de création, sans tenir compte de sa position cosmique est la représentation d'une pure phénoménologie – tout ce qui est phénomène se manifeste de lui-même. Cette manifestation est toujours distincte de la forme, elle est l'essence de l'immédiat, la trace de l'Immédiat".[10]

All'indomani dell'importante mostra presso il Museum Haus Lange di Krefeld del 1961 – dove Klein, grazie alla collaborazione con Paul Wember, direttore del museo, realizza davanti al celebre edificio di Mies van der Rohe l'installazione di fuochi nella notte (un gettito di fiamma di oltre tre metri e un erogatore di cinquanta bruciatori di fiamma a gas) – realizza decine di altre *Peintures de Feu* nel Centre d'essais de Gaz de France (la Plaine-Saint Denis), impugnando un lanciafiamme rivolto verso i supporti resistenti, aiutato dall'amico artista Alex Kosta in divisa di pompiere e gestendo getti d'acqua sui pannelli predisposti.

Il repertorio esposto a Lugano comprende i due *Peinture de Feu sans titre* (F 13) e (F 39) (1961), e tre *Peinture de Feu Couleur sans*

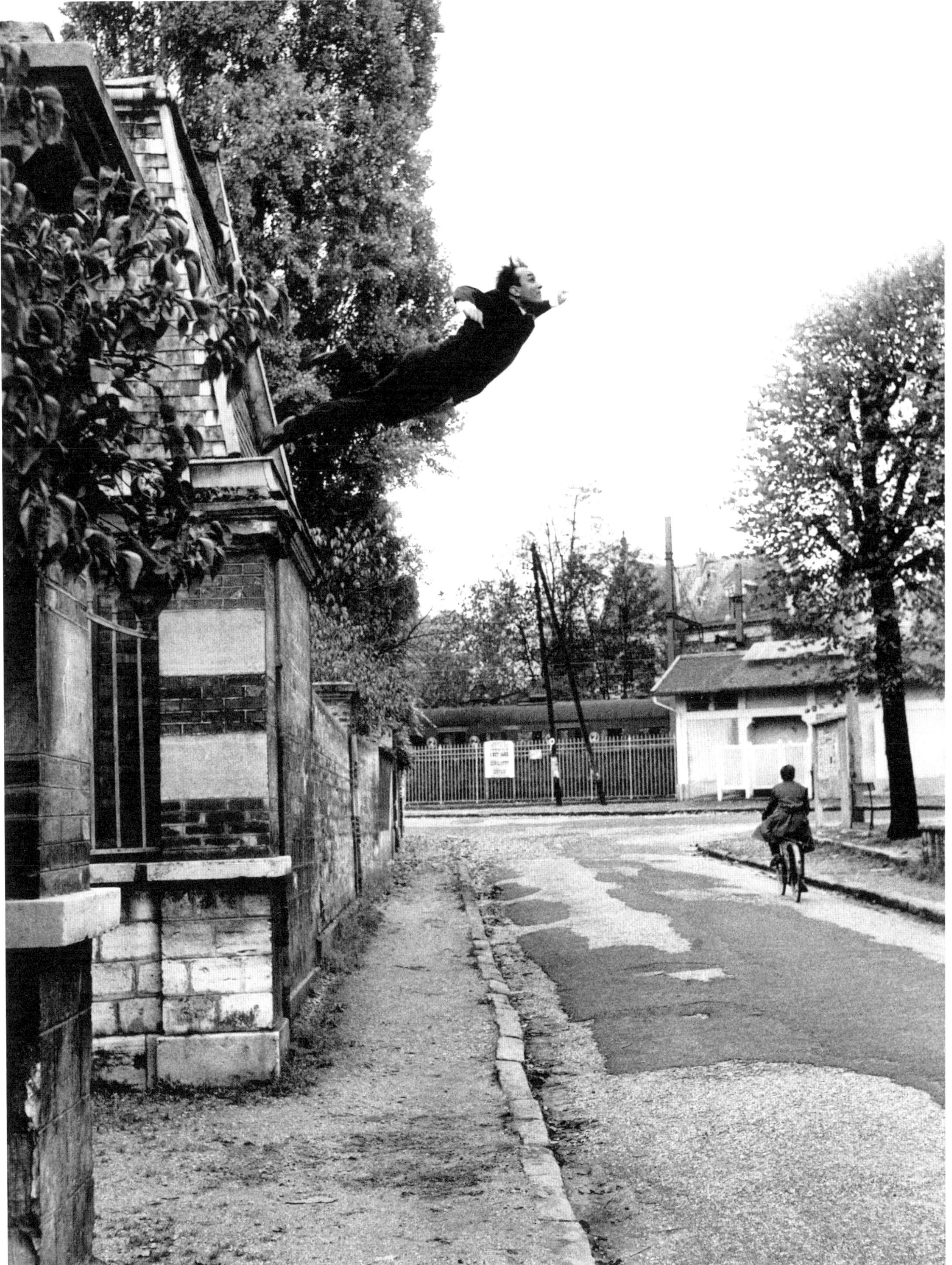

Saut dans le Vide, azione artistica di/artistic action by Yves Klein, 5 rue Gentil-Bernard, Fontenay-aux-Roses, Francia/France, 23 ottobre/October 1960

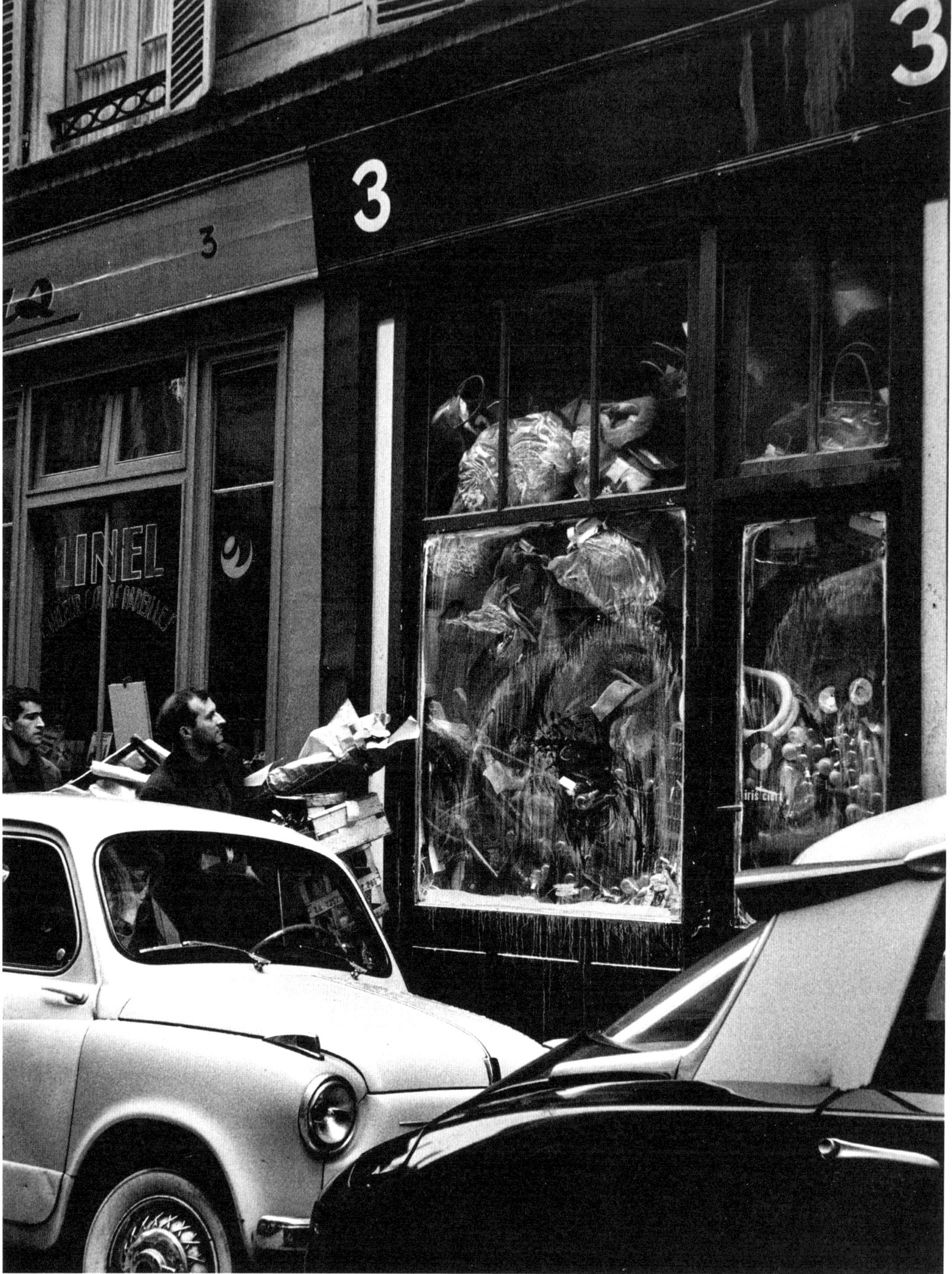

Arman durante la preparazione della mostra/Arman installing the exhibition *Le Plein*, Galerie Iris Clert, Parigi/Paris, 25 ottobre/October 1960

titre (FC 9) (1961 ca.), (FC 16) e (FC 20) (1962), tutti in pigmento puro e resina sintetica bruciati su cartone.

L'antinomia *le vide* e *le plein* si attua appieno, tuttavia, con la decisione presa da Arman di fare, presso la galleria Iris Clert, una mostra dedicata all'entità del Pieno, ciò proprio nella volontà di porsi in modo dialettico all'impresa del Vuoto immateriale di Klein, con una proposizione estetica riguardante la tendenza delle società dei consumi alla reificazione dell'oggetto e della sua incidenza ineludibile nel destino delle comunità umane.

ARMAN: LE PLEIN

Il desiderio di Arman riguardo alla sua idea di *le plein* sarebbe stato quello di realizzare una sua mostra presso la stessa galleria di Iris Clert nello stesso anno 1958 in cui si era tenuta *Le Vide* di Klein, ma la gallerista se ne convinse solo dopo che Arman aveva conseguito un pieno successo – anche commerciale – con la sua personale *Poubelles et Accumulations* presso la Galerie Schmela a Düsseldorf, nell'estate del 1960.

Ricorda Arman: "À l'époque, même si je n'avais pas encore faites les premières Accumulations, on avait parlé de faire *Le Plein* et *Le Vide*, en tant que gestes. Mais Iris Clert, quand elle a entendu cela, a trouvé que *Le Plein*, cela faisait sale".[11]

La mostra *Le Plein* di Arman, il quale aveva un percorso artistico alle spalle già rilevantc cd era seguito costantemente dall'amico Yves, era stata considerata favorevolmente da quest'ultimo per l'idea di complementarità tra i due. Tanto che Arman nel dialogo appena citato con Abadie dichiara: "(Klein) Il m'a dit: 'Toi, tu es le magnificateur du quantitativisme, et moi, je suis le gardien du vide'".[12]

Se Klein matura in sé, sin dall'adolescenza, la vocazione di manifestare un'identità creatrice, ben oltre quella di essere un semplice pittore, e di giungere a un grado interiore di libertà esistenziale verso l'assoluto mai raggiunta prima da altri, l'amico Tinguely, in un'appassionata rievocazione affettuosa e di piena stima, non esita a dichiarare: "Il n'était pas seulement le monochrome, il était le mégalomane. La mégalomanie, chez lui, était un état naturel. Ça n'était pas un état ajouté. C'était un mégalomanie sans complexe de persecution [...] C'était un homme profondément immatériel [...] C'était un vrai poète".[13]

Arman, invece, sin dall'inizio degli anni Cinquanta si rivela pittore: la modalità linguistica delle sue opere è quella di un'astrazione che conserva nei suoi processi espressivi una logica di costruzione tanto paesaggistica quanto figurativa. Tale attitudine, comune ad altri artisti, viene subito stigmatizzata dall'amico di sempre Yves, il quale appena tornato dal suo viaggio in Giappone, ripresi i rapporti tra i due, lo esorta ad abbandonare quanto fatto fino ad allora e a trovare qualcosa che sia esclusivamente suo, a ritagliarsi dunque un proprio territorio espressivo. La coincidenza di una mostra di Kurt Schwitters osservata da Arman a Parigi, la visione di alcuni Jackson Pollock in esposizione nello Studio Facchetti, sempre a Parigi, e soprattutto la consultazione di un numero speciale della rivista

Art d'aujourd'hui sul grafismo, assieme all'esortazione di Klein, inducono Arman a sperimentare con dei timbri inchiostrati – già in suo possesso ed esistenti negli uffici dell'attività paterna – una serie di impronte su dei supporti. Quell'elementare oggetto che aveva sostituito il pennello producendo segni, si rivelerà di lì a qualche anno il mezzo significativo che aprirà la strada prima alle impronte degli oggetti, le sue *Allures d'Objets*, e poi agli oggetti tout court, basilari nella sua poetica di impossessamento e loro accumulazione quantitativa.

L'OGGETTO: EVOLUZIONE DELLA SUA CONCEZIONE NELL'ARTE DEL XX SECOLO

Si deve qui compiere un breve ma essenziale richiamo alla problematica dell'oggetto nelle esperienze artistiche significative prima dell'azione di Arman.

Nella letteratura di Marcel Proust o in quella di Franz Kafka, ma anche nella riflessione filosofica di Martin Heidegger o di Ludwig Wittgenstein, l'oggetto e la sua variegata problematica connessa all'immaginario e alla vita umana ha occupato e continua a occupare una posizione rilevante per la percezione unitaria della realtà. Nella pittura moderna chi ha fornito un'immagine nuova della realtà attraverso una diversa pienezza degli oggetti e delle cose è stato Gustave Courbet. In uno snello ma esauriente saggio dell'inizio degli anni Settanta, Werner Haftmann ha tracciato la metamorfosi dell'oggetto nell'ultimo secolo e mezzo, passando in rassegna le opere e le riflessioni teoriche di numerosi artisti che dopo Courbet si sono misurati con la presenza degli oggetti nella realtà. In tal modo, dopo Courbet è innegabile che Paul Cézanne e Vincent Van Gogh abbiano contribuito notevolmente a realizzare l'immagine con approfondita percezione delle cose e degli oggetti. A Cézanne si deve la concretizzazione plastica degli oggetti attraverso una modalità di brevi pennellate con cui, secondo Haftmann "costruiva il suo campo pittorico strato per strato e da queste particelle forgiava le sue superfici mobili e animate".[14]

Alla via costruttivista di Cézanne si attenne il cubismo di Pablo Picasso e Georges Braque.

Non meno significativa fu l'ottica di futuristi come Umberto Boccioni e Giacomo Balla che modificarono morfologicamente l'oggetto, sottoponendolo al dinamismo, alla luce, all'instabilità, e dischiudendone ulteriori libertà di concezione e rapporto. Nella pittura metafisica di Giorgio De Chirico l'insieme di oggetti, squadre geometriche e regoli prefigura l'attitudine "accumulativa" rivolta a costituire la figura dell'archeologo o del "trovatore", cioè di soggetti che hanno a che fare con la storia, il fato e l'enigma.

L'anti-arte delle tre correnti del Dada, quella zurighese, quella berlinese e quella newyorkese, hanno fornito una grande quantità di invenzioni a base oggettuale. Per lo sviluppo dell'opera di Arman, tuttavia, appaiono fondamentali le creazioni di Kurt Schwitters e Marcel Duchamp, soprattutto il lavoro dell'artista di Hannover non è certo trascurabile. Diverso è stato l'apporto della lezione di Duchamp, di cui Arman divenne amico. Il ruolo dell'oggetto nei ready-made e nei montaggi è considerevole, ma la valenza di cui Duchamp li ha dotati è assai dissimile da quella assegnata da Arman ai suoi oggetti.

Di Duchamp, Arman ricorda: "J'ai connu Marcel Duchamp et jusqu'à sa mort, nous étions assez proches: il ne parlait pas énormément, mais [...] Certaines choses l'amusaient, comme le réfrigérateur de Tinguely qui fasait de la musique ou le principe de la Poubelle. Devant l'une d'elles, il m'a demandé: 'Ce sont vraiment des ordures ménagères?' Je lui ai répondu: 'Oui.' 'C'est assez amusant'. Mais il n'est pas allé plus loin. Il n'éprouvait pas un grand intérêt pour l'art des jeunes; il savait qu'il en était le grand-père...".[15]

Gli *objets-trouvés* surrealisti sollecitavano l'immaginario a riconoscervi, attraverso una tendenza associativa, una somiglianza con altri dati di natura, una fisionomia o altre mimesi.

Senza voler trascurare di citare artisti come Joseph Cornell, Louise Nevelson e lo stesso René Magritte, si ritiene tuttavia, che il loro lavoro sia realmente distante dalle problematiche focalizzate da Arman, infatti "Nelle sue 'accumulazioni', l'espressività è legata a un limite quantitativo ed è forse questa costante che gli assicura un posto di primo piano fra i suoi pari".[16]

I CICLI E LE OPERE DI ARMAN

Tornando all'opera di Arman, dopo una consistente produzione di *Cachet* – di cui in mostra a Lugano si possono osservare il *Cachet (Priorité A)* (1957), il *Cachet* (1957), e il *Cachet (Tampons assemblages)* (1959) – l'artista si dedica a un diverso tipo di impronte ricavate mediante oggetti cosparsi di smalti e premuti poi in vario modo su superfici di cartone o su tela, come rispettivamente in *Allure d'Objets* (1958) e nei *Violini* [1961], impronte realizzate con pittura serigrafica bianca su fondo nero di una vasta tela.

La denominazione di *Allure d'Objets* proviene dal gergo usato dal Groupe de Recherches Musicales (GRM) diretto da Pierre Schaeffer, padre della musica concreta, impegnato a registrare suoni ottenuti da oggetti, ovvero tracce della loro frequenza di vibrazione emesse quando sottoposti a sollecitazioni fisiche. Arman ne "ruba" il termine poiché individua un'analogia tra la distorsione dell'impressione del suono e la distorsione dell'impronta pittorica. Ma è altresì accertato che le sequenze di impronte di oggetti nelle *Allures*, Arman le esegua impressionato dalle successioni dinamiche culminanti nelle linee di velocità di Balla. In questi anni, le sue esperienze pittoriche e quelle di Klein sono costantemente seguite da Pierre Restany che scrive su *Cimaise* e altre riviste d'arte, o nei loro cataloghi.

Nel 1959 Arman realizza la sua prima *Accumulation*. Egli non ritiene di essere stato lui l'autore del principio di accumulazione, ma al contrario di essere stato scelto dalla realtà dell'istinto complessivo della società dei consumi – condizionata dal bisogno di sicurezza e di produzione, consumazione e distruzione – a divenire suo interprete. Egli dunque si ritiene il pittore di questa epoca che, come afferma Arman, in circa mezzo secolo ha prodotto più oggetti che nei cinquantamila anni precedenti!

Impossibile, dunque, ritiene Arman, ignorare l'oggetto; esso ormai è parte del paesaggio e della realtà urbana.

In un'intervista rilasciata a Otto Hahn, Arman dichiara che è stata una casualità a indurlo a un gesto di considerazione verso l'oggetto: la rottura di un piattino da caffè ha suscitato in lui il sentimento di recuperare i frammenti e di incollarli su una tela. Entrato nella logica dell'"oggetto", egli raccoglie e riempie interi cassetti di ogni tipo di ingranaggio, di lampada e d'altro. Nel 1959 un cassetto pieno di lampadine gli appare come opera in sé, Arman vi fissa sopra un Rodhoid e dipinge in nero i fianchi del cassetto, decidendo che l'insieme è pronto per essere esposto.

In quello stesso anno realizza anche le prime *Poubelles*, accumulazioni di spazzatura e di rifiuti in scatole trasparenti di vetro. Sono proprio le *Poubelles* e le *Accumulations* esposte da Schmela a Düsseldorf nel giugno del 1960, a sancire il successo della sua invenzione, audace ma fondata.

Un articolo di Claude Rivière nel numero di ferragosto di *Combat* non risparmia apprezzamenti per l'evento destinato a rendere possibile la mostra *Le Plein* presso la galleria di Iris Clert a Parigi, realizzata di lì a qualche mese.

Il 25 ottobre 1960, Arman realizza la mostra *Le Plein*, riempiendo la Galerie Iris Clert di rifiuti. Si tratta di vecchi mobili e di altre cose abbandonate nei mercati de Les Halles, trasportati da Arman e Martial Raysse con un veicolo sino in galleria. Il piano terra è trasformato in una vetrina di tre metri e mezzo di altezza che consente al pubblico di vedere dall'esterno l'accumulo di oggetti, mobili e rifiuti accatastati all'interno, rendendo impossibile l'accesso se non attraverso lo sguardo o una parziale soglia di ingresso sul retro, dove viene lasciato un piccolo spazio per l'ufficio di Iris Clert. La mostra produce una vasta eco di commenti che sottolineano il gesto di apoteosi del "pieno" e Jean Grenier in *Prevues* scrive che l'evento era l'uovo cosmico che controbilanciava il *vide* di Klein.

Due giorni dopo, rispondendo all'invito di Pierre Restany, gli artisti Arman, Martial Raysse, Jean Tinguely, Daniel Spoerri, François Dufrêne e Jacques Villeglé, si riuniscono presso l'appartamento di Klein al magico indirizzo di Rue Campagne-Première (strada in cui avevano già abitato vari artisti tra cui De Chirico) per sottoscrivere il manifesto del Nouveau Réalisme,[17] non senza dispute e successivi strascichi polemici tra i firmatari.

Della mostra *Le Plein*, accanto a una folta documentazione fotografica, resta l'invito *FULL-UP* – come si può osservare tra le opere in mostra a Lugano – consistente in una scatola metallica simile a quelle usate per conservare le sardine sott'olio, sulla quale insieme al nome di Arman e a quello di Clert, egli indica di aprire l'involucro prima del 25 ottobre 1960.

Autodefinitosi "peintre de mon époque", Arman realizza numerose *Accumulations*: *Malheur aux barbus* (1960), a base di rasoi elettrici; *Fiat pas Lux II* (1960) con lampadine d'automobile; *Sans titre (Pique-nique)* (1960), piena di carte argentate residuali; e il *Premier*

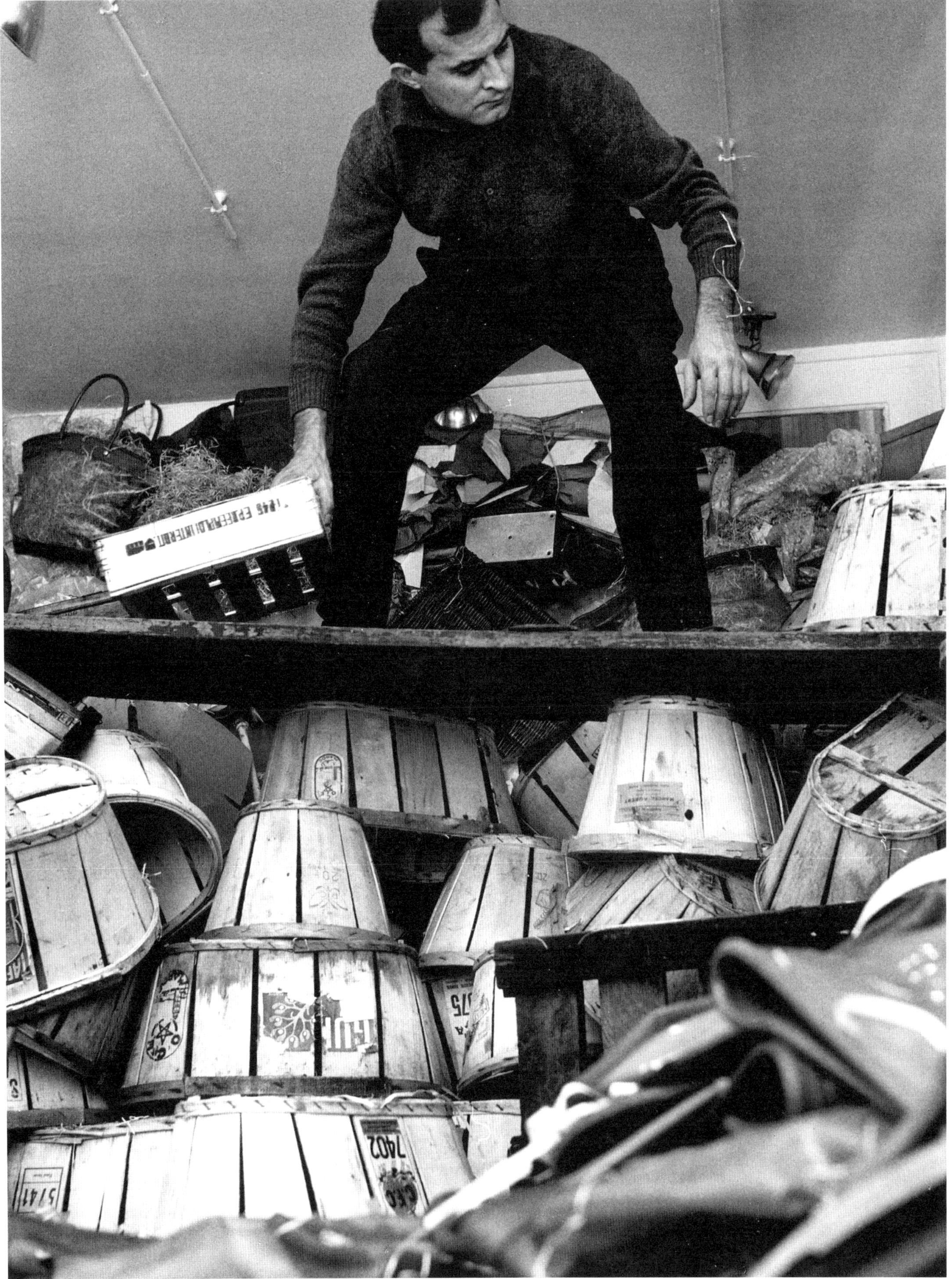

Arman durante la preparazione della mostra/Arman installing the exhibition *Le Plein*, Galerie Iris Clert, Parigi/Paris, 25 ottobre/October 1960

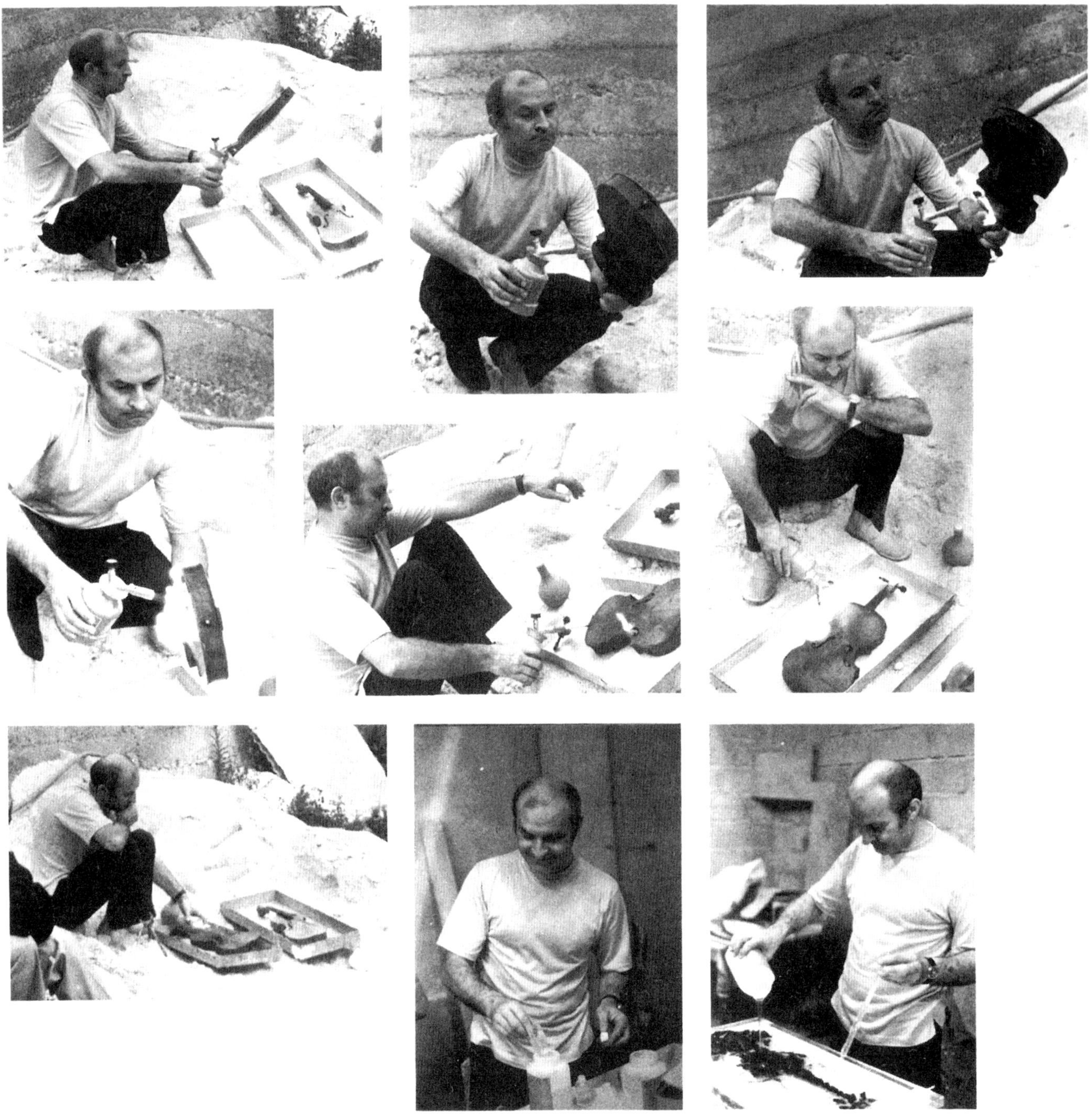

Arman realizza un'opera con un violino bruciato/Arman making a work with a burnt violin, Vence, Francia/France, 1974

portrait-robot d'Yves Klein, le Monochrome (1960) in cui, in un contenitore di plexiglass tra indumenti, libri di Bachelard e altri oggetti, si scorge una foto ritratto dell'amico. Insieme a queste *Poubelles* e *Accumulations*, in mostra si possono apprezzare altre pregevoli opere di date successive come *Les mains* (1961), accumulazione di mani di bambole; *Sans titre (Accumulation de bobines)* (1961) con bobine metalliche; *Sans titre (Accumulation de vis)* (1963), viti e resina in un vassoio di legno; e l'intensa *Dans la nébuleuse mécanique* (1963), ingranaggi e meccanismi di orologi in contenitore di plexiglass. Tali creazioni si collocano nell'opera di Arman in un arco temporale in cui, mentre il suo lavoro ha uno sviluppo esponenziale e Arman lascia frequentemente Parigi per New York, Klein, dopo una tappa a New York per la personale presso la galleria di Leo Castelli (1961), l'anno successivo, a giugno, muore e il sodalizio tra i due artisti ha un arresto, che non invalida la storica amicizia.

Arman prosegue il suo percorso. Alla prima mostra effettuata a New York presso la Cordier-Warren Gallery di Daniel Cordier, nel novembre del 1961, esibisce le *Accumulations* nel plexiglass, ma i giudizi dei colleghi più autorevoli non sono positivi; sia Robert Rauschenberg che Donald Judd si esprimono, dichiarando in un caso delusione e nell'altro (su *Arts Magazine* del gennaio 1962) scrivendo che le opere mancano di potenza visiva e che tutt'al più Arman è "figura di punta del rinnovamento dadaista".

L'anno successivo alla Dwan Gallery di Los Angeles, Arman ottiene invece il successo esponendo sia le *Accumulations* sia le nuove *Colères* (1962), subito recensite su *Artforum*. *Colères* e *Coupes* (entrambe del 1962) conquistano immediatamente la scena artistica. Se le prime mostrano un sentimento irrefrenabile e i suoi effetti distruttivi, le *Coupes* mostrano "anatomicamente" l'interno degli oggetti, la loro fattura strutturale e i dispositivi di funzionamento, lasciano vedere ciò che non si conosce, incuriosiscono, sono attraenti. Tra le *Coupes* si distingue il magnifico *Cello* (1962), violoncello sezionato su supporto ligneo; ma anche *Incostante* (1963), una statuetta sezionata e inclusa nel poliestere. Tra le *Colères*, nelle absidi di Botta dedicate ad Arman nella mostra di Lugano, si distinguono la *Sarasate's Gipsy Hair* (1962) di frammenti di violino, *Yves' Guitar* (1963), *Colère de Violon* (1964), e *Antonio e Cleopatra (Colère)* (1966) realizzata con violoncelli tagliati a pezzi su pannello lineo dipinto.

Il processo di appropriazione e di accumulazione di Arman non conosce sosta e affronta numerose fasi che annoverano interventi di scala monumentale di tipo costruttivo o distruttivo. Ma la disamina di quegli episodi, pur considerevoli, esula dal contesto di questo evento espositivo nel quale si considerano invece ancora esempi di *Accumulations* successive a quelle dei primi anni Sessanta, come *Colour Bow* (1967) e *Tourning White (Hommage à Y. Klein)* (1968), entrambi elaborati mediante tubetti di colore allineati e premuti, inclusi in poliestere e in plexiglass; ma anche *Cloud burst* (1968), accumulazione di componenti elettrici in resina, e l'*Accumulation in Doors (Hommage à Duchamp)* (1968), rilievo in cartone e matita.

Infine, merita un'ulteriore considerazione l'intero cantiere di creazione disposto da Arman per misurarsi con la produzione dell'oggetto industriale. Favorito da una intermediazione della gallerista Ileana Sonnabend, interessatasi al lavoro di Arman su segnalazione di Leo Castelli, l'artista entra in contatto con la dirigenza della casa automobilistica Renault, che lo invita a servirsi di parti costruttive delle loro automobili per realizzare le *Accumulations*.

Arman dispone a questo punto di materiali che lo impegneranno a realizzare centosei opere nel corso di due anni, dando vita al programma "Art et Industrie" lanciato dalla Renault. *Les ailes jaunes - Accumulation Renault n. 105* (1967) realizzata con parabordi di automobili gialle, giustapposte e saldate da Arman, è tra le prime sculture sorelle di quella *Accumulation Renault n. 101 (La Victoire De Samotrace)* installata all'ingresso del padiglione francese all'Exposition Universelle de Montréal del 1967. *Les ailes jaunes*, presente nell'ultima abside della mostra di Lugano dedicata ad Arman - e affiancata da altre due creazioni di quella titanica azione di confronto con la dimensione della produzione industriale, *Accumulation Renault - Bielles* (1968) e *Spaghetti-Sauce Renault - Accumulation Renault n. 132* (1968), a base di cavi elettrici in teca di plexiglass - riverbera l'ironia dell'artista e la sua lucida azione di adesione e distacco dalla realtà della produzione industriale.

L'essenza contraddittoria vitale dell'azione di Arman - distruggere/costruire - come anche quella assai diversa (ma anch'essa non esente da contraddizioni seppur di altro tipo) di Yves Klein, si manifesta in entrambi attraverso l'impiego del fuoco, elemento distruttore che nelle mani dell'artista può generare, ancorché drammaticamente, nuova forma, nuovo spazio, nuova immagine. Sia Klein che Arman hanno infatti prodotto opere con il fuoco e nel percorso della mostra *Le Vide et Le Plein*, alla *Peinture de Feu* di Klein corrisponde e si oppone l'opera *Senza titolo* (1969) realizzata da Arman con un violino bruciato e conservato nella resina, in plexiglass.

Se gli esiti visivi delle opere qui richiamate sono evidentemente diversi, non si potrebbe dire lo stesso per il tipo di pensiero che esse suscitano. Non è forse del tutto casuale che i due artisti, pur così diversi tra loro, abbiano condiviso e alimentato un'amicizia per tutta la vita. L'opera che racconta e restituisce l'idealità di quel legame, *Portrait relief d'Arman* (PR 1) (1962-1989), in pigmento puro e resina sintetica su bronzo su pannello ricoperto di foglia d'oro, creata da Yves Klein sul corpo dell'amico Arman, è una straordinaria forma emblematica di come l'antitesi "Vide et Plein", alla stregua dell'"essere spaziale" come l'"essere oggettivo", richiamato da Robert Musil ne *L'uomo senza qualità,* lascia "supporre all'origine un'antichissima forma dualistica dell'esperienza umana".[18]

1   Discorso pronunciato da Yves Klein in occasione della mostra
    Tinguely (Düsseldorf, gennaio 1959), in Yves Klein, *Vers l'Immatériel*
    (Parigi: Éditions Dilecta, 2006), p. 36–38.
2   V. Reto a Marca, Walter Schönenberger (a cura di), *Arman o l'oggetto
    come alfabeto*, catalogo della mostra, Lugano: Museo Civico di
    Belle Arti Villa Ciani, 29 giugno–16 settembre 1984.
3   V. Bruno Corà, Daniel Moquay (a cura di), *Yves Klein*, catalogo
    della mostra, Lugano: Museo d'Arte della Città di Lugano, Villa
    Malpensata, 15 maggio–13 settembre 2009.
4   Yves Klein, "Manifeste de l'Hôtel Chelsea" (New York, 1961), in
    Dominique Bozo (a cura di), *Yves Klein*, catalogo della mostra,
    Parigi: Centre Georges Pompidou, 3 marzo–23 maggio 1983, p. 196.
5   Daniel Abadie, Arman, "L'archéologie du futur", in *Arman*, catalogo
    della mostra, Parigi: Galerie Nationale du Jeu de Paume, 27 gennaio–
    12 aprile 1998, p. 48.
6   Thomas McEvilley, *Yves il provocatore. Yves Klein e l'arte del
    Ventesimo secolo* (Milano: Johan & Levi Editore, 2014), p. 71.
7   Lao-Tzu, *Il libro della norma e della sua azione* (Milano: BUR – Rizzoli
    Editore, 1962), p. 22.
8   François Cheng, *Vide et Plein. Le langage pictural chinois* (Parigi:
    Éditions du Seuil, 1979), p. 21.
9   Aldo Passoni, "Mes oeuvres ne sont que les cendres de mon art",
    in *Yves Klein*, catalogo della mostra, Torino: Galleria Civica d'Arte
    Moderna, 2–31 dicembre 1970, p. 18.
10 Klein, "Manifeste de l'Hôtel Chelsea", in Bozo, *op. cit.*, p. 79.
11 Arman, "L'archéologie du futur", *op. cit.*, p. 43.
12 Ibid.
13 Jean Tinguely, "Un superbon camarade", in Bozo, *op. cit.*, p. 254.
14 Werner Haftmann, "L'oggetto e la sua metamorfosi", in
    Metamorfosi dell'Oggetto, catalogo della mostra, Milano: Palazzo
    Reale, 17 gennaio–23 febbraio 1972, p. 11–31.
15 Arman, "L'archéologie du futur", *op. cit.*, p. 53–54.
16 Jean Dypréau, "L'oggetto nell'arte contemporanea", in *Metamorfosi
    dell'Oggetto*, *op. cit.*, p. 115.
17 Il manifesto è sottoscritto successivamente anche da César e
    Mimmo Rotella, e in seguito anche da Niki de Saint Phalle, Gérard
    Deschamps nel 1961, e nel 1963 da Christo.
18 Robert Musil, *L'uomo senza qualità*, vol. II (Torino: Einaudi, 1974),
    p. 665–66.

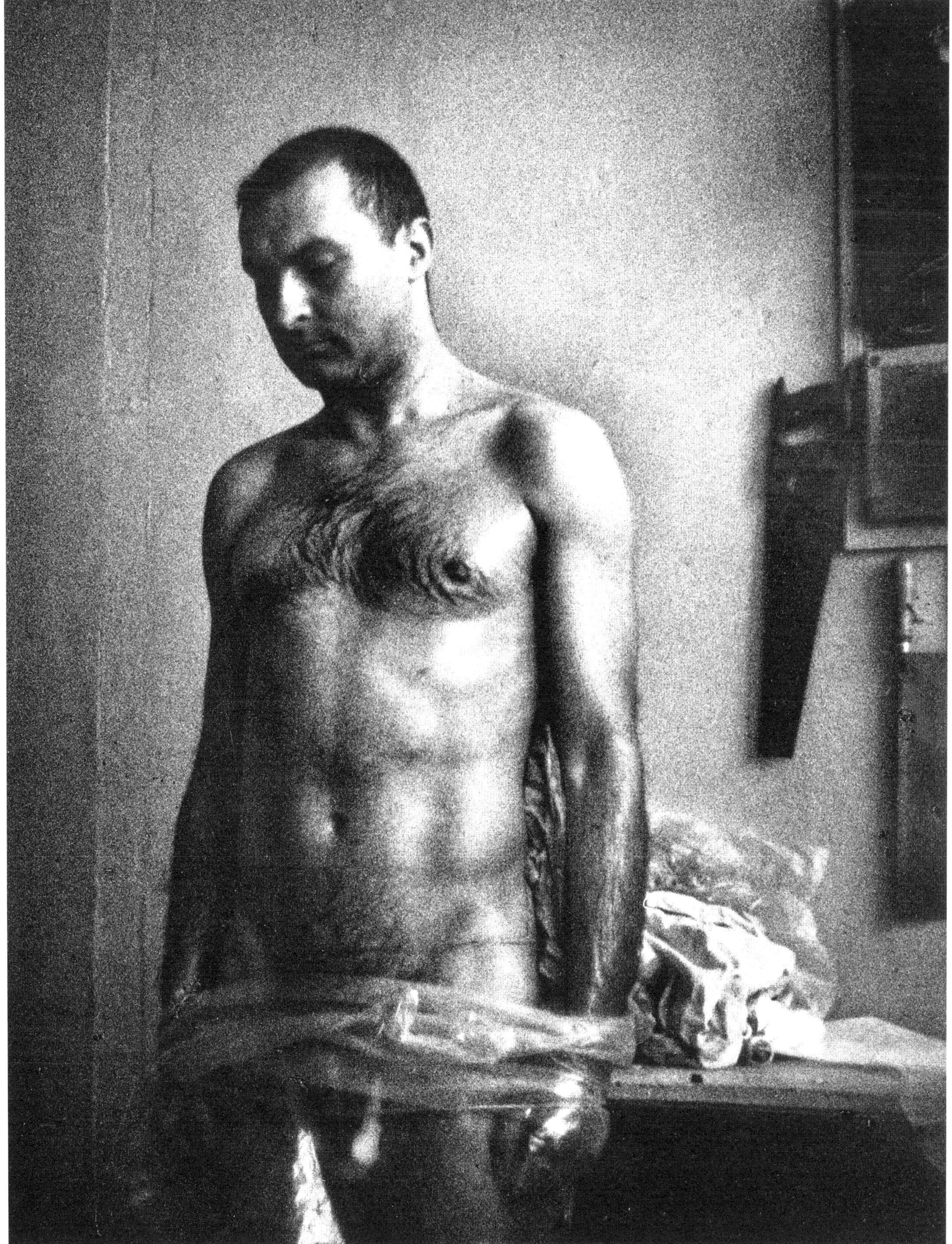

Yves Klein realizza il calco di Arman/making the cast of Arman, *Portrait relief d'Arman* (PR 1), 14 rue Campagne-Première, Parigi/Paris, febbraio/February 1962

INTRODUCTION

The exhibition *Yves Klein and Arman. Le Vide et Le Plein* is an original event conceived to illustrate how the entire artistic action of Yves Klein was aimed at the sensitization of an extended concept-dimension of the "void" as an overriding of the notion of art synonymous with the material production of works. His creative tension became manifest in showing how all artists "of head and heart" ought to work together to overcome the traditional idea of art, and work individually for a return to real life, namely that in which the thinking man is no longer the center of the universe but rather the universe is the center of man. In an address he made at the time of Jean Tinguely's exhibition in Düsseldorf in January 1959, Klein stated that in this way "nous deviendrons des hommes aériens, nous connaîtrons la force d'attraction vers le haut, vers l'espace, vers nulle part et partout à la fois; la force d'attraction terrestre ainsi maitrisé nous l'éviterons litéralment dans une totale liberté phisique et spirituelle!"[1]

Conversely, in the works of Arman—Klein's close friend in the intense artistic life that they shared starting from when they met as youths in the judo school in Nice, the city where they were both born—the same exhibition, *Le Vide et Le Plein* makes clear the industrial and technological essence of modern human life in the urban contexts of much of the world, and the condition of contemporary man as a "consumer" of every species of object.

However, the apparent opposition expressed in the distinct poetics of Klein through *le vide* and Arman through *le plein* effectively enacts an integration of tensions and artistic practices that are emblematically opposed but together are evocative exponents in the conjoint definition of a single epoch-making juncture.

At different times and on separate occasions in the past, it has already been possible to observe in Lugano appearances of the work and actions of both Klein and Arman that were deemed outstanding. Suffice it to recall the exhibition *Arman o l'oggetto come alfabeto. Retrospettiva 1955–1984*, held at the Museo Civico di Belle Arti Villa Ciani in 1984,[2] or that of Yves Klein at the Museo d'Arte of the city of Lugano in 2009,[3] the latter accompanied by metallic sculptures by his wife Rotraut Uecker set up in the squares and gardens of the city.

Nevertheless, what had not yet taken place was an event presenting an intense face-to-face between the two great protagonists of Nouveau Réalisme, Klein and Arman, based on the aesthetic and poetic antinomy of the "void" and the "full" as the divergent linguistic foundations of the two artists from Nice. The initiative, desired for some time by both Daniel Moquay and Giancarlo Olgiati in frequent meetings on various occasions, is now being realized in this exhibition. It offers visitors the simultaneous perception of no less than sixty works by the two artists, set in direct comparison through the masterful creation of display areas specially designed by Mario Botta. Following the design of the recent exhibition *Balla '12 Dorazio '60. Dove la luce*, Botta now includes among his achievements this new layout creation in the premises of the Collezione Olgiati, the drawings and design renderings of which we can admire in the following pages.

The exhibition invites us to consider numerous aspects: in the first place, the fact that in both artistic personalities we find a distinct faculty for endowing the individual propositions of aesthetic statement with the marked indications of a desire for transformation and new directions, breaking away from the prevailing artistic sensitivity of the École de Paris between 1946 and 1950.

Shared learning experiences in areas deemed non-artistic—such as the practice of judo and the initiation in esoteric doctrines such as that of the Rosicrucians—were followed in both artists by analogous choices and activities of existential subsistence pure and simple. Fundamentally, however, both Klein and Arman nurtured their inner artistic vocation without ever losing sight of each other. That said, it should be noted that Klein exerted a considerable influence on his friend by advising him on the crucial stages of the linguistic direction to be followed. Moreover, Arman developed an increasingly intense respect for his friend's staggering intuitions and his skills in communication and self-promotion.

It is important to clarify that the *Le Vide et Le Plein* never intended to repropose the actions or gestures performed by Klein and by Arman through simulated reconstructions. It would have been practically impossible and conceptually erroneous and so was never even remotely considered. In effect, the two display events of 1958 and 1960 cited in the title are unrepeatable in view of the essential performative quality involved in the live action of their authors. In this sense, the art of certain artists of that generation and the generations that followed—inclined towards a gestural creation bound up with the temporality and the precariousness of the outcomes—was transmitted and made available through their works, photographs, or records on film. Not for nothing did Klein himself declare that his works were the ashes of his art. The by now historic shows held by the two artists have therefore been considered as poetic entities that influenced the creation of many of the works on show in this exhibition. Each of the works by both of them therefore bears within the key principles of the *vide* or the *plein* with which they filled it.

YVES KLEIN: LE VIDE

While *le vide* [the void]—along with the choice of monochrome—was one of the founding principles of Yves Klein's art, the entity that it expresses calls for a new reflection, albeit synthetic, both of historic-aesthetic scope and that traces the parabola of events, actions, declarations, formalizations and overriding of all praxes implemented by the artist between 1947 and 1962, the year of his premature death.

A particularly vast literature and historic-critical interest have probed and reflected almost everything that Klein's art and life expressed, highlighting every aspect of both and giving rise to a specific mythology

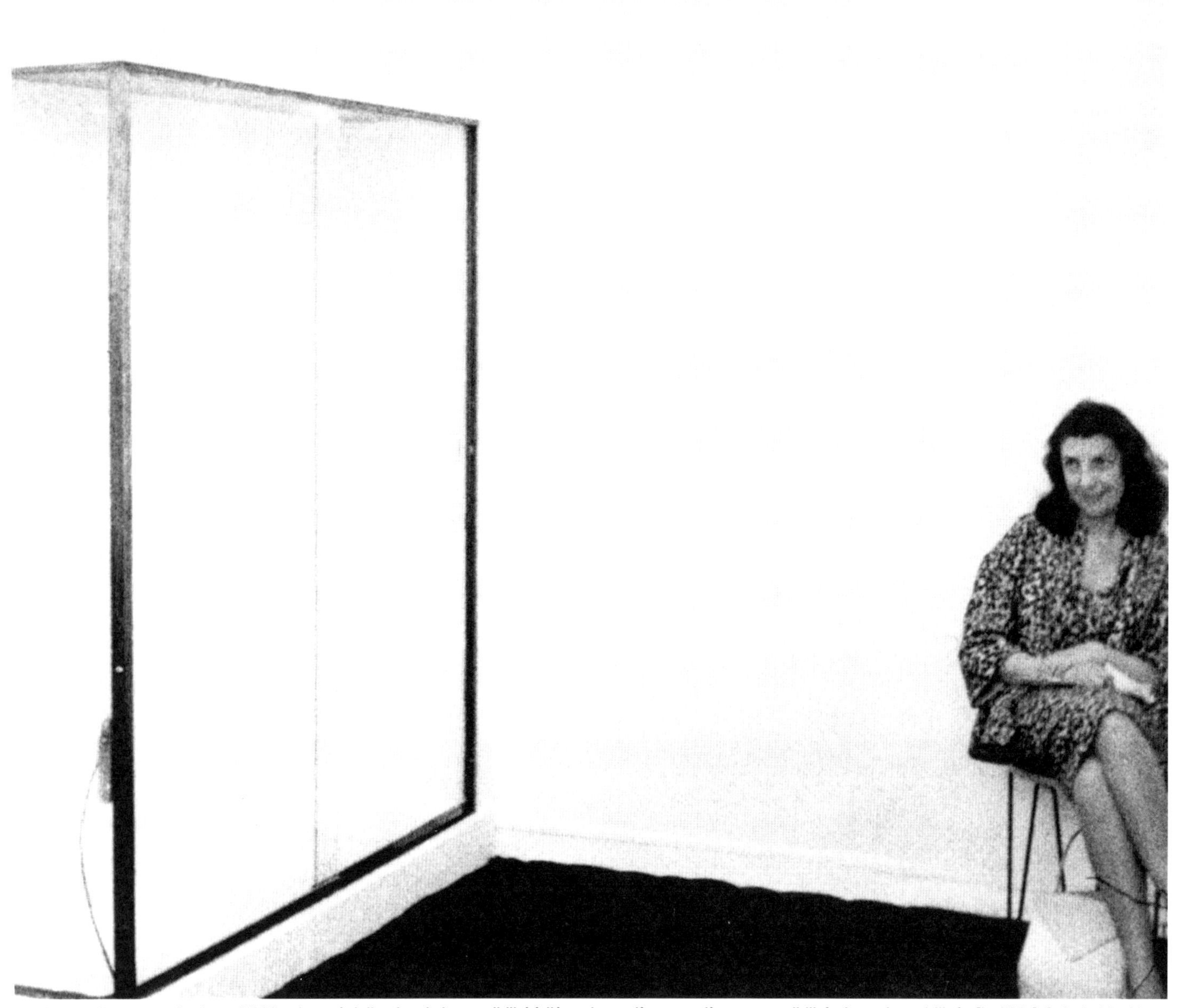

Iris Clert nella mostra/in the exhibition *La spécialisation de la sensibilité à l'état de matière première en sensibilité picturale stabilisée [Le Vide]*, Galerie Iris Clert, Parigi/Paris, aprile/April 1958

about the man and the artist like that of very few other modern and contemporary figures. But where and when did Yves Klein's interest in the dimension of the void originate? And, more importantly, what did his experience of the void signify for the development of contemporary art?

For Klein, the monochrome adventure and the attraction of the void began very early. During a trip to the States in 1961 he drafted the *Manifeste de l'Hôtel Chelsea* in which he recalled, "Alors que j'étais encore un adolescent, en 1946, j'allai signer mon nom de l'autre côté du ciel durant un fantastique voyage 'réalistico-imaginaire.' Ce jour-là, alors que j'étais étendu sur la plage de Nice, je me mis à éprouver de la haine pour les oiseaux qui volaient de-ci de-là dans mon beau ciel bleu sans nuage, parce qu'ils essayaient de faire des trous dans la plus belle et la plus grande de mes œuvres."[4]

The following year, in the summer of 1947, Klein enrolled in the judo club at the police headquarters of Nice, where among the other judokas he made the acquaintance of Armand Fernandez (later to become known as Arman) and the poet Claude Pascal. It's well known that, as well as the passion for judo, these three friends shared the adventure of travelling, artistic and poetic creation, and frequentation of the beach at Nice, where one day they decided to divide up the universe between them: Arman was to have the earth and its riches, Claude the air, and Yves the sky and its infinity!

In the *Manifeste de l'Hôtel Chelsea* that Klein composed at the time of the exhibition *Yves Klein: Le Monochrome* at the Leo Castelli Gallery in New York (1961), he appears to want to take stock of his career up to that time, and the text covers practically all the most significant phases in what turned him into the artist of *Le Vide*.

The concatenation of the experiences and events he conceived and the works he produced over the timespan stretching from the post WWII period (1947) up to the date of his premature death (June 6, 1962) comprised an intense succession of attainments. After following the judo courses in Nice, Klein earned first a white belt and subsequently a yellow belt in December 1947. In this same period, he discovered Max Heindel's *Rosicrucian Cosmo-Conception*, and with Pascal and Arman he began to practice the esoteric doctrine of Rosicrucianism under the instruction of Louis Cadeaux, through whom they became associated with the Rosicrucian esoteric center located in Oceanside, California. The three friends set up a space for meditation in the basement of Arman's parents' house in Nice, where Klein painted one entire wall blue. After achieving further judo rankings, orange belt and green belt, and having completed his military service, in 1949 Klein went to London with Pascal. Here he worked with the frame-maker Robert Savage, learning the technique of gold-leaf gilding and the use of other materials that were to help him in his pictorial activities in later years. Moreover, according to Pascal, in London—and later in Ireland between 1949 and 1950—Klein was already producing rectangular monochrome cards based on pastels. It is pertinent that around this same time Klein also composed the *Symphonie Monoton-silence* (1949), symbolically linked with his first pastel monochromes.

In 1950 he sent to Arman in Nice a postcard with a pink monochrome on one side and on the other a phrase of Pascal's announcing that "1951 will be the year of the pink massacre," a message that retains a certain hermeticism. In a conversation that Arman had with Daniel Abadie in 1998 at the time of his solo show at the Galerie Nationale du Jeu de Paume, he confirmed this early monochrome episode of Klein's: "Quand il était en Espagne, avant de partir au Japon, il avait déjà réalisé des monochromes. Il m'avait envoyé, en août 1950, una carte postale entiérement peinte en rose—je l'ai malheureusement perdue."[5]

After travelling and living in Spain in 1951, Klein returned to Paris in the autumn and enrolled on a course of Japanese at the École des Langues Orientales and sought information from the French-Japanese Institute about making a trip to Japan to perfect his skill as a judoka. He left from Marseilles in the summer of 1952 and arrived in Yokohama, after which he enrolled at the Kōdōkan Judo Institute in Tokyo and found a job as a teacher at the Institut Culturel Franco-Japonais. Thomas McEvilley believes—as Klein himself had stated—that judo was the primary experience of spiritual space from the beginning to the end of his life. "The straining of muscles, the flying through the air, the landing unhurt—these released him from the limitations of 'plain facts,' and made him feel free and powerful. He was to seek the unobstructed freedom of empty space for the rest of his life—to evoke it in his art of emptiness, to activate it with his immaterial works, to mark its flight and fall in his Imprints, to consummate his sex-and-death relationship with it in his Leap—even to sell it, though the proceeds went into the river of time, not his own pockets. Space, transparent and shining, whole and without blemish, which contains Everything but is Nothing—this was his embarkation and his terminal, the prelude of the sermon he preached with his life and its peroration."[6]

Klein stayed in Japan for about a year and a half, during which time he not only reached the coveted rank of 4th dan black belt at the Kōdōkan Institute of Tokyo, but also immersed himself in the intensity of Zen philosophy and the consciousness of the void as the dominant dimension of Asian culture. Here it seems pertinent to recall the essential lines of Lao Tzu, philosopher and founder of the Taoist school several centuries before Christ, who very clearly conveys the centrality of the "void" through a series of analogies: "We put thirty spokes together and call it a wheel;/ But it is on the space where there is nothing that the usefulness of the wheel depends./ We turn clay to make a vessel;/ But it is on the space where there is nothing that the usefulness of the vessel depends./ We pierce doors and windows to make a house;/ And it is on these spaces where there is nothing that the usefulness of the house depends./ Therefore just as we take advantage of what is, we should recognize the usefulness of what is not."[7]

As further confirmed by François Cheng, "emptiness is not, as one might suppose, something vague or nonexistent. It is dynamic and active. Linked with the idea of vital breaths and with the principle of the alternation of yin and yang, it is the preeminent site of transformation, the place where fullness can attain its whole measure. Emptiness introduces discontinuity and reversibility into a given system and thus permits the elements composing the system to transcend rigid opposition and one-sided development. At the same time, emptiness offers human beings the possibility of approaching the universe at the level of totality."[8]

Klein's interest in the dimension of the void—a true inclination towards the absolute—was progressively endorsed through a formalization as inevitable as it was peremptory. The initiatives in which he expressed this interest are numerous and crucial since they are the cornerstones of his poetics of the immateriality of art.

Within what has been mentioned or referenced so far, we should not overlook Klein's emblematic book *Les fondements du Judo*, published by Bernard Grasset in Paris in November 1954 after his return to Paris from Japan (and after the French Judo federation failed to recognize his Kōdōkan qualification!). Similarly, in another Spanish sojourn in Madrid with Claude Pascal in May 1954, after having resumed his teaching of judo and displayed a series of monochrome paintings in the gym of a judo school, Klein published *Yves Peintures* and *Haguenault Peintures.* These two booklets contain images of monochromes that were never actually produced but symbolically conceived and furnished with captions indicating various international cities as the sites of execution, complete with a preface by Pascal consisting simply of horizontal black lines. Another important benchmark in the monochrome enterprise, a species of prelude and antecedent to *Le Vide*, took place in fall 1955 when, after the rejection of an orange monochrome at the Salon des Réalités Nouvelles, Klein opposed and displayed monochromes of different colors in the show *Yves Peintures* at the Club des Solitaires in Paris.

From this episode on, Klein appears to have entered into a phase of operation in which his congenital anguish morphs into targeted and decisive action. A series of encounters were of particular significance for the development of the blazing trail of Klein's comet. For instance, his meetings with the young emerging critic Pierre Restany, and with the two gallerists Colette Allendy and Iris Clert, who were both keen to promote his work, had a considerable impact on his success. For the catalogue of the show organized at Colette Allendy's gallery in Paris, Restany wrote "La minute de vérité", an essay that he later returned to in November 1956, this time titling it "L'epoca blu, il secondo minuto della verità" for the exhibition of January 1957. Restany wrote that, after Paris, it had been in Milan that he requested a moment of truth, without which neither he nor anyone else could have either love, or art, or poetry, or pure emotion. In praising Klein's Blue, Restany did not hesitate to link him with Giotto's frescoes in Assisi, a comparison that Klein himself had already made, declaring Giotto to be his precursor.

The show *Yves Klein: Proposte monocrome. Epoca Blu*, which ran from January 2 to January 12, 1957 at the Galleria Apollinaire in Milan run by Guido Le Noci, displayed eleven monochrome paintings that had all effectively been produced in the previous year. Among the surprising aspects, in addition to their poetic intensity, was the fact that paintings of the same size were offered at different prices, and that Lucio Fontana purchased one of the monochromes in the show, a gesture that constituted an important recognition of the work of a young artist still in his twenties.

The solo exhibitions *Yves le monochrome* (at the Galerie Iris Clert) and *Pigments Purs* (at the Galerie Colette Allendy), *Propositions Monochromes* (at the Galerie Schmela in Düsseldorf) and *Monochrome Propositions of Yves Klein* (at Gallery One in London) also all took place in 1957, along with several group shows in France, Germany and Italy. But the most sensational display initiative was definitely that of the show *La spécialisation de la sensibilité à l'état matière première en sensibilité picturale stabilisée*, better known as *Le Vide* at Iris Clert's gallery in Paris, in which Klein furnished the emblematic version of immateriality. That day, April 28, 1958, was also the artist's birthday, and his mother Marie Raymond made him a gift of *Air and Dreams: An Essay on the Imagination of Movement* by Gaston Bachelard, a writer who became significant for the developments of Klein's work.

The exhibition *Le Vide* at Iris Clert's was definitely pivotal to the poetics of the void and of immateriality pursued by Klein, but it certainly did not exhaust the protean action that he continued to perform with a view to the "dépassement de la problématique de l'art" conceived and launched with the *Symphonie Monoton-silence* (1949), right through to legendary episodes such as *Saut dans le Vide*, 1960, creations such as the one-day newspaper *Dimanche 27 novembre 1960*, and performances like that at *Vision in Motion/Motion in Vision* held at the Hessenhuis, in Antwerp in March 1959 where he took part in the opening day along with Robert Breer, Pol Bury, Heinz Mack, Bruno Munari, Otto Piene, Jesús Rafael Soto, Daniel Spoerri, Dieter Roth, Jean Tinguely, and others. Here, rather than displaying a painting or a tangible and visible artefact in the space allotted to him, Klein instead pronounced before the public a phrase by Bachelard, the philosopher and epistemologist that his mother had recommended to him: "D'abord, il n'y a rien, ensuite il y a un rien profonde, puis une profondeur bleue." When the Belgian organizer of the exhibition asked him where his displayed work was, Klein replied "Là, là oú je parle en ce moment," and to the following question put to him asking the price of the work, he answered, "Un kilo d'or, un lingot d'or pur d'un kilo me suffira." In effect, according to Klein the price of his impregnation of the space through his presence emanating "sensibilité picturale à l'état matière première dans l'éspace spécialisé et stabilisé" could not be mere money but had to be gold.

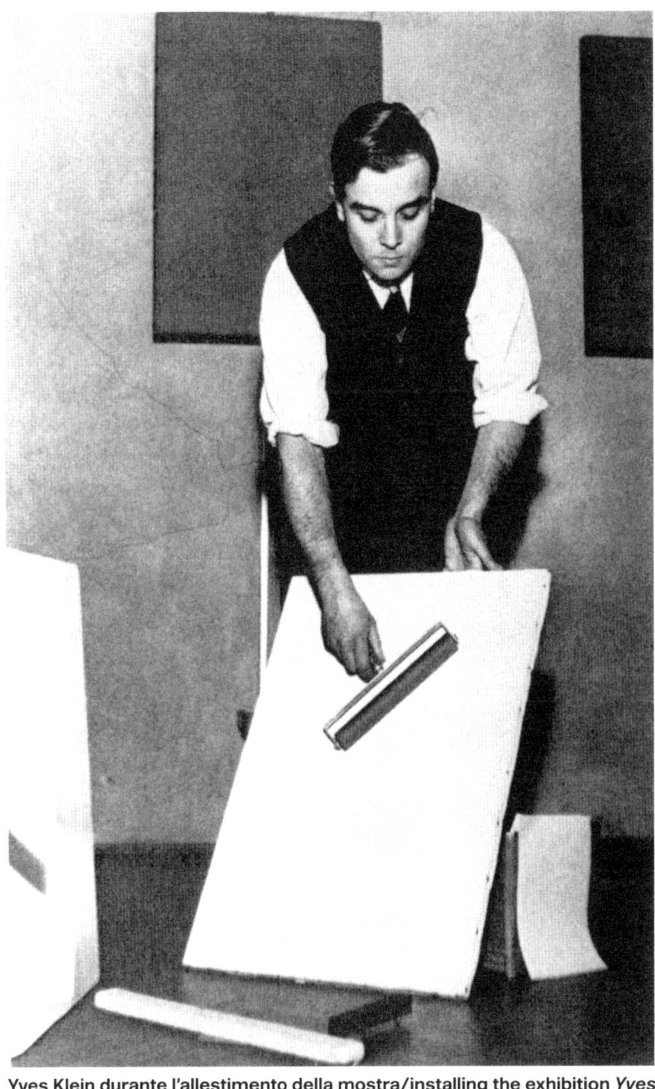

Yves Klein durante l'allestimento della mostra/installing the exhibition *Yves Klein: Proposte monocrome. Epoca Blu*, Galleria Apollinaire, Milano/Milan, gennaio/January 1957

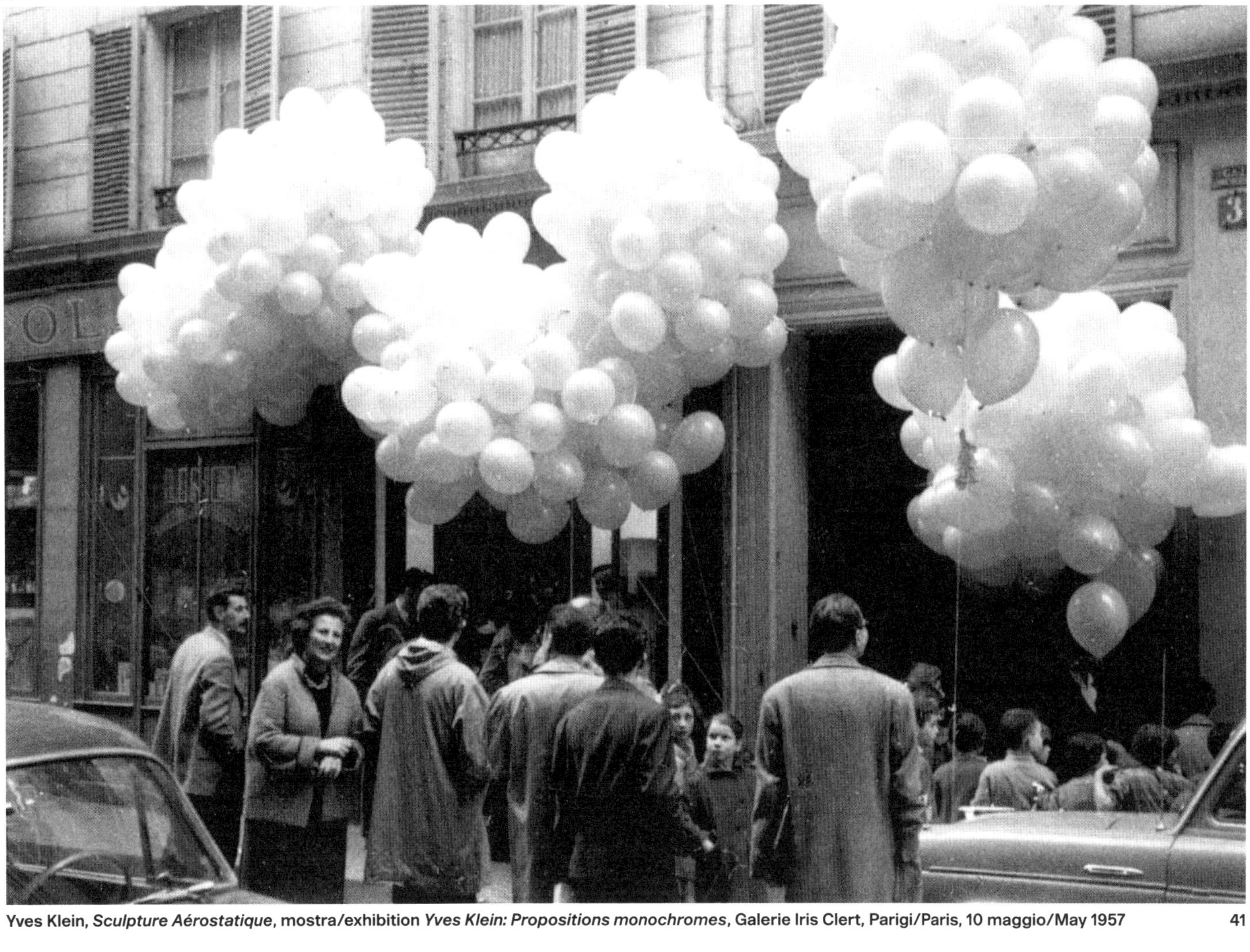

Yves Klein, *Sculpture Aérostatique*, mostra/exhibition *Yves Klein: Propositions monochromes*, Galerie Iris Clert, Parigi/Paris, 10 maggio/May 1957

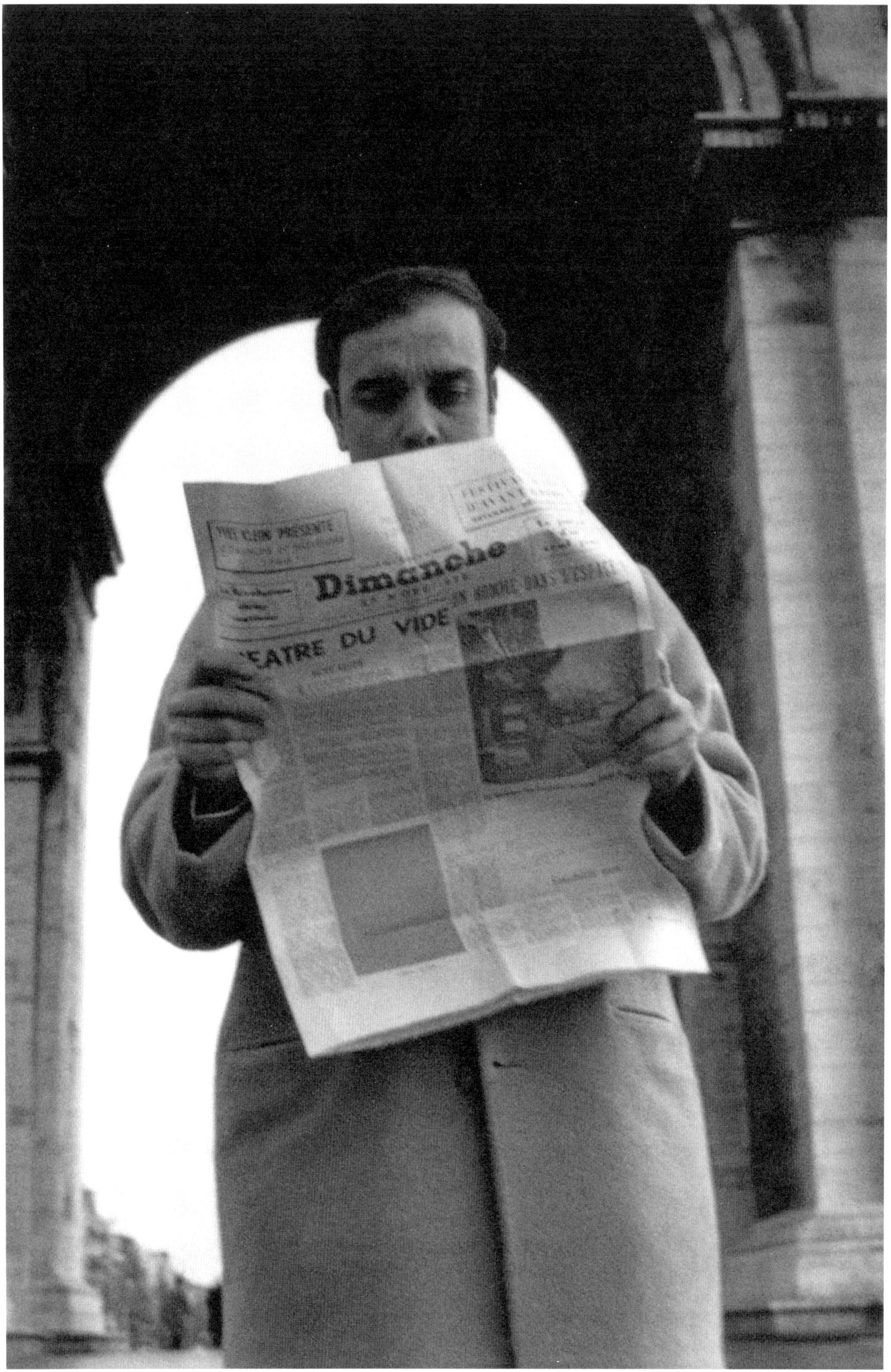

Yves Klein con una copia di/with a copy of *Dimanche 27 novembre, le journal d'un seul jour*, Arc de Triomphe, Parigi/Paris, 27 novembre/November 1960

In his famous conference held at the Sorbonne in Paris on June 3, 1959, "L'évolution de l'art vers l'immatériel," Klein was able to clarify this and other episodes of his work that this exhibition *Le Vide et Le Plein* allows us to observe directly and compare with the work of his friend Arman, responsible for having given body to the entity opposed to the "void," namely the "full," with no less intensity or felicity of solutions.

THE WORKS ON DISPLAY

Before proceeding to make a similar reflection on Arman's concept of *le plein*, let us observe in succession the works on display so as to highlight the different poetic and aesthetic tensions of the two artists.

An essential frontal opposition, conceived and made possible by the overall layout of the exhibition as established in the design project by Mario Botta, allows us to access a series of distinct spaces placed on either side of a central axis running through the space of the Olgiati Collection. Rather like the main aisle of a church, opening off this route to the left and right are a series of polygonal apses housing the works of Klein and of Arman respectively.

On the left of the itinerary, we encounter the series of Klein's monochromes. Here we can see nine works produced by the artist over a five-year period. They provide an exemplary coverage of the historic phase of Klein's intense monochrome season, starting from the exhibition at the Club des Solitaires (1955) through to the first *Anthropométries* of 1960. Alongside the *Monochrome rose sans titre* (MP 30), 1955, are the two *Monochrome rouge sans titre* (M 106), 1956 and (M 96), 1957, the *Monochrome jaune sans titre* (M 73), 1957, the *Monochrome noir sans titre* (M 78), 1957, the two *Monochrome bleu sans titre* (IKB 38), 1957 and (IKB 246), 1958, the *Monochrome blanc sans titre* (M 70), 1957, and finally the *Monochrome or sans titre* (M 59), 1959, made of gold leaf on glass.

The following apse features a pentagonal arrangement of the walls displaying five *Anthropométries*. These are the results of the imprints made on paper or canvas by the models who collaborated with Klein, after pure blue pigment and synthetic resin had been spread on their bodies. We can identify *Monique* (ANT 59), 1960, the *Anthropométrie sans titre* (ANT 116), 1960, and the *Anthropométrie Suaire sans titre* (ANT SU 13), c. 1960, on fine cloth.

In the third apse we can admire three *Sculpture Éponge bleue sans titre* (SE 82), c. 1960, (SE 89), c. 1960, and the largest (SE 263) from the Olgiati collection, all natural sponges impregnated with pure pigment and synthetic resin mounted on metallic bases (and one also on stone). Then come the *Relief Éponge rose sans titre* (RE 8), 1960 and *Fa* (RE 31), 1960, both blue reliefs based on natural sponges with small pebbles impregnated with pure pigment and synthetic resin. Also displayed in this space is the *Relief Planétaire - Grenoble* (RP 2), 1961, which Klein made using an imprint of cardboard impregnated with pure pigment and synthetic resin to produce a scale model of the dematerialization of the physical region around Grenoble. Finally, also located in this section is the *Excavatrice de l'espace* (S 19), 1958, consisting of a wooden disc impregnated with pure pigment and synthetic resin mounted on an electric motor and fitted with metal legs, a work that was produced in close collaboration with Jean Tinguely, an ingenious sculptor and poet of the ephemeral machine movement. When electrically powered, this work can reach extremely high speeds, diffusing an intangible blue halo. It has been included in the display for the precise purpose of evoking the perception of the immateriality of the Blue.

Continuing along the route through the works of Klein, a fourth area displays the *Cosmogonies*, which more than other works explicitly recall the Rosicrucian echoes of Klein's youthful cosmological meditations. The different versions of works based on blue pigment and binding agents offer us impressions of natural phenomena such as rain, for instance in the *Cosmogonie - Une pluie Fine de Printemps* (COS 40), 1961, and the *Cosmogonie pluie* (COS 22), 1961. Then there are *Vent Paris-Nice* (COS 10), 1960, and the two cosmogonies *Giboulée de mars. . .* (COS 34), 1960 and *Cosmogonie sans titre* (COS 17), 1960, both produced in Cagnes-sur-Mer, the first having been executed and then exposed to the sun the following day, and the second by placing it in the rose garden bordering the seashore. In the introductory text to the catalogue of Klein's show at the Galleria Civica d'Arte Moderna in Turin, Aldo Passoni stated that the introduction of the color was the artifice used to fix the incessant cosmic message.[9] It is also interesting to note how, both in the *Anthropométries* and in certain *Cosmogonies*, Klein resorted to the "imprint," the technique that underpinned the pictorial experiments of his friend Arman, starting with the *Cachets* in 1954 and then in the *Allures* from 1958 up to 1960.

Finally, the last apse of Klein's works displays the *Peintures de Feu*. From his very first work made using flares and titled *Tableau d'un minute*, 1957, Klein showed a particular interest in this primary natural element. Indeed, in the *Manifeste de l'Hôtel Chelsea* he asked himself, "Qu'est-ce qui provoque en moi cette recherche de l'empreinte du feu? Pourquoi faut-il que j'en cherche la Trace elle-même? Parce que tout travail de création, sans tenir compte de sa position cosmique, est la représentation d'une pure phénoménologie—tout ce qui est phénomène se manifeste de lui-même. Cette manifestation est toujours distincte de la forme, elle est l'essence de l'immédiat, la trace de l'Immédiat."[10]

At the important exhibition held at the Haus Lange Museum in Krefeld in 1961, thanks to the collaboration of the director of the museum Paul Wember, Klein managed to realize an installation of flames in the night outside the famous building designed by Mies van der Rohe using a flame thrower of over three meters and a gas dispenser with fifty burners. After this he produced dozens of other *Peintures de Feu* at the Centre d'Essais du Gaz de France (in the Plaine Saint Denis near Paris) by pointing a flamethrower at special fire-resistant panels with the help of his artist friend Alex Kosta who, dressed as a fireman, targeted jets of water on the panels.

The repertoire displayed in Lugano comprises the two *Peinture de Feu sans titre* (F 13), 1961 and (F 39), 1961, and three *Peinture de Feu Couleur sans titre* (FC 9), c. 1961, (FC 16), 1962 and (FC 20), 1962, all made of pure pigment and synthetic resin burnt onto cardboard.

Nevertheless, the full antimony *Le Vide et Le Plein* was enacted when Arman decided to hold a show at Iris Clert's gallery dedicated to the entity of the *plein*—that is, with the precise intention of setting up a dialectic with Klein's immaterial *vide*—showcasing an aesthetic proposition concerning the tendency of consumer society to reify the object and its inescapable impact on the fate of human communities.

ARMAN: LE PLEIN

Apropos his idea of *le plein* [the full] what Arman actually wanted to do was to hold his own show at the gallery of Iris Clert in the same year of 1958 that Klein had held his *Le Vide*, but Iris Clert only became convinced about the idea only after Arman had achieved a complete success, even in commercial terms, with his solo show *Poubelles et Accumulations* at the Galerie Schmela in Düsseldorf in the summer of 1960.

As Arman recalls, "À l'époque, même si je n'avais pas encore faites les premières Accumulations, on avait parlé de faire *Le Plein* et *Le Vide*, en tant que gestes. Mais Iris Clert, quand elle a entendu cela, a trouvé que *Le Plein*, cela faisait sale."[11] Yves had been all in favor of the idea of the *Le Plein* show of his friend Arman, who already had an important artistic career behind him that Yves followed constantly, partly in view of the fact that they complemented each other. So much so that, in the conversation with Abadie mentioned above, Arman declared that Klein had said to him, "Toi, tu es le magnificateur du quantitativisme, et moi, je suis le gardien du vide."[12]

Since his adolescence, Klein had nurtured within himself the vocation to display a creative identity well beyond that of being merely a painter, and to achieve an inner degree of existential freedom apropos the absolute that had never before been reached by others. In a passionate and affectionate statement of the greatest esteem, his friend Tinguely had no qualms about declaring that "Il n'était pas seulement le monochrome, il était le mégalomane. La mégalomanie, chez lui, était un état naturel. Ça n'était pas un état ajouté. C'était un mégalomanie sans complexe de persécution [. . .] C'était un homme profondément immatériel [. . .] C'était un vrai poète."[13]

Arman, on the other hand, from the very beginning in the 1950s showed himself to be a painter. The linguistic approach of his works is that of an abstraction in which the expressive processes conserve a logic of construction related to both landscape and the figurative. This approach, common to other artists, was immediately stigmatized by his lifelong friend Yves who, having begun to frequent Arman again after his return from Japan, urged him to leave off what he had been doing up to then and find something that was his and his alone, in other words, to carve out his own expressive territory. The coincidence of an exhibition on Kurt Schwitters that Arman visited in Paris, the viewing of several works by Jackson Pollock on show in the Facchetti Studio, also in Paris, and above all the consultation of a special issue of the *Art d'aujourd'hui* magazine on graphics, combined with Klein's urging to encourage Arman to experiment with inked stamps—that were already in his possession and available in the offices of his father's business—making a series of imprints on various supports. In the space of a few years this elementary object, with which he replaced the paintbrush to produce signs, turned into the highly significant medium that paved the way, first to the imprints of objects, his *Allures d'Objets*, and later to the objects themselves, which were fundamental to his poetics of possession and quantitative accumulation.

THE OBJECT: THE EVOLUTION OF ITS CONCEPTION IN TWENTIETH-CENTURY ART

Here a short but essential reference to the issue of the object in significant artistic experiences prior to the action of Arman is called for.

In the literature of Marcel Proust or Franz Kafka, and also in the reflections of Martin Heidegger or Ludwig Wittgenstein, the object and its myriad complexity in connection with human life and imagination has played a major role in the shared perception of reality. In modern painting, however, it was Gustave Courbet who offered a new image of reality through a different fullness of objects and things. In a brief but exhaustive study written in the 1970s, Werner Haftmann traced the metamorphosis of the object over the last hundred and fifty years, examining the works and theoretical reflections of numerous artists after Courbet who had addressed the presence of objects. Similarly, it cannot be denied that, following Courbet, Paul Cézanne and Vincent Van Gogh made significant contributions to producing images with an enhanced perception of things and objects. We owe to Cézanne the plastic materialization of objects rendered through the use of rhythmic brushstrokes, after which he built his pictorial field layer by layer and from these particles forged his mobile, animated surfaces.[14]

The constructivist path of Cézanne was then followed in the cubism of Pablo Picasso and Georges Braque. No less significant was the vision of Futurists such as Umberto Boccioni and Giacomo Balla who morphologically altered the object that was subjected to dynamism, light, and instability, revealing ulterior freedom of conception and relationship with the object. In Giorgio De Chirico's metaphysical painting, the series of objects, set squares, and rulers, prefigures the "accumulative" approach conceived to shape out the figure of the archeologist and the "troubadour," namely figures related to history, destiny, and enigma.

The anti-art of the three branches of Dadaism—that of Zurich, that of Berlin and that of New York—furnished a large quantity of inventions of an objectual kind. However, in the development of the work of Arman, the

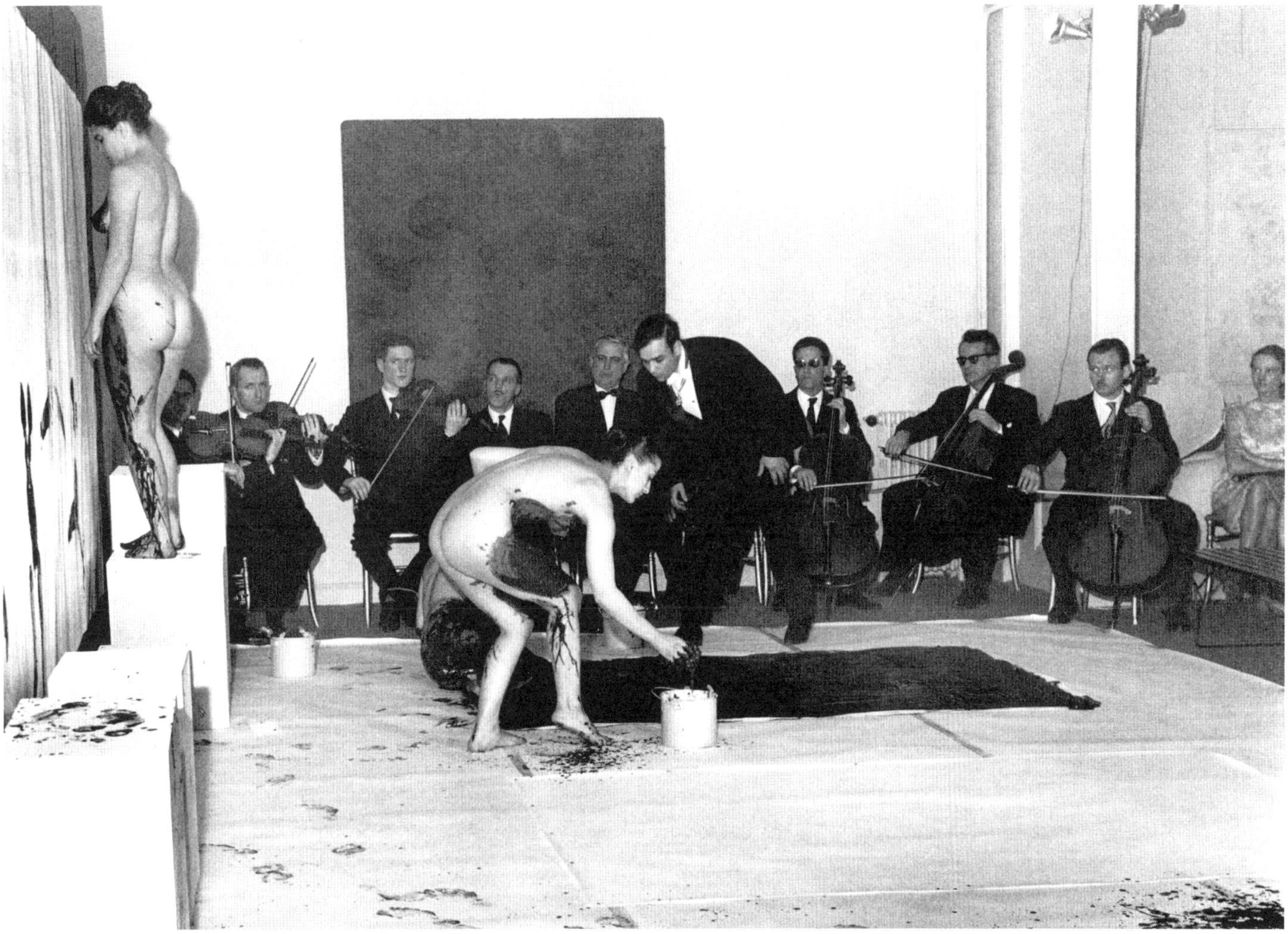

Performance di/by Yves Klein, *Anthropométrie de l'époque bleue*, Galerie Internationale d'Art Contemporain, Parigi/Paris, 9 marzo/March 1960

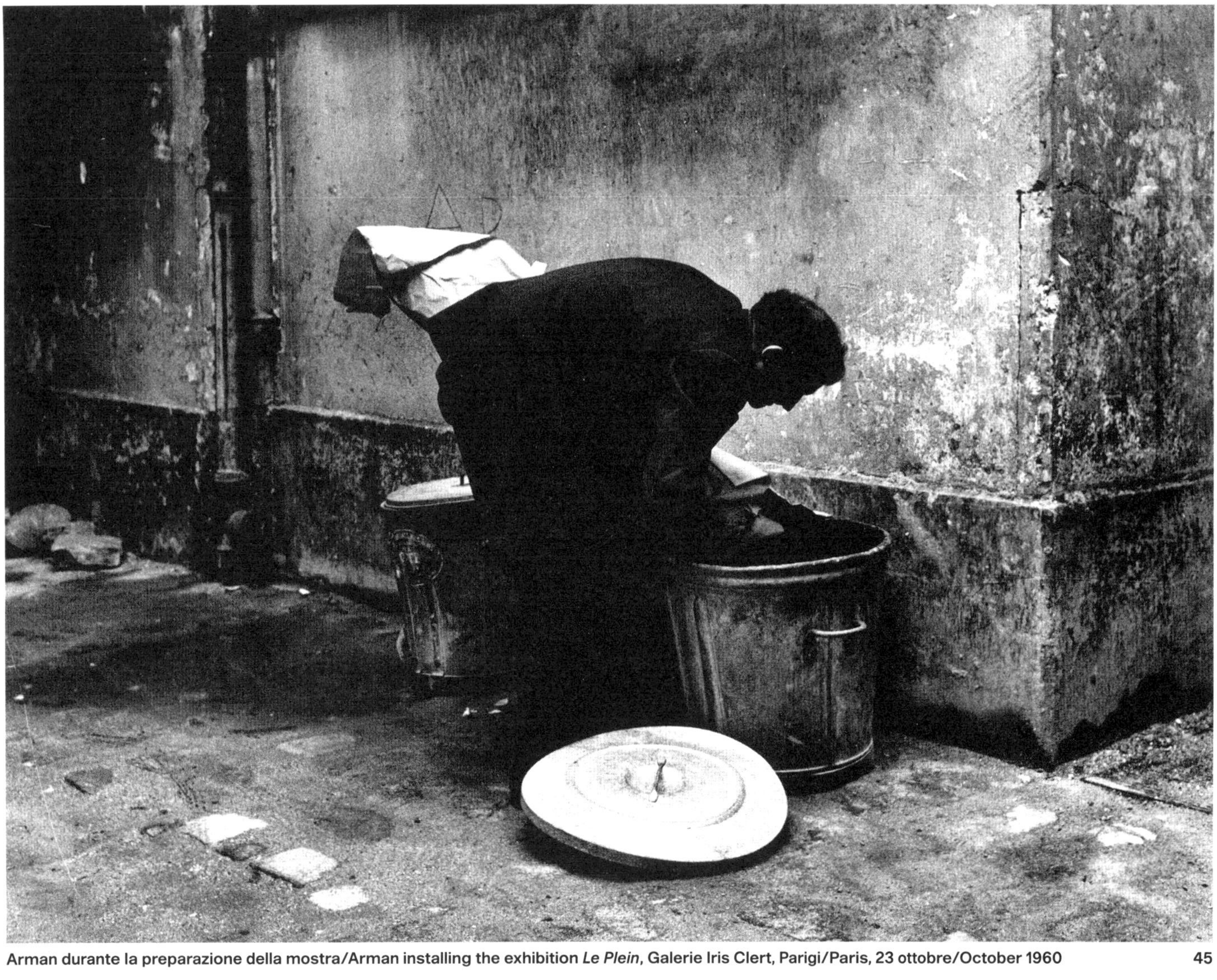

Arman durante la preparazione della mostra/Arman installing the exhibition *Le Plein*, Galerie Iris Clert, Parigi/Paris, 23 ottobre/October 1960

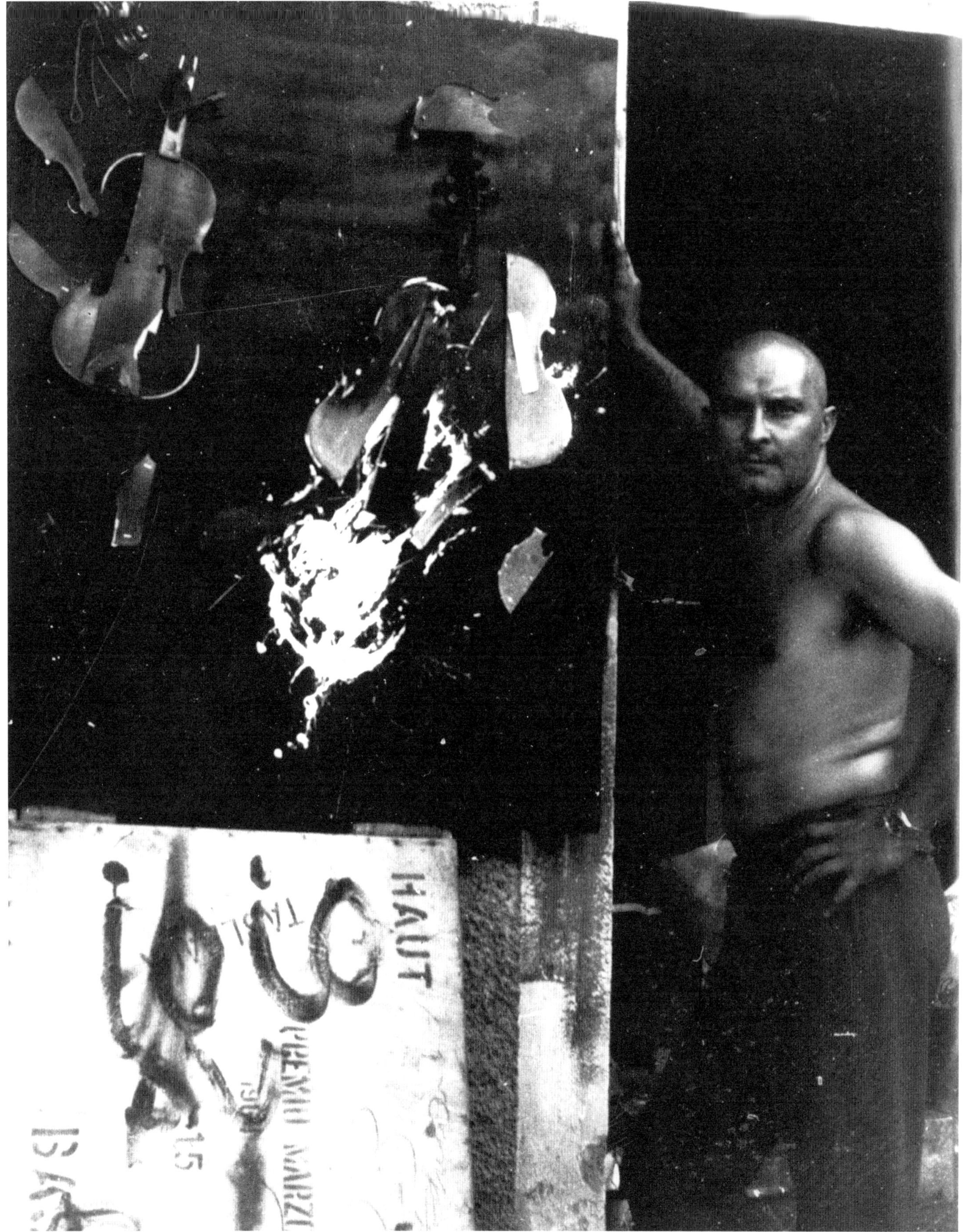

Arman con/with *Colère d'instrument de musique*, Atelier La Lanterne, Nizza/Nice, 1965

most fundamental creations appear to be those of Schwitters and Duchamp, and the work of the German can certainly not be overlooked. The contribution of the lesson of Duchamp was different, also because Arman became his friend. But while the role of the object in the ready-mades and in the montages is considerable, the significance with which Duchamp endowed them was very different from that which Arman assigned to his objects.

Arman recalls Duchamp as follows, "J'ai connu Marcel Duchamp et, jusqu'à sa mort, nous étions assez proches: il ne parlait pas énormément, mais [. . .] Certaines choses l'amusaient, comme le réfrigérateur de Tinguely qui fasait de la musique ou le principe de la Poubelle. Devant l'une d'elles, il m'a demandé: 'Ce sont vraiment des ordures ménagères?' Je lui ai répondu: 'Oui.' 'C'est assez amusant.' Mais il n'est pas allé plus loin. Il n'éprouvait pas un grand intérêt pour l'art des jeunes; il savait qu'il en était le grand-père."[15]

The Surrealist *objets-trouvés* stimulated the imagination to recognize in them, through an inclination to association, a resemblance to other natural data, a physiognomy, or other imitations.

Without wishing to fail to mention artists such as Joseph Cornell, Louise Nevelson and even René Magritte, I nevertheless believe that their work is actually far removed from the issues that Arman addressed. Indeed, it has been argued that, in his accumulations, the expressiveness is bound up with a quantitative limit and that this constant is perhaps what has assured him a leading role among his peers.[16]

ARMAN'S WORKS AND CYCLES

Returning to the work of Arman, among his considerable production of *Cachets*, at the exhibition here in Lugano we can admire *Cachet (Priorité A)*, 1957, on paper, *Cachet*, 1957, paper on board, and *Cachet (Tampons assemblages)*, 1959, on canvas-backed paper. After this, the artist devoted himself to a different type of imprint made by objects that had been covered in paint and then pressed in different ways onto the surfaces of cardboard or fabric, as in the two versions of *Allure d'Objets*, 1958, and *Violini*, [1961], with impressions made using white silkscreen painting on the black ground of a large canvas.

The name of the *Allure d'Objets* derives from the jargon used by the Groupe de Recherches Musicales (GRM) directed by Pierre Schaeffer, the father of concrete music engaged in recording sounds obtained from objects, or rather traces of the vibration frequency emitted by objects when subjected to physical stimuli. Arman "stole" the term because it identified an analogy between the distortion of the impression of sound with the distortion of the pictorial imprint. But it is equally certain that the sequences of the impressions of objects in the *Allures* were executed by Arman in the wake of being struck by the dynamic successions culminating in Balla's lines of speed. In this period, Arman's pictorial experiments, and those of Klein, were constantly followed by Pierre Restany, who wrote in *Cimaise* and other art magazines, and contributed to their catalogues.

In 1959 Arman produced his first *Accumulation*. He did not believe himself to be the author of the principle of accumulation, but rather that he had been chosen by the overall instinct of consumer society—conditioned by the need for security and production, consumption and destruction—to be its interpreter. He therefore saw himself as the painter of this epoch, as he himself stated, which in around half a century had produced more objects than in the fifty thousand preceding years! Consequently, for him it was impossible to ignore the object, which was by then part of the urban reality and landscape.

In an interview with Otto Hahn, Arman explained that it was a chance occurrence that led him to a gesture of consideration towards the object. The breakage of the saucer of a coffee cup aroused in him the wish to pick up the pieces and stick them onto a canvas. Having entered into the rationale of the "object," he gathered and filled whole crates with all types of mechanisms, lamps, and similar. In 1959, a crate full of light bulbs appeared to him as a work in its own right, so he covered it with acetate film and painted the sides of the crate in black and decided that it was ready to be displayed.

In the same year Arman also produced the first *Poubelles*, accumulations of refuse and trash in transparent glass boxes. It was these very *Poubelles* and *Accumulations* displayed by Schmela in Düsseldorf in June 1960 that endorsed the success of his daring but grounded invention. An article by Claude Rivière in the mid-August issue of *Combat* was highly appreciative of the event destined to make possible the *Le Plein* show at Iris Clert's gallery in Paris, which was duly held several months later.

On October 25, 1960 Arman held the show *Le Plein*, filling Clert's gallery to the brim with rubbish, consisting of old furniture and sundry other objects that had been left behind in the Les Halles market and were transported in a vehicle to the gallery by Arman and Martial Raysse. The street side on the ground floor was transformed into a window three and a half meters high that allowed the public to see from outside the mass of objects, furnishings and rubbish piled up inside. It was crammed so full that it was not possible to get inside but only to look, except for a tiny threshold at the back leaving a little space for Iris Clert's office. The exhibition triggered a huge comeback of comments underscoring the apotheosis gesture of the "full," and in *Prevues* Jean Grenier wrote that the event was the cosmic egg that counterbalanced Klein's *vide*.

Two days later, in response to the invitation of Pierre Restany, the artists Arman, Martial Raysse, Jean Tinguely, Daniel Spoerri, François Dufrêne, and Jacques Villeglé met in Klein's flat at the magical address of Rue Campagne-Première (a street that had already been home to several artists, including De Chirico) to sign the Nouveau Réalisme manifesto, albeit not without arguments and subsequent polemical backlashes between the signatories.[17]

As well as extensive photographic documentation of the exhibition *Le Plein*, the original *FULL-UP* invitation has also survived, consisting of a metal tin like that that used for sardines, bearing the names of both

Arman and Iris Clert and instructions that it should be opened before October 25, 1960.

A self-declared "peintre de mon époque," as we said, Arman produced numerous *Accumulations*: *Malheur aux barbus*, 1960, based on electric razors, *Fiat pas Lux II*, 1960, using car headlights, *Sans titre (Pique-nique)*, 1960, full of leftover silver paper, and the *Premier portrait-robot d'Yves Klein, le Monochrome*, 1960, in which, in a plexiglass container mixed in among clothes, books by Bachelard, and other objects, we can see a photo-portrait of his friend. Along with these *Poubelles* and *Accumulations*, in the exhibition we can also admire fine works from later dates, such *Les mains*, 1961, an accumulation of dolls' hands, *Sans titre (Accumulation de bobines)*, 1961, with metal coils, *Sans titre (Accumulation de vis)*, 1963, screws and resin in a wooden tray, and the intense *Dans la nébuleuse mécanique*, 1963, watch cogs and mechanisms in a plexiglass container. These creations can all be placed in a period of Arman's career when, while his work was expanding exponentially and Arman had to frequently leave Paris for New York, Yves Klein—after a trip to New York for his solo exhibition at the gallery of Leo Castelli (1961)—died in June of the following year, and the association between the two artists was interrupted without invalidating their historic friendship.

Arman proceeded along his path. The first exhibition, held in New York at the Cordier-Warren Gallery of Daniel Cordier in November 1961, displayed the *Accumulations* in plexiglass, but the appraisals of more authoritative colleagues were not positive. Both Rauschenberg and Judd expressed themselves: Rauschenberg confessed his disappointment, while Judd, writing in the *Arts Magazine* in January of the following year, declared that the works lacked visual power and that Arman was, at most, a leading figure in the Dadaist renewal.

Conversely, Arman's show at the Dwan Gallery in Los Angeles the following year, where he exhibited both the *Accumulations* and the new *Colères*, 1962, was a success, promptly reviewed in *Artforum*. *Colères* and *Coupes*, both 1962, immediately conquered the artistic scene. While the *Colères* displayed an uncontrollable emotion and its destructive effects, the *Coupes* anatomically revealed the insides of objects, how they were made and their inner workings; by showing what was unknown they incited curiosity and attraction. Outstanding among the *Coupes* is the magnificent *Cello*, 1962, a cello sliced into sections mounted on a wooden panel, and also *Incostante*, 1963, a statuette cut into sections and set in polyester. The *Colères* displayed in the apses designed by Botta to house Arman's works at the Lugano exhibition also include *Sarasate's Gipsy Hair*, 1962, made of fragments of violin, *Yves' Guitar*, 1963, *Colère de Violon*, 1964, and *Antonio e Cleopatra (Colère)*, 1966, made from cellos cut into pieces mounted on a painted wooden panel.

Arman's process of appropriation and accumulation was ceaseless and went through numerous phases involving operations on a monumental scale of both a constructive and destructive nature.

The exploration of these, albeit considerable, episodes nevertheless lies beyond the scope of this display event, in which we can instead consider further examples of *Accumulations* subsequent to those of the early 1960s, such as *Colour Bow*, 1967, and *Tourning White (Hommage à Y. Klein)*, 1968, both made using squeezed and aligned tubes of paint set into polyester and plexiglass, as well as *Cloud burst*, 1968, an accumulation of electrical components in resin, and the *Accumulation in Doors (Hommage à Duchamp)*, 1968, a pencil on card relief.

Finally, the entire creative workshop devised by Arman to address the production of the industrial object deserves further consideration. Through the mediation of the gallerist Ileana Sonnabend, who had come to take an interest in Arman's work at the suggestion of Leo Castelli, Arman entered into contact with the management of the Renault car manufacturing company, which invited him to use the components of their cars to make his *Accumulations*.

At this point, Arman had at his disposal materials that allowed him to produce no less than one hundred and six works over the course of two years, giving rise to the launch by Renault of the "Art et Industrie" program. *Les ailes jaunes – Accumulation Renault n. 105*, 1967, produced using yellow car fenders assembled in sequence and welded together by Arman, was one of the first sister sculptures of the *Accumulation Renault n. 101 (La Victoire De Samotrace)* installed at the entrance to the French pavilion at the Exposition Universelle of Montréal in 1967. The work *Les ailes jaunes*, displayed in the last apse of the show in Lugano, is flanked by another two creations from that titanic action-dialogue with the dimension of industrial production: *Accumulation Renault – Bielles*, 1968, and *Spaghetti-Sauce Renault – Accumulation Renault n. 132*, 1968, based on electric cables in a plexiglass casket. This space reverberates with the artist's irony and his lucid action featuring at once adherence to and detachment from the reality of industrial production.

The vitally contradictory essence of Arman's action of destruction-construction—like that of Yves Klein which, although very different, was not devoid of contradictions of another kind—is manifest in both artists in the use of fire, a destructive element that in the hands of the artist can, even dramatically, generate new forms, new space, and new images. Indeed, both Klein and Arman produced works using fire, and in the itinerary of the *Le Vide et Le Plein* exhibition Klein's *Peinture de Feu* at once correspond to and counterpoise a work such as Arman's *Senza titolo*, 1969, made with a burnt violin conserved in plexiglass.

While the visual outcomes of the works considered here are evidently different, the same cannot be said of the type of thought they provoke. Perhaps it is not entirely incidental that, despite the fact that the two artists were very different, they maintained and nurtured their friendship throughout their lives. The work that narrates and opens up the ideality of that bond is the *Portrait relief d'Arman* (PR 1) 1962–1989, pure

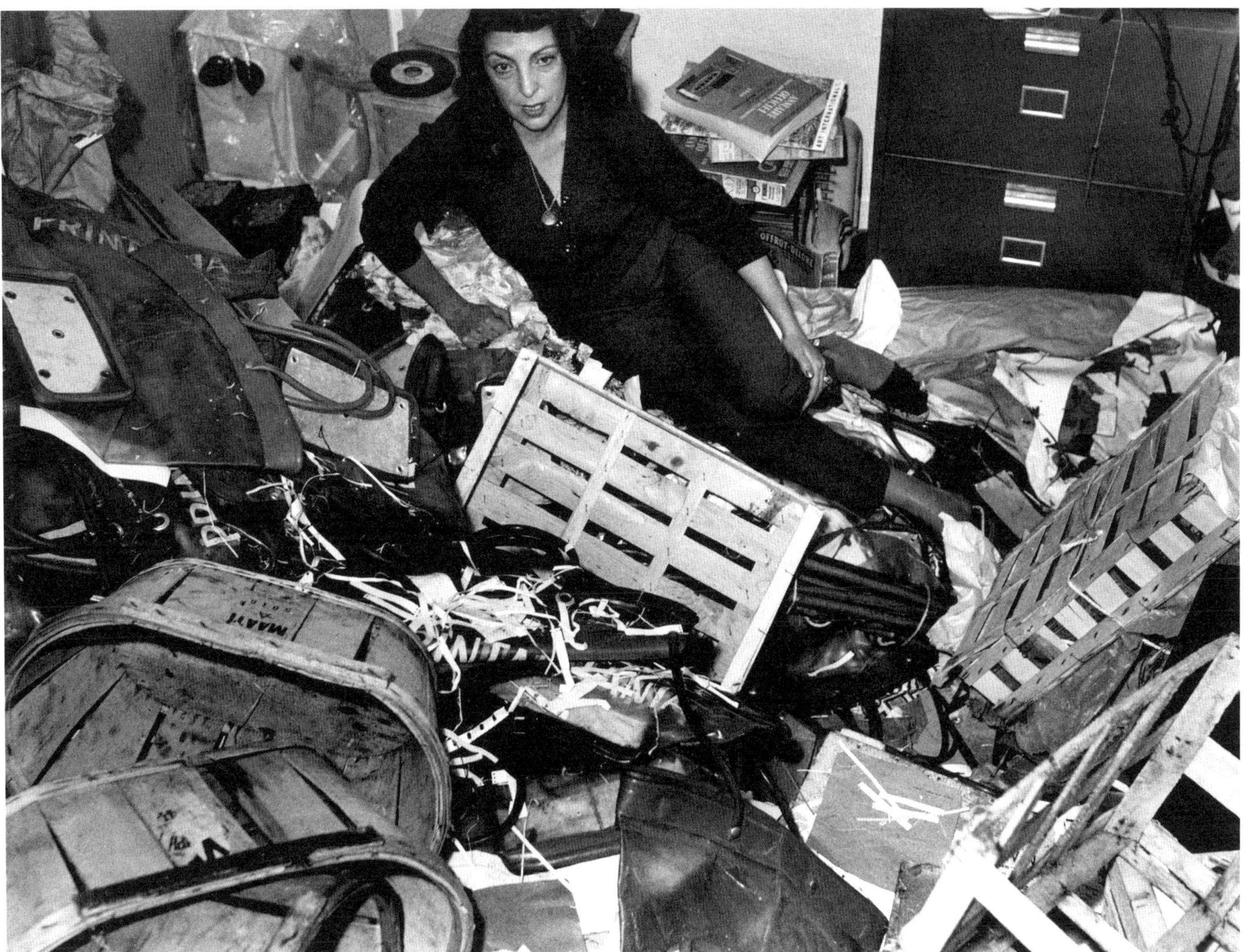
Iris Clert durante la preparazione della mostra/Iris Clert during the installation of the exhibition *Le Plein*, Galerie Iris Clert, Parigi/Paris, 23 ottobre/October 1960

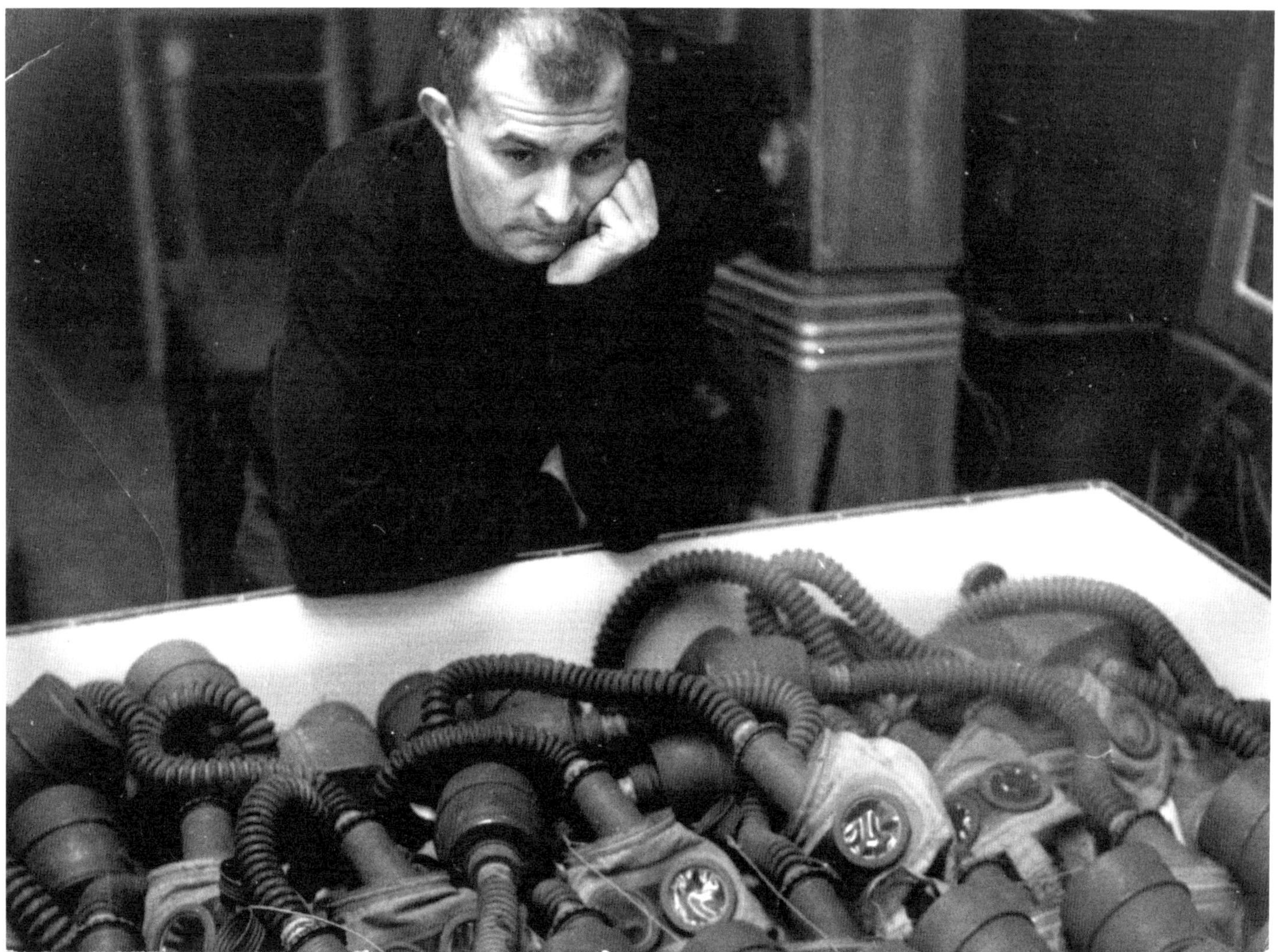

Arman durante la realizzazione di/working on *Home Sweet Home*, 1960

pigment and synthetic resin on bronze, mounted on a panel covered in gold leaf. This work, molded by Yves Klein on the body of his friend Arman, is an extraordinarily emblematic embodiment of how, as Musil suggested in *The Man Without Qualities*, the ubiquity of such oppositions leads us to assume at source some ancient dualistic form of human experience.[18]

1   Yves Klein, *Vers l'Immatériel* (Paris: Éditions Dilecta, 2006), 36–38.
2   See Reto a Marca, Walter Schönenberger, eds., *Arman o l'oggetto come alfabeto* (Lugano: Museo Civico di Belle Arti Villa Ciani, 1984), exhibition catalogue.
3   See Bruno Corà, Daniel Moquay, eds., *Yves Klein* (Lugano: Museo d'Arte della Città di Lugano, 2009), exhibition catalogue.
4   Yves Klein, "Manifeste de l'Hôtel Chelsea" (New York, 1961), in Dominique Bozo, ed., *Yves Klein* (Paris: Centre Georges Pompidou. Musée national d'art moderne, 1983), exhibition catalogue, 196.
5   Daniel Abadie, Arman, "L'archéologie du futur," in *Arman* (Paris: Galerie Nationale du Jeu de Paume, 1998), exhibition catalogue, 48.
6   Thomas McEvilley, *Yves the provocateur: Yves Klein and twentieth-century art* (Kingston, N.Y.: McPherson & Co., 2010), 79.
7   Arthur Waley, *The Way and Its Power: A Study of the Tao Tê Ching and Its Place in Chinese Thought* (1934; Abingdon: Routledge, 2005), 155.
8   François Cheng, *Empty and Full: the Language of Chinese Painting*, trans. Michael H. Kohn (Boston: Shambhala, 1994), 36.
9   Aldo Passoni, "Mes oeuvres ne sont que les cendres de mon art," in *Yves Klein* (Turin: Galleria Civica d'Arte Moderna di Torino, 1970), exhibition catalogue, 18.
10 Bozo, ed., *Yves Klein*, 79.
11 Abadie, Arman, "L'archéologie du futur," in *Arman*, 43.
12 Ibid.
13 Jean Tinguely, "Un superbon camarade," conversation between Jean Tinguely and Dominique de Mènil, in Bozo, ed., *Yves Klein*, 254.
14 Werner Haftmann, "L'oggetto e la sua metamorfosi," in *Metamorfosi dell'Oggetto* (Milan: Palazzo Reale, 1972), exhibition catalogue, 11–31.
15 Abadie, Arman, "L'archéologie du futur," in *Arman*, 53–54.
16 Jean Dypréau, "L'oggetto nell'arte contemporanea," in *Metamorfosi dell'Oggetto*, 115.
17 As well as those mentioned above as being present, the manifesto was later signed by the absent artists César and Mimmo Rotella, and later also by Niki de Saint Phalle, Gérard Deschamps in 1961, and Christo in 1963.
18 Robert Musil, *The Man Without Qualities*, trans. by Eithne Wilkins and Ernst Kaiser, (London: Secker & Warburg, 3 vols., 1953, 1954, 1960).

DUE MACCHINE VERAMENTE TERRIBILI (E PERICOLOSE!) TWO TRULY TERRIBLE (AND DANGEROUS!) MACHINES

Tobia Bezzola

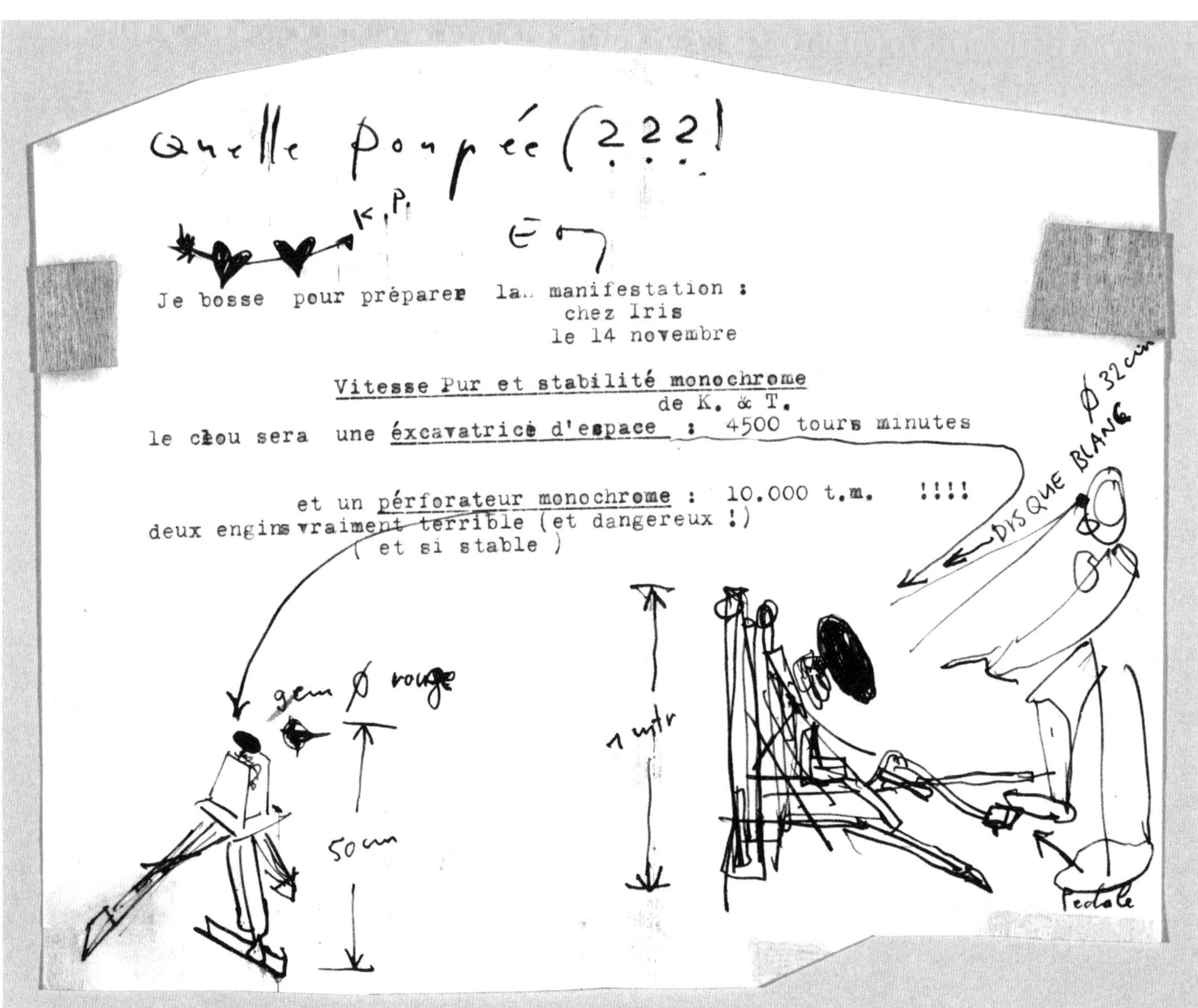

Lettera di/Letter from Jean Tinguely a/to Pontus Hultén, con schizzi per/with sketches for *Excavatrice de l'espace* e/and *Perforateur monochrome*, primavera/spring 1958

Yves Klein / Jean Tinguely
Excavatrice de l'espace, 1958

Yves Klein e Jean Tinguely si incontrano a Parigi nel 1955. In occasione del Salon des Réalités Nouvelles, Klein presenta un dipinto monocromo che viene duramente respinto dalla giuria. Tinguely è casualmente presente e i due iniziano a parlare. Negli anni successivi nasce un'intensa amicizia che porta nel 1958 e nel 1959 a diverse collaborazioni artistiche basate sull'interesse comune per i processi di smaterializzazione. Mentre Klein li interpreta in modo più spirituale e metafisico, Tinguely si interessa al modo in cui la materia può essere virtualmente dissolta attraverso il movimento e l'accelerazione, sebbene non fisicamente, ma otticamente. È probabilmente stato Klein a ispirare Tinguely per la serie di opere intitolate *Constantes indéterminées*, piccole sculture autoportanti composte da un unico pezzo di lastra metallica piegata. Un motore elettrico le fa ruotare rapidamente e, grazie all'inerzia dell'occhio umano, si creano volumi virtuali, forme plastiche "immateriali".[1]

La prima presentazione delle collaborazioni tra Klein e Tinguely è nel novembre 1958, presso la galleria di Iris Clert a Parigi. In un certo senso, queste opere sviluppano ulteriormente l'approccio delle *Constantes indéterminées* di Tinguely, esplorando come questo possa essere trasferito nella pittura. La mostra da Clert presenta otto dischi circolari fissati al muro, intitolati *Vitesse totale*. Sono colorati di IKB, l'International Klein Blue; alcuni motori elettrici, installati da Tinguely sul retro dei dischi, li fanno ruotare velocemente. Altre due sculture in mostra poggiano, invece, libere sul pavimento. Una di queste, *Excavatrice de l'espace*, viene dotata da Klein di un disco bianco, mentre l'altra, *Perforateur monochrome*, di uno rosso. Tinguely contribuisce con la struttura meccanica di supporto. Grazie a un potente motore elettrico, i dischi ruotano a una velocità che arriva fino a diecimila giri al minuto. Ciò fa sì che ogni dettaglio delle superfici colorate scompaia, e i colori si manifestino come nuvole o nebbie di colore, come pura presenza cromatica, completamente distaccata dalla materialità.

In totale esistono tre *Excavatrices de l'espace*, tutte realizzate nel 1958. Due di esse sono dotate di dischi metallici dipinti con IKB, mentre la terza versione – parte della collezione del Museum Tinguely di Basilea – con il treppiede più grande e complesso come supporto presenta un disco di cartone bianco dipinto. Queste sculture realizzate in collaborazione con Klein rappresentano una svolta decisiva nel lavoro di Tinguely. Per la prima volta, il motore viene mostrato in modo del tutto esplicito e diviene fulcro dell'opera. Incoraggiato da Klein, Tinguely considera d'ora in poi il motore elettrico come il cuore che fornisce ossigeno e vita a ogni suo organismo plastico. L'epoca delle figure in filigrana di filo metallico e dei sottili rilievi in lastra di metallo è finita: potenti motori ora muovono massicci elementi fatti di rottami metallici. Il motore non è più nascosto sul retro del rilievo, in un angolo o all'interno di un piedistallo, ma rivela il suo ruolo fondamentale attraverso una presenza evidente e centrale.

Il moto diventa importante tanto quanto le forme in movimento, la velocità prende il sopravvento. Il motore elettrico non è più un ausilio esterno ed estraneo per mettere discretamente in movimento una forma pittorica o scultorea; per Tinguely diventa il nucleo puro della scultura, la cosa stessa che dà vita a tutto il resto in modo artistico. "Tinguely è diventato Tinguely",[2] sintetizza Pierre Restany. Le sculture a terra realizzate in collaborazione con Klein per l'esposizione da Iris Clert sottolineano, attraverso il loro movimento massiccio e vibrante, l'autonomia aggressivamente liberatoria ottenuta grazie al motore. Alla fine, si tratta di veri e propri martelli pneumatici, saldati su treppiedi di metallo selvaggiamente assemblati, che azionano i dischi colorati a una velocità spaventosa.

L'artista Heinz Mack, casualmente in visita da Düsseldorf, fu testimone nel novembre 1958 della prima attivazione del motore da parte di Tinguely: "All'inizio vibrava non solo l'intera costruzione, ma anche i nostri nervi, poiché c'era il rischio che l'oggetto potesse volare intorno alle nostre orecchie. Ma poi tutta la nostra attenzione visiva si concentrò quasi ipnoticamente su questo disco rotante, che girava così velocemente da sembrare immobile. 'Vitesse stabilité!' esclamò orgoglioso Tinguely, come se fosse seduto su un'auto da corsa con il contagiri a 3000. E Yves corresse: 'stabilité monochrome!'. La sensazione ottica fu il risultato della trasformazione del disco rotante in un volume. Un volume virtuale, immateriale, che sembrava fluttuare come una piccola nuvola colorata sopra la struttura di ferro arrugginito. Esclamai: 'pulsa, respira, si muove, si espande, è solo aria!' Gli occhi di Yves brillavano e Tinguely danzava su se stesso, battendosi il petto".[3]

1   Cfr. Andres Pardey, "Volumes virtuelles", in *Jean le Jeune*, catalogo della mostra, Basilea: Museum Tinguely, 2002, pp. 145 ss.
2   Pierre Restany, "Ein Titanentreffen", in *Tinguely's favorites: Yves Klein*, catalogo della mostra, Basilea: Museum Tinguely, 2000, pp. 19 ss.
3   Heinz Mack, "Ein Besuch, November 1958, Paris", in ivi, p. 25.

Yves Klein / Jean Tinguely
Excavatrice de l'espace, 1958

It is in Paris in 1955 that Yves Klein and Jean Tinguely meet each other for the first time. At the Salon des Réalités Nouvelles, Klein submits a monochrome painting, which happens to receive a harsh rejection by the jury. Tinguely is there only by coincidence, and the two start a conversation. In the following years, an intensive friendship blossoms, leading to some artistic collaborations in 1958 and 1959, based on the shared interest in processes of dematerialization. While Klein tends to interpret these more spiritually and metaphysically, Tinguely is interested in how matter may be dissolved optically, if not physically, through movement and acceleration. It was probably Klein who inspired Tinguely to the works titled *Constantes indéterminées*: this series consists of small, freestanding sculptures made of a piece of bent metal sheet. An electric motor rotating at high speed sets them into rapid rotation, and due to the human eye's inertia, virtual volumes emerge as "immaterial" sculptural forms.[1]

The first presentation of the collaborations between Klein and Tinguely is in November 1958 at Iris Clert's gallery in Paris. In a sense, their shown works further develop the approach of Tinguely's *Constantes indéterminées*, examining the extent to which it might be transferable to the medium of painting. The exhibition at Clert's displays eight circular discs that are fixed to the wall, titled *Vitesse totale*. They are painted in IKB, International Klein Blue, while electric motors that Tinguely installed on the back of the discs set them into rapid rotation. Two sculptures in the exhibition, meanwhile, are standing on the floor on their own. One of them, *Excavatrice de l'espace*, is provided by Klein with a white disc, while the second, *Perforateur monochrome*, has a red disc. Tinguely is in charge of providing the mechanical base. With a powerful electric motor, the discs are set into a high-speed rotation of up to ten thousand revolutions per minute. As a result, every detail of the colored surfaces disappears, and the colors manifest as clouds or tinted mist, as pure chromatic appearances, completely detached from any corporeality.

In total, three *Excavatrices de l'espace* exist, all created in 1958. Two of them have metal discs painted in IKB, while one—the version with the largest and most complex tripod base, part of the collection of the Museum Tinguely, Basel—has a round cardboard disc in white paint. These floor sculptures made in collaboration with Klein represent a significant breakthrough in Tinguely's work. For the first time, the motor is shown unabashedly and becomes the fulcrum of the work. Encouraged by Klein, Tinguely now sees the electric motor as the heart supplying each of his sculpted organisms with oxygen, bringing them to life. The period of delicate wire figures and fine sheet metal reliefs has gone: powerful motors now move massive elements made of scrap metal. The motor is no longer hidden on the back of the relief, in a corner, or inside a base; instead, its physical and central presence makes its fundamental role visible. The movement itself becomes as vital as the moving parts; total velocity now takes the lead. The electric motor is no longer an external and extraneous tool that discreetly sets a painterly or plastic form into motion; for Tinguely, the motor itself becomes the raw core of the sculpture, the very thing breathing artistic life into everything else. "Tinguely has become Tinguely,"[2] Pierre Restany notes. The floor sculptures created in collaboration with Klein for the exhibition at Iris Clert's underscore, through their massively rumbling and vibrating movement, the forcefully liberating autonomy gained through the motor. Ultimately, they are veritable jackhammers, welded onto wildly assembled metal tripods propelling the colored discs at a horrendous speed.

The artist Heinz Mack—coincidentally visiting from Düsseldorf—becomes a witness in November 1958 when Tinguely first sets the motor in motion: "Initially, not only the entire construction vibrated, but also our nerves, as there was a danger that the object might fly apart. But then our visual attention focused almost hypnotically on this rotating disc, which happened to spin so fast that it seemed to stand still again. 'Vitesse stabilité!' Tinguely proudly declared, as if he had been driving a racing car with 3,000 on the rev counter. Yves added: 'stabilité monochrome!' The optical sensation sprang from the transformation of the rotating disk into a volume. A virtual, immaterial volume that seemed to hover over the rusty iron contraption like a tiny cloud of color. I exclaimed: 'It's pulsating, it's breathing, it's moving, it's expanding, it's turned into thin air!' And Yves beamed, and Tinguely danced on the spot, revolving on his own axis and beating his breast."[3]

1   See: Andres Pardey, "Volumes virtuelles," in *Jean le Jeune* (Basel: Museum Tinguely, 2002), exhibition catalogue, 145 ff.

2   Pierre Restany, "Ein Titanentreffen," in *Tinguely's favorites: Yves Klein* (Basel: Museum Tinguely, 2000), exhibition catalogue, 19 ff.

3   Heinz Mack, "Ein Besuch, November 1958, Paris," in Ibid., 25.   56

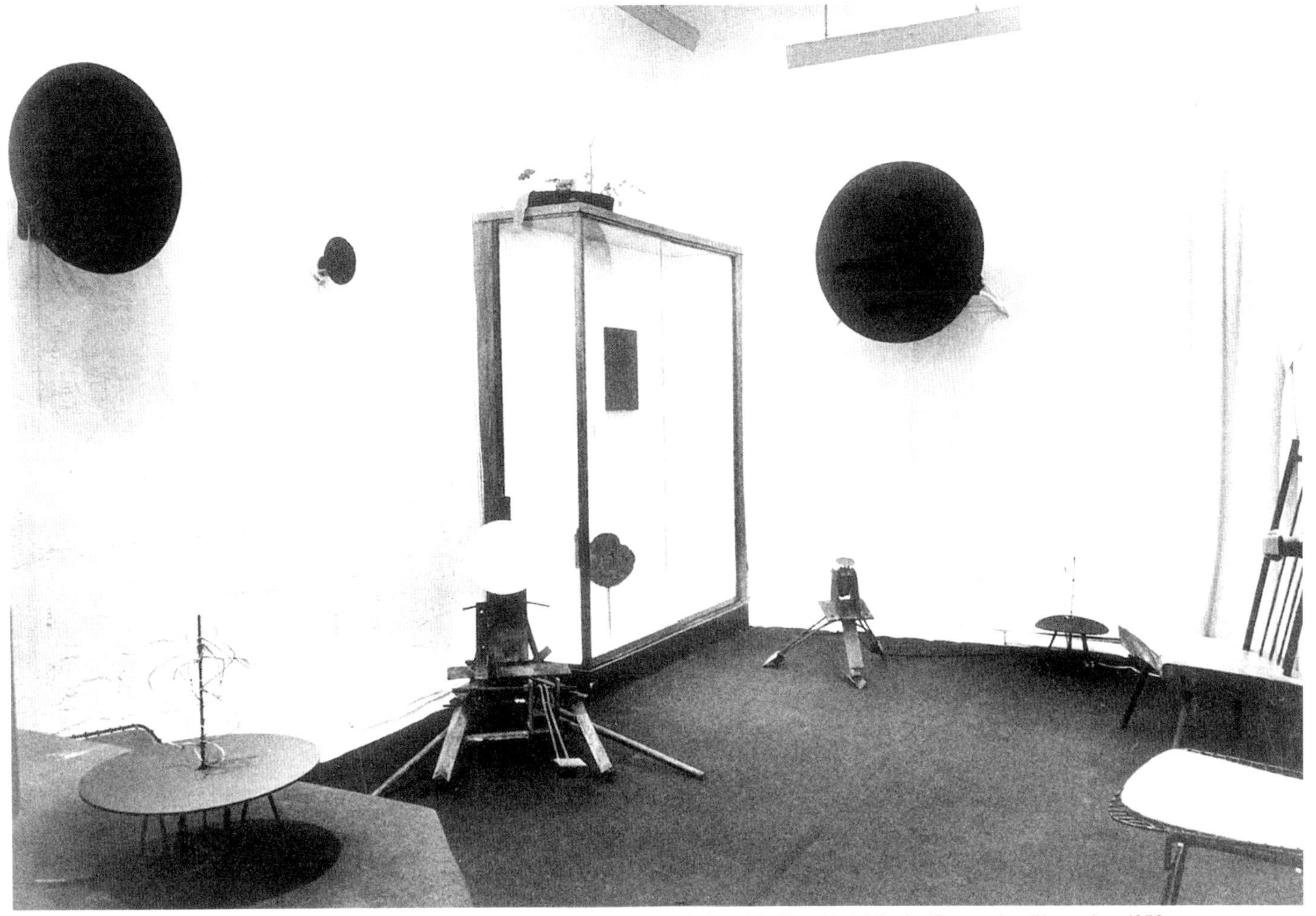

Mostra/Exhibition *Vitesse pure et stabilité monochrome par Yves Klein et Tinguely*, Galerie Iris Clert, Parigi/Paris, 17 novembre/November, 1958

CONVERSAZIONE
CONVERSATION
Bruno Corà e/and Mario Botta

BRUNO CORÀ
Nel predisporre un ambiente espositivo a divenire "luogo" accogliente l'opera d'arte, quali criteri basilari poni alla tua azione?

MARIO BOTTA
Per allestire una mostra d'arte, è ovviamente necessaria un'interpretazione delle opere esposte, dalle quali l'allestimento non può prescindere poiché agisce come intermediario fra i messaggi dell'artista e l'osservatore. L'allestimento è partecipe, talvolta complice, dei messaggi dell'opera, poiché deve filtrare la sensibilità del proprio essere oggi con il tempo e la condizione dell'artista. Questa è la ragione stessa dell'esporre. *Guernica*, esposta dentro le rovine di Palazzo Reale a Milano negli anni Cinquanta, veicolava un messaggio diverso da quello che ha oggi al Museo Reina Sofía di Madrid.

BC
Nel concepire la progettazione dell'immagine globale della mostra *Yves Klein e Arman. Le Vide et Le Plein*, quali sono state le linee guida che hai seguito?

MB
Ho cercato un confronto chiaro fra il linguaggio dei due artisti: da una parte un percorso espositivo per Klein, dall'altra per Arman.
Cinque cappelle absidali per l'uno, altre cinque per l'altro e, nel mezzo, il camminamento dei visitatori: due spazi di scorrimento distinti che mi auguro possano sottolineare la diversità delle forme espressive. Per Klein la rarefazione, per sottolineare la preziosità attraverso *le vide* [il vuoto]; per Arman, al contrario, l'accumulo, per evidenziare la complessità e la serialità di *le plein* [il pieno]. Le cappelle absidali esposte vis-à-vis si prestano a un confronto che dovrebbe evidenziare la diversità delle forme espressive dei due artisti.

BC
Avevi già avuto occasione, prima di questo evento espositivo, di confrontare i principi cardine della tua idea di spazio, forma, equilibrio, con quelli di Klein e Arman?

MB
Conoscevo l'opera di Klein e Arman attraverso la descrizione della famosa mostra alla Galerie Iris Clert a Parigi, del 1958, ma era una conoscenza sommaria.
Altro è quando devi fare un allestimento e confrontarti direttamente con le opere.
La difficoltà o la semplicità di un allestimento è dovuta all'interpretazione che riesci a dare per evidenziare il linguaggio espressivo dei due artisti messi a confronto.
Il mio linguaggio non può risuonare come ostacolo poiché implicito, discreto e silenzioso dentro la matita. Il bello della scommessa è cogliere le ambiguità, le differenze e le contraddizioni che danno forza a questo sodalizio. L'allestimento diviene anche un mediatore impietoso della storia critica degli artisti a confronto.

BC
Quali aspetti dell'opera di Klein ti hanno maggiormente stimolato, e quali di Arman?

MB
Klein è un pensatore, un artista concettuale; ciò che gli interessa è l'essenza inafferrabile della forma artistica. Il pensiero e l'ispirazione concettuale sono più potenti di ogni forma espressiva, di ogni tratto, di ogni oggetto, di ogni monocromo; conosco pochi artisti così radicali da essere "condannati" a rinunciare a ogni forma espressiva (forse Duchamp o qualche asceta orientale).
Di Arman si può forse affermare esattamente il contrario: un esteta e un ricercatore d'immagini che trova nella complessità e nell'accumulo il proprio registro espressivo.
Mi piace pensare che la loro proverbiale amicizia sia nata e si sia consolidata anche per una complicità negativa, nella quale ognuno ha trovato, artisticamente, i significati più forti nel lavoro concettualmente opposto dell'altro.

BC
L'invenzione delle "absidi" poligonali per accogliere le opere dei due artisti da quali stimoli ha avuto origine?

MB
Lo spazio espositivo, soprannominato "-1" per la sua posizione al piano seminterrato, in cui si trova la Collezione Olgiati, è uno spazio poco idoneo all'identità e al valore critico delle eccezionali mostre che Giancarlo e Danna hanno proposto nei decenni scorsi. Ma di necessità virtù, la Collezione ha fatto tutto quello che era nelle sue possibilità per dare visibilità agli eventi, raggiungendo risultati più che lusinghieri.
Nelle "absidi", trattate come delle stanze autonome, ho cercato di garantire un'identità, anche tipologica, che si proietta poi verso il camminamento lineare dei visitatori. La metafora absidale di storica memoria porta con sé l'idea di preziosità-sacralità che, spero, sarebbe piaciuta anche ai due amici-artisti.

BC
La cura dell'immagine globale di una mostra affronta numerosi problemi; puoi indicarne i più importanti?

MB
Come ho già accennato, l'impegno per l'allestimento veicola un'esposizione che, come in questo caso, richiede una lettura "contraddittoria" dei due linguaggi. Credo che non sia male che l'occasione di un confronto sottolinei le differenze piuttosto che le convergenze.

BC
Dopo Jean Tinguely, di cui hai progettato e realizzato il museo a Basilea e con cui hai avuto opportunità d'incontro e di collaborazione, l'esperienza di questa mostra quali altri aspetti ha aggiunto alla tua conoscenza delle anime più importanti del Nouveau Réalisme?

MB
Non a caso, il Nouveau Réalisme declina la propria appartenenza in lingua francese; sono soprattutto i periodici transalpini che insistono e valorizzano i personaggi di quel movimento.
Personalmente, ho avuto a che fare solo con alcune figure: Pierre Restany, Pontus Hultén, Lea Vergine, Germano Celant... per la critica; e ho stretto un sodalizio affascinante e duraturo con Niki de Saint Phalle e Tinguely.

BC
Quale grado occupa l'attività di creazione dell'immagine di una mostra d'arte entro la professione d'architetto e di urbanista?

MB
Non è possibile rispondere a questa tua domanda poiché il lavoro di un architetto è inspiegabilmente frammentario e aneddotico. Nel mio caso parlo di una ventina di allestimenti che hanno segnato cinquant'anni di lavoro. Ma gli allestimenti per mostre o spettacoli risuonano come una minoranza rispetto al fare architettonico che prevale su di un mercato che si configura solamente parziale.
È proprio l'eccezionalità di questo impegno che attrae molti designer e molti architetti.
E talvolta la naïveté di questi architetti risulta vincente e generosa rispetto al curriculum tradizionale.

Grazie agli amici Olgiati per avermi offerto questa opportunità.

BRUNO CORÀ
What are the basic criteria you apply in preparing an exhibition venue to become a place to host a work of art?

MARIO BOTTA
To design the layout of an art exhibition, you obviously need to have an interpretation of the works on display. This is absolutely essential to the layout, which acts as an intermediary between the messages of the artist and the observer. The layout plays a role—sometimes even as accomplice—in the message of the work, since it has to filter the perception of its being now, today, with the time and condition of the artist. This is the very reason why the display of *Guernica* amidst the ruins of Palazzo Reale in Milan in the 1950s conveyed a different message from the one it transmits today at the Reina Sofía museum in Madrid.

BC
What guidelines did you follow in conceiving the overall design of the exhibition *Yves Klein and Arman. Le Vide et Le Plein*?

MB
I was looking for a distinct comparison between the languages of the two artists: a display layout for Klein on the one hand, and on the other for Arman.
Five apse chapels for one and another five for the other, and between them the walkway for the visitors. My hope is that the split between these two separate itineraries can underscore the differences of the forms of expression. For Klein, the stress on precious rarefaction through *le vide* [the void]; instead, for Arman accumulation to point up the complex seriality of *le plein* [the full-up]. The facing apsidal chapels lend themselves to a comparison conceived to set off the different expressive forms of the two artists.

BC
Before this exhibition, had you already had occasion to compare the key principles of your own concepts of space, form and balance with those of Klein and Arman?

MB
I knew about the work of Klein and Arman through descriptions of the famous show at the Galerie Iris Clert in Paris in 1958, but it was a superficial knowledge.
It's quite another matter when you have to conceive a layout and engage directly with the works.
What makes a layout design difficult or easy is linked to the success of the interpretation you make to set off the expressive language of the two artists being compared.
My language cannot resound like an obstacle because it is implicit, discreet, and silent within the pencil line. The beauty of the challenge is to grasp the ambiguities, the differences and the contradictions that invigorate this partnership. The layout also becomes a ruthless mediator of the critical history of the compared artists.

BC
Which aspects of Klein's work stimulated you most, and which of Arman's?

MB
Klein is a thinker, a conceptual artist; what interests him is the elusive essence of artistic form. Thought and conceptual inspiration are more powerful than any expressive form, any line, any object, any monochrome; I know few artists who are so radical as to be "condemned" to relinquish all expressive form: possibly Duchamp or some Oriental aesthete.
Of Arman we can perhaps say exactly the opposite: an aesthete and a seeker of images who finds his expressive register in complexity and accumulation.
I like to think that their proverbial friendship emerged and was consolidated partly due to a negative complicity, in which each—in artistic terms—found the most potent meanings in the conceptually opposed work of the other.

BC
What stimulus gave rise to the invention of the polygonal "apses" to house the works of the two artists?

MB
The "-1" display space offered to the Collezione Olgiati, is an area that, objectively speaking, is scarcely suited to the identity and critical value of the exceptional shows proposed by Giancarlo and Danna in recent decades. But, making a virtue of necessity, the Collezione has done everything possible to give visibility to the events, achieving more than gratifying results.
In the "apses"—which are treated as independent rooms—I have sought to guarantee an identity, even in typological terms, that is projected towards the linear walkway of the visitors. The historic metaphor of the "apse" brings with it the notion of precious sacrality, which I hope would also have been appreciated by the two artist-friends.

BC
The overall design of an exhibition has to address numerous issues: can you point out some of the most important?

MB
As I already mentioned, the engagement with the layout is to transmit a display that, as in this case, calls for a "contradictory" reading of the two languages. I don't think it's a bad thing that the opportunity for comparison should highlight the differences rather than the convergences.

BC
After Jean Tinguely, for whom you designed and built the museum in Basel, and whom you had occasion to meet and work with, what other aspects has the experience of this exhibition added to your knowledge of the most important driving spirits of the Nouveau Réalisme?

MB
There's nothing casual about the fact that Nouveau Réalisme is a French term, since it is chiefly the French journals that focus on and celebrate the figures of that movement.
Personally, I had dealings with only a few exponents: Pierre Restany, Pontus Hultén, Lea Vergine and Germano Celant for the critics, and I also had a fascinating and lasting friendship with Niki de Saint Phalle and Tinguely.

BC
How big a role does the creation of the image and layout of art exhibitions play in the profession of an architect and a town planner?

MB
It's impossible to give an answer to that question because the work of an architect is inexplicably fragmentary and anecdotal. In my case, we're talking about around twenty layout designs spanning fifty years of work. But the design of layouts for exhibitions and performances is definitely a minority activity compared to the architectural work, which prevails over what is only a partial market.
It's precisely the fact that this sort of activity is exceptional that attracts many designers and architects. And sometimes the naivety of these architects proves to be a winning card compared to a more traditional professional background.

Many thanks to my friends, the Olgiati, for having offered me this opportunity.

PROGETTO DI ALLESTIMENTO
EXHIBITION DESIGN
Mario Botta Architetti

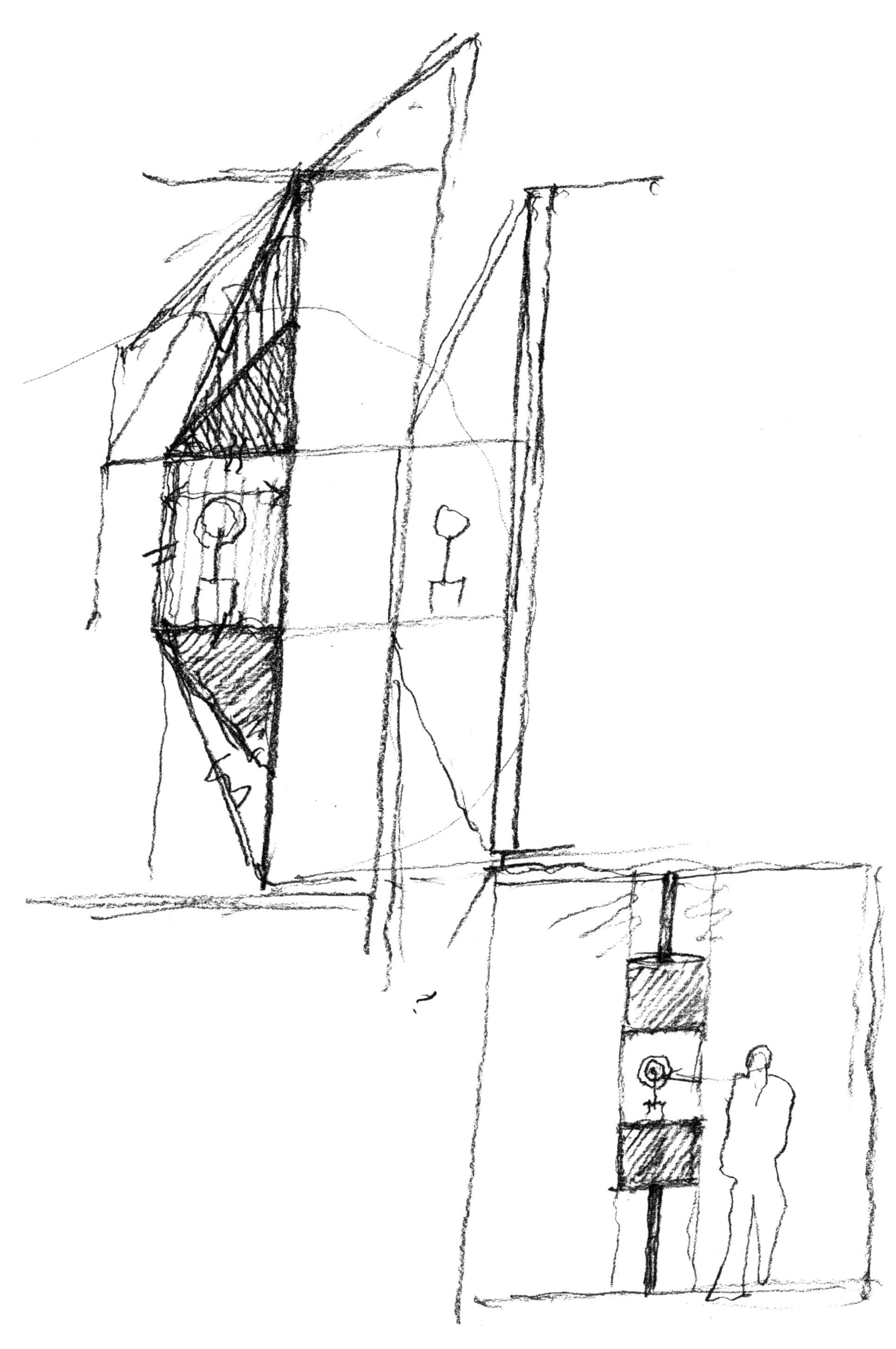

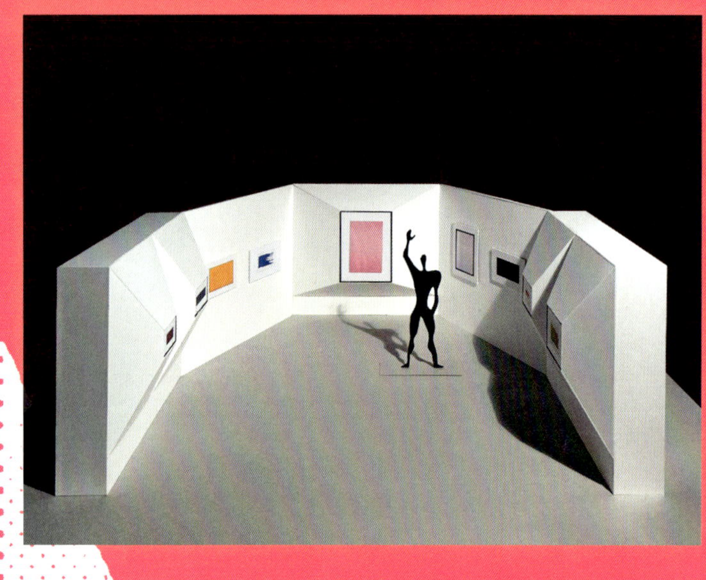

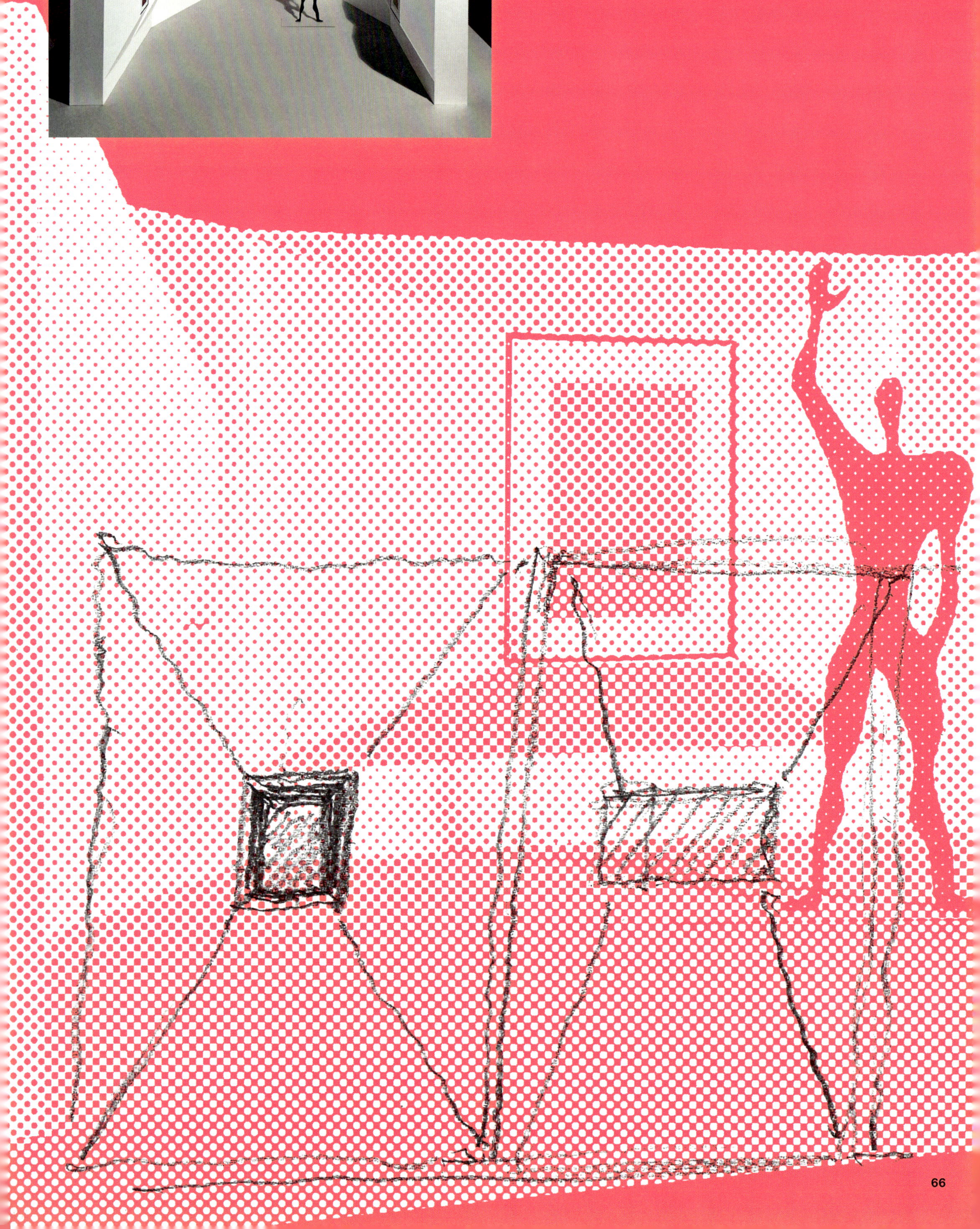

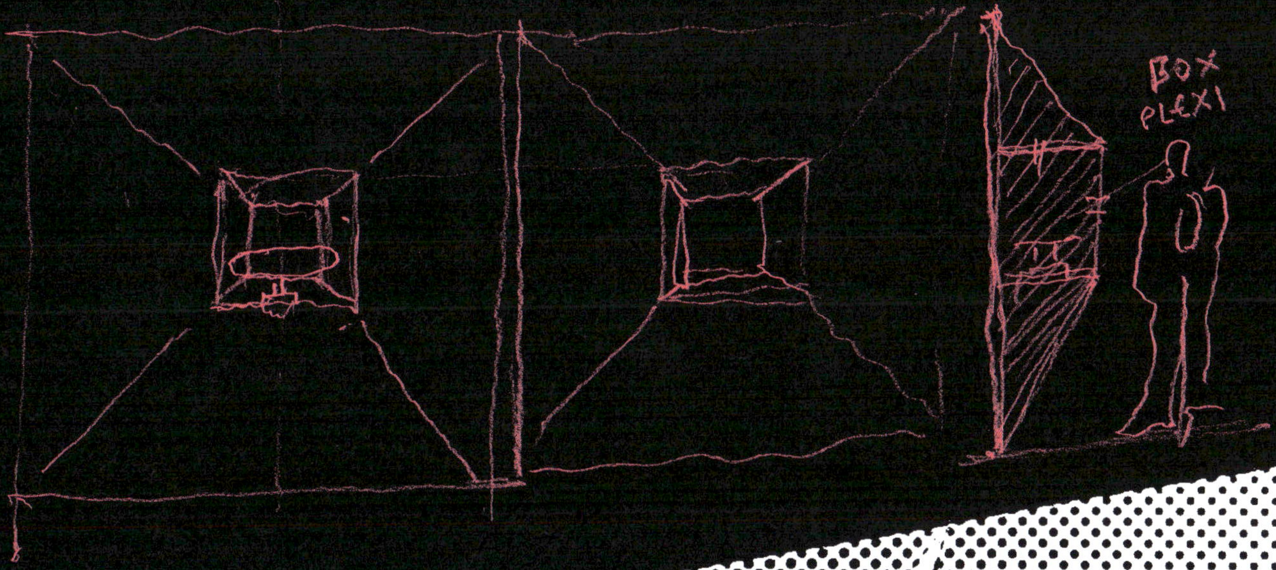

BOX
PLEXI

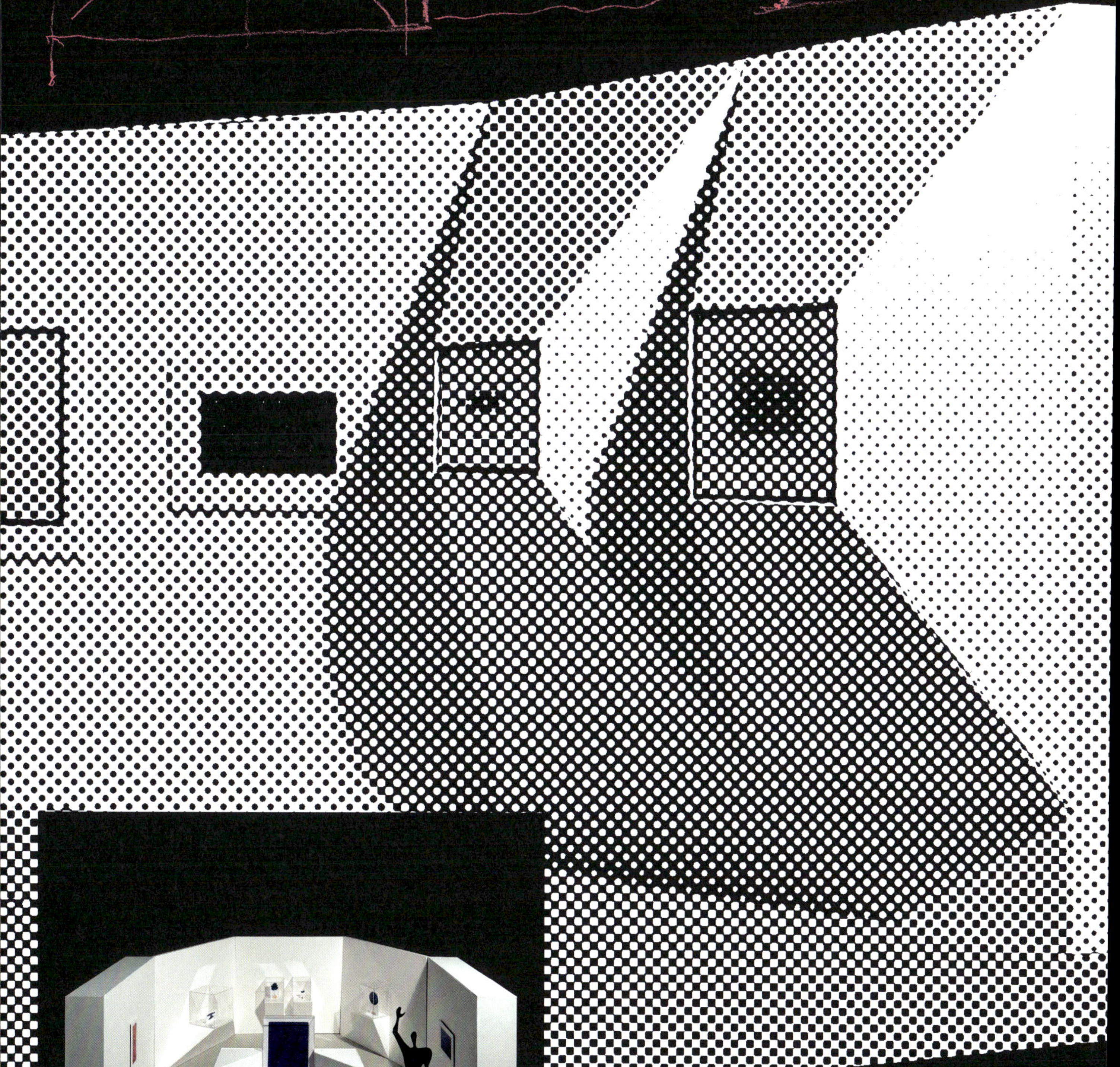

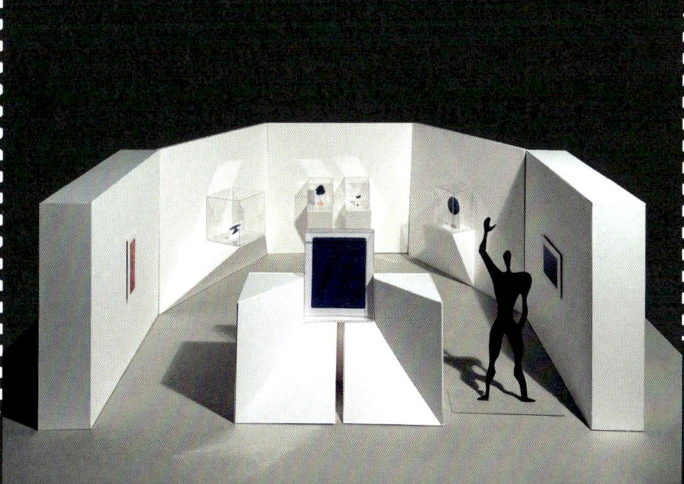

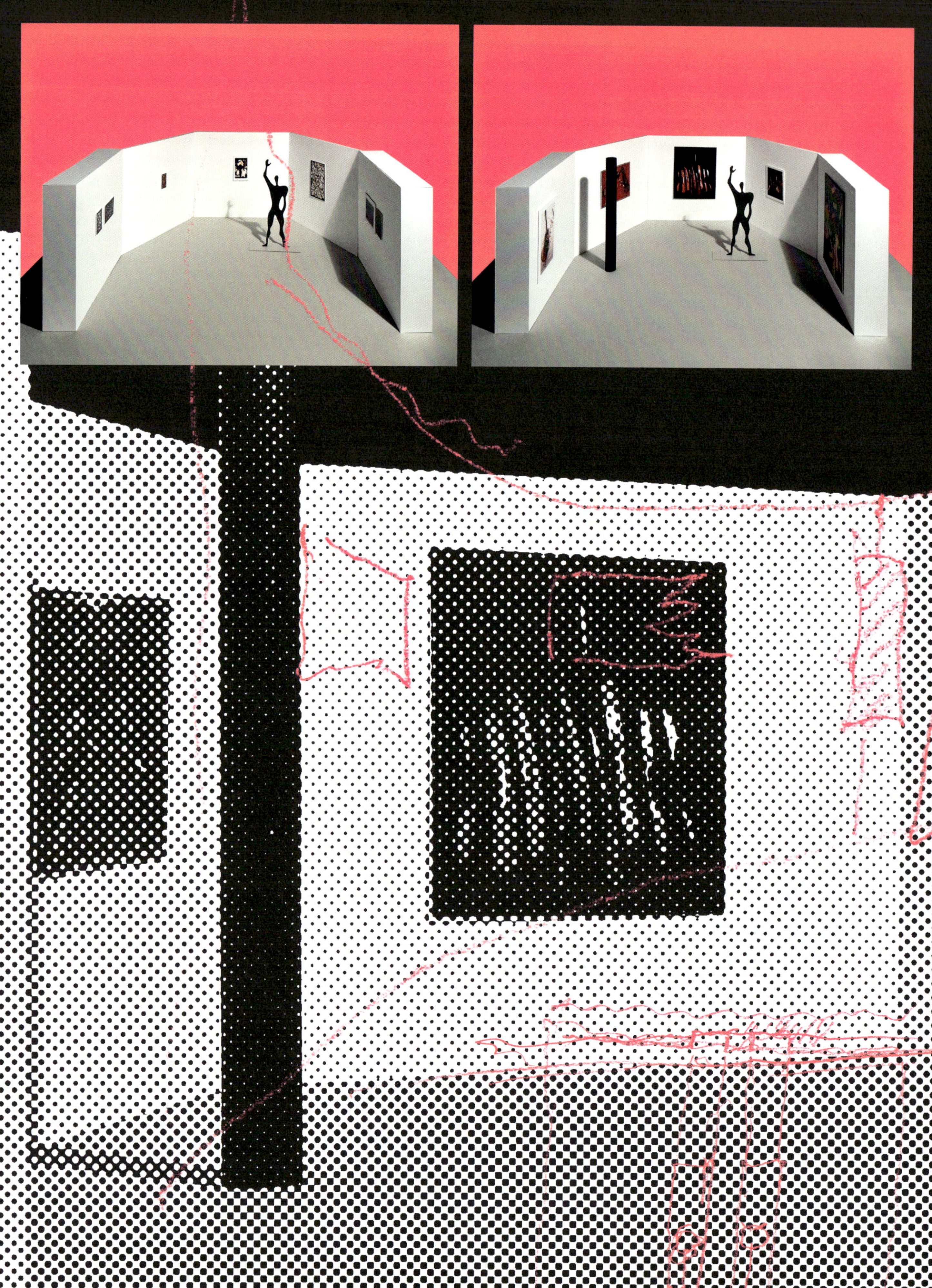

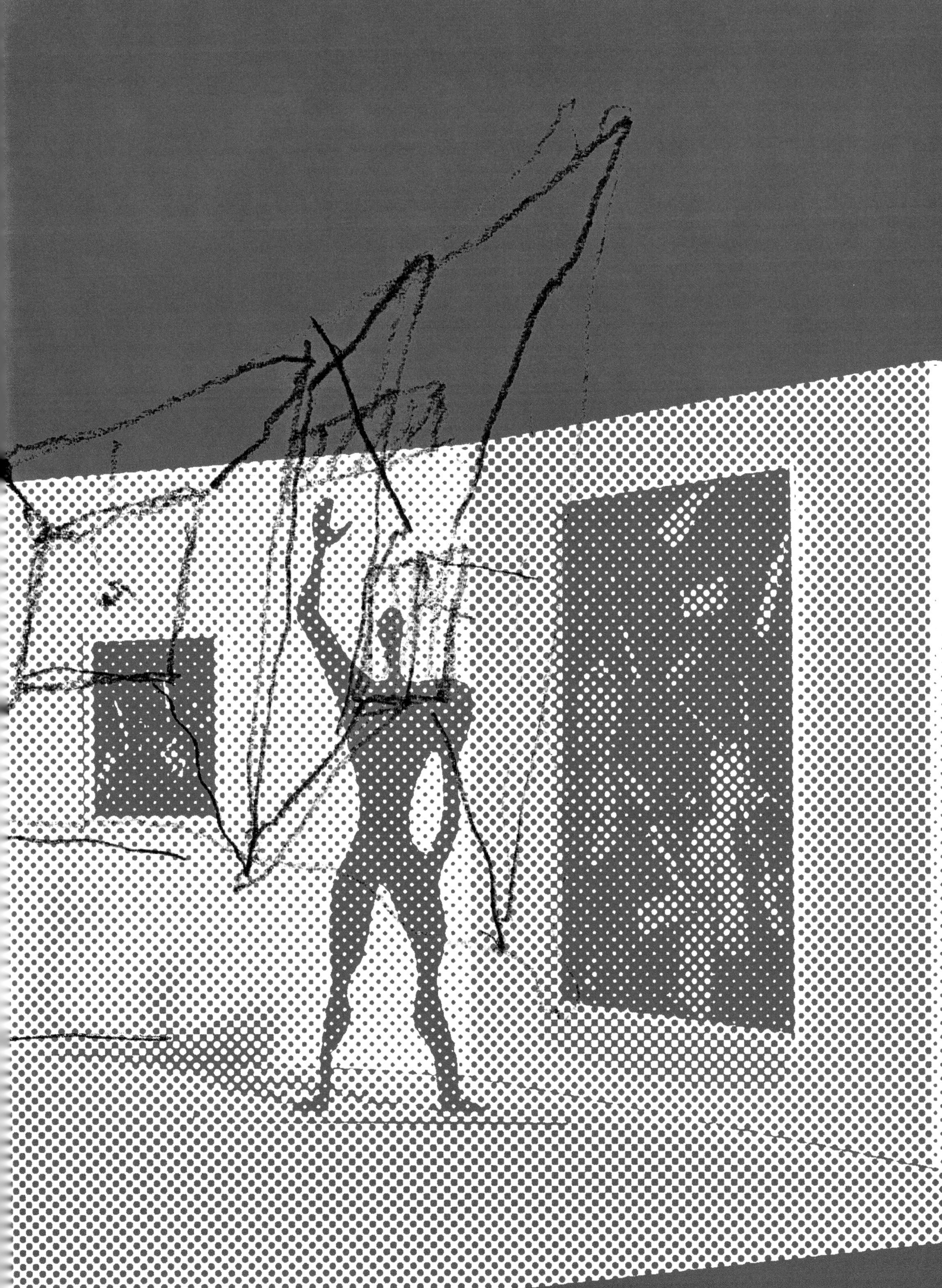

Yves Klein

1.
Monochrome rose sans titre, (MP 30), 1955
Pigmento puro e resina sintetica su pannello / Dry pigment and synthetic resin on panel
100.3 × 64.5 × 2 cm

2.
Monochrome rouge sans titre, (M 106), 1956
Pigmento puro e resina sintetica su garza su pannello di legno / Dry pigment and synthetic
resin on gauze on wood panel
13.3 × 27.6 × 2 cm

3.
Monochrome jaune sans titre, (M 73), 1957
Pigmento puro e resina sintetica su garza su pannello di legno / Dry pigment and synthetic
resin on gauze on wood panel
40 × 60 × 3 cm

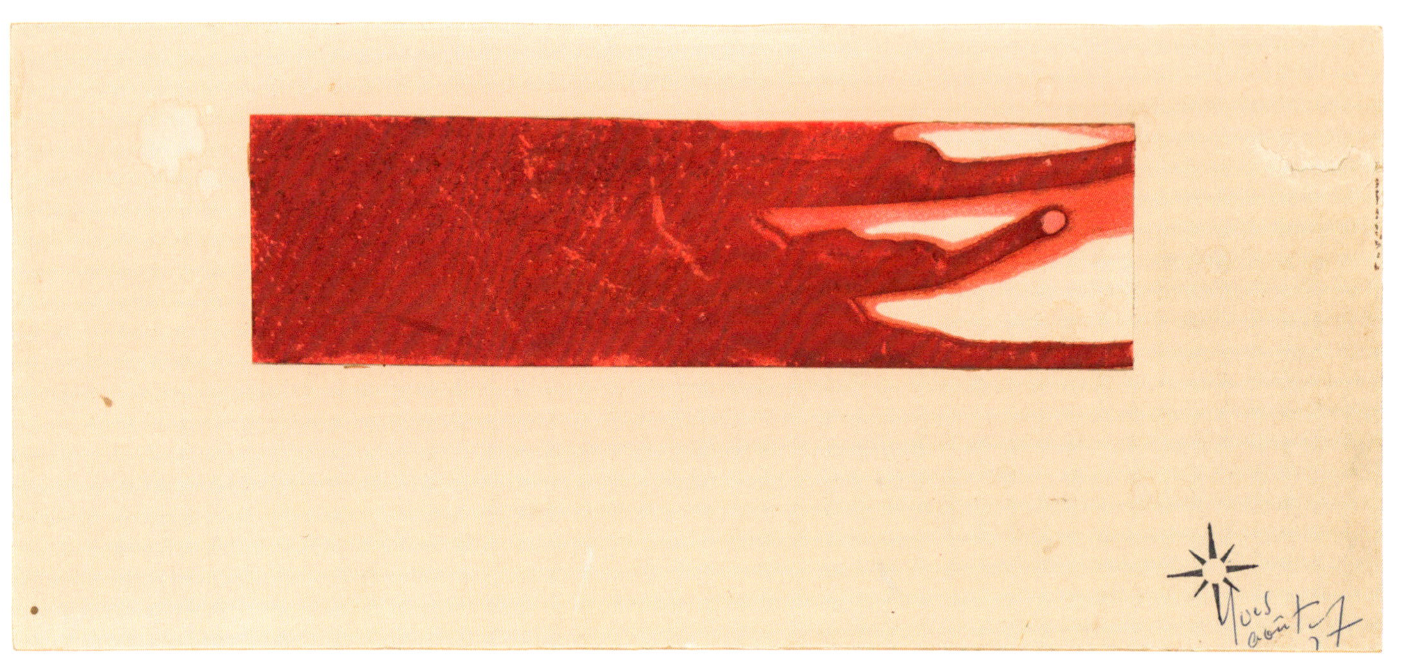

4.
Monochrome rouge sans titre, (M 96), 1957
Pigmento puro e legante indeterminato su carta incollata su carta / Dry pigment and
unidentified binding medium on paper glued on paper
19 × 39 cm

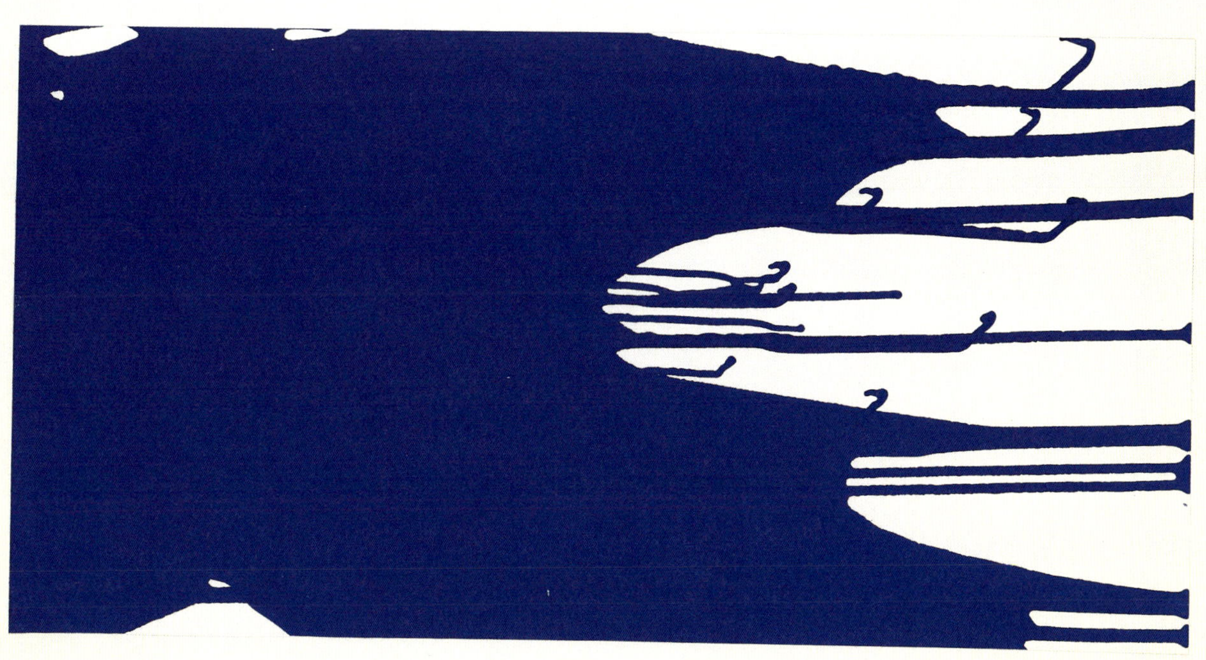

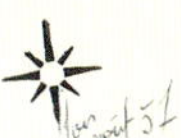

5.
Monochrome bleu sans titre, (IKB 38), 1957
Pigmento puro e resina sintetica su carta su cartone / Dry pigment and synthetic resin on
paper on cardboard
33 × 60 cm

6.
Monochrome blanc sans titre, (M 70), 1957
Pigmento e resina sintetica su tela su tavola / Dry pigment and synthetic resin on canvas on board
78 × 56 cm

7.
Monochrome noir sans titre, (M 78), 1957
Pigmento puro e resina sintetica su garza su pannello di legno / Dry pigment and synthetic
resin on gauze on wood panel
30.5 × 60 × 2 cm

8.
Monochrome bleu sans titre, (IKB 246), 1958
Pigmento puro e resina sintetica su garza su tavola / Dry pigment and synthetic resin
on gauze on board
13.5 × 50 × 2 cm

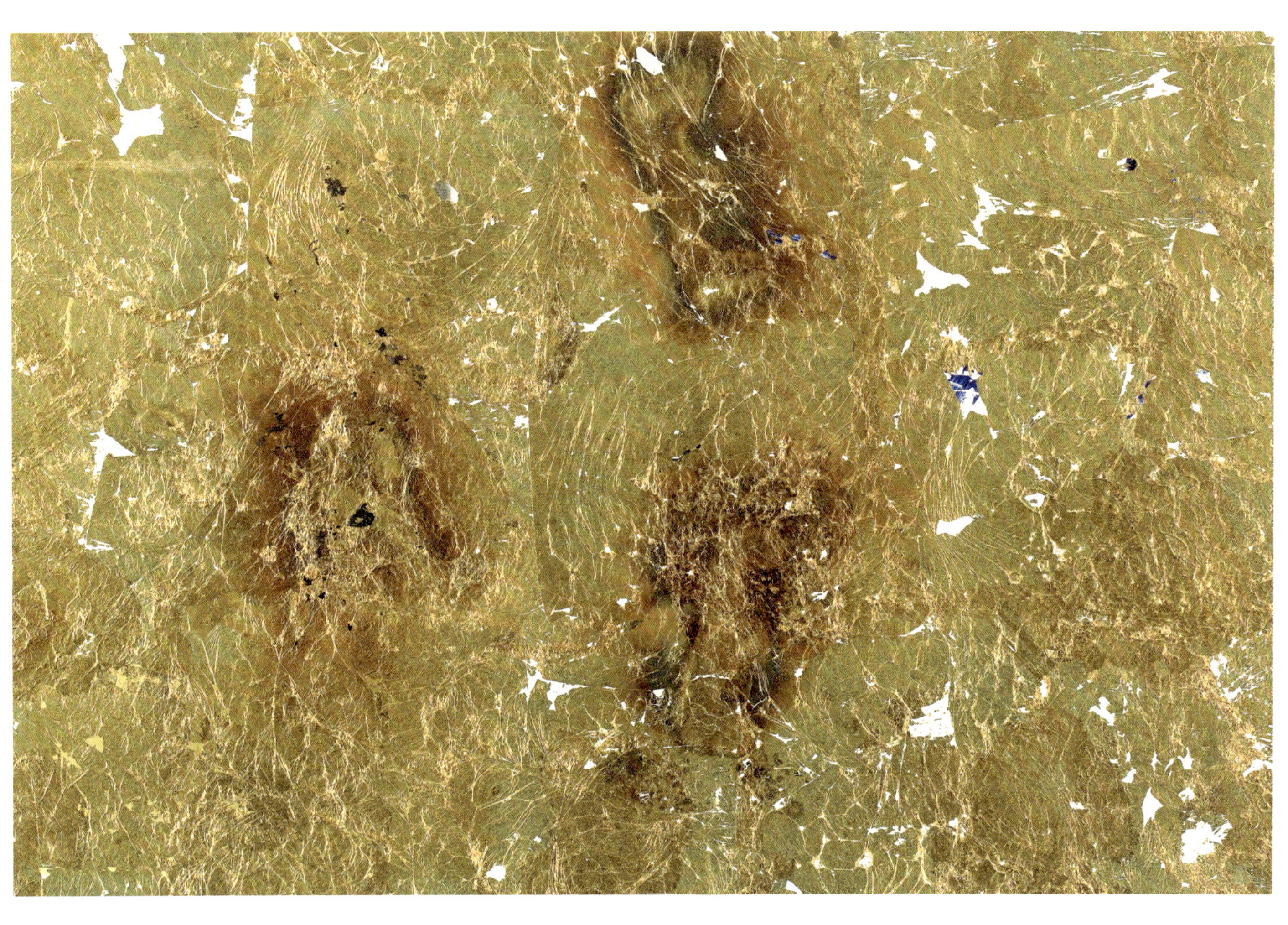

9.
Monochrome or sans titre, (M 59), 1959
Foglia d'oro su vetro / Gold leaf on glass
46 × 31 × 0.6 cm

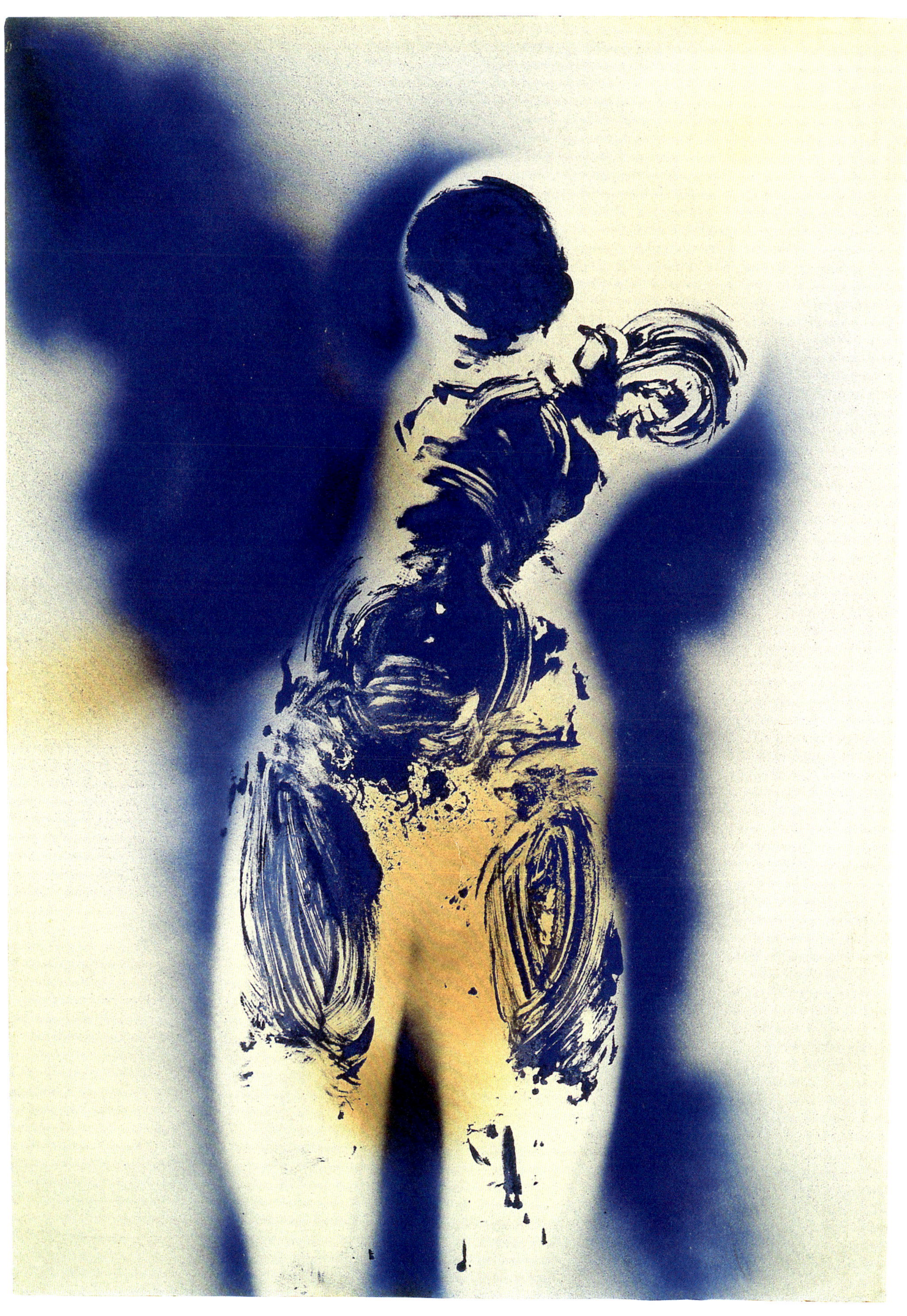

10.
Anthropométrie sans titre, (ANT 7), 1960 ca.
Pigmento puro e resina sintetica su carta / Dry pigment and synthetic resin on paper
102 × 73 cm

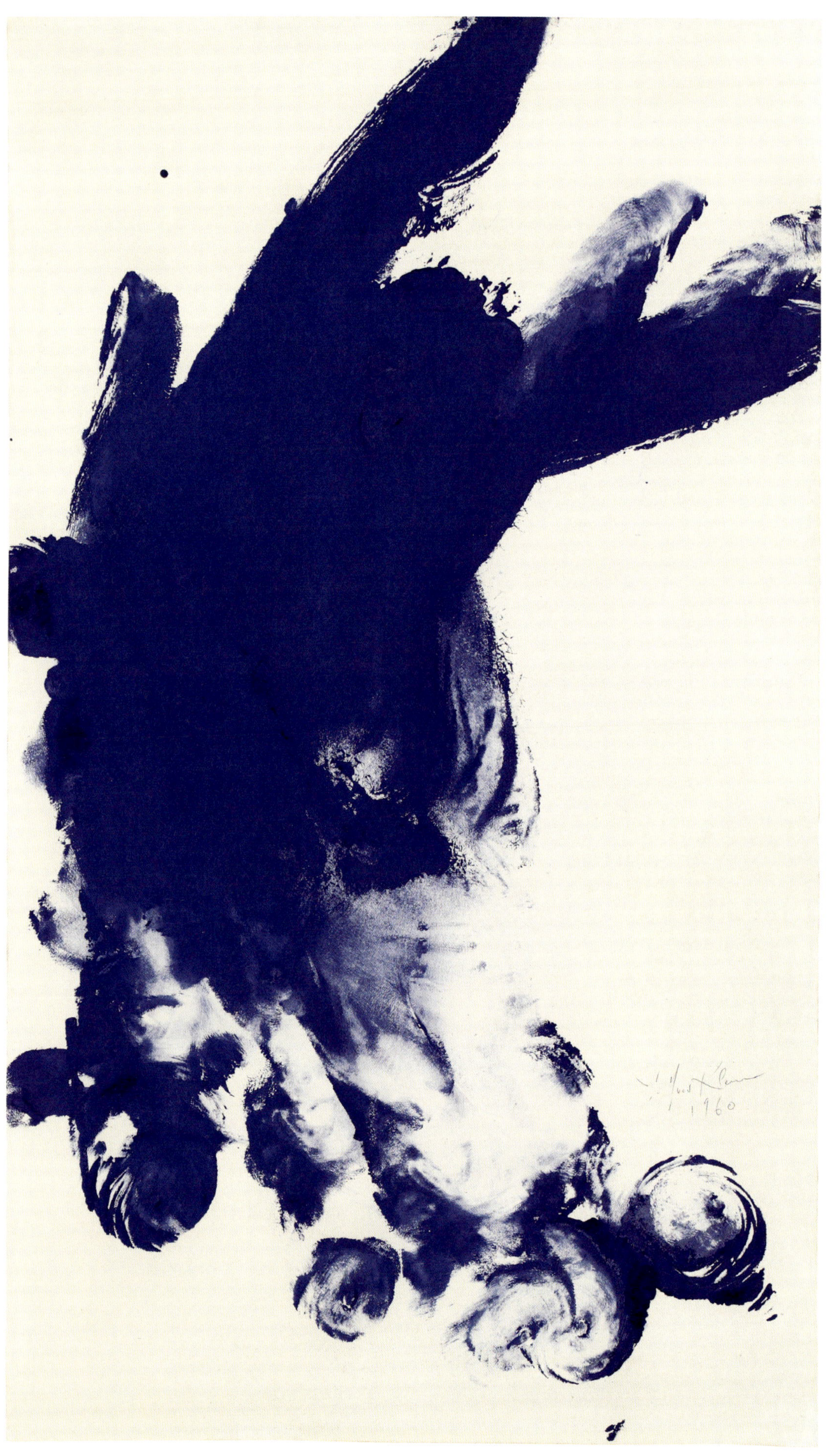

11.
Anthropométrie sans titre, (ANT 47), 1960
Pigmento puro e resina sintetica su carta montata su tela / Dry pigment and synthetic resin
on paper mounted on canvas
133.5 × 79 × 2.5 cm

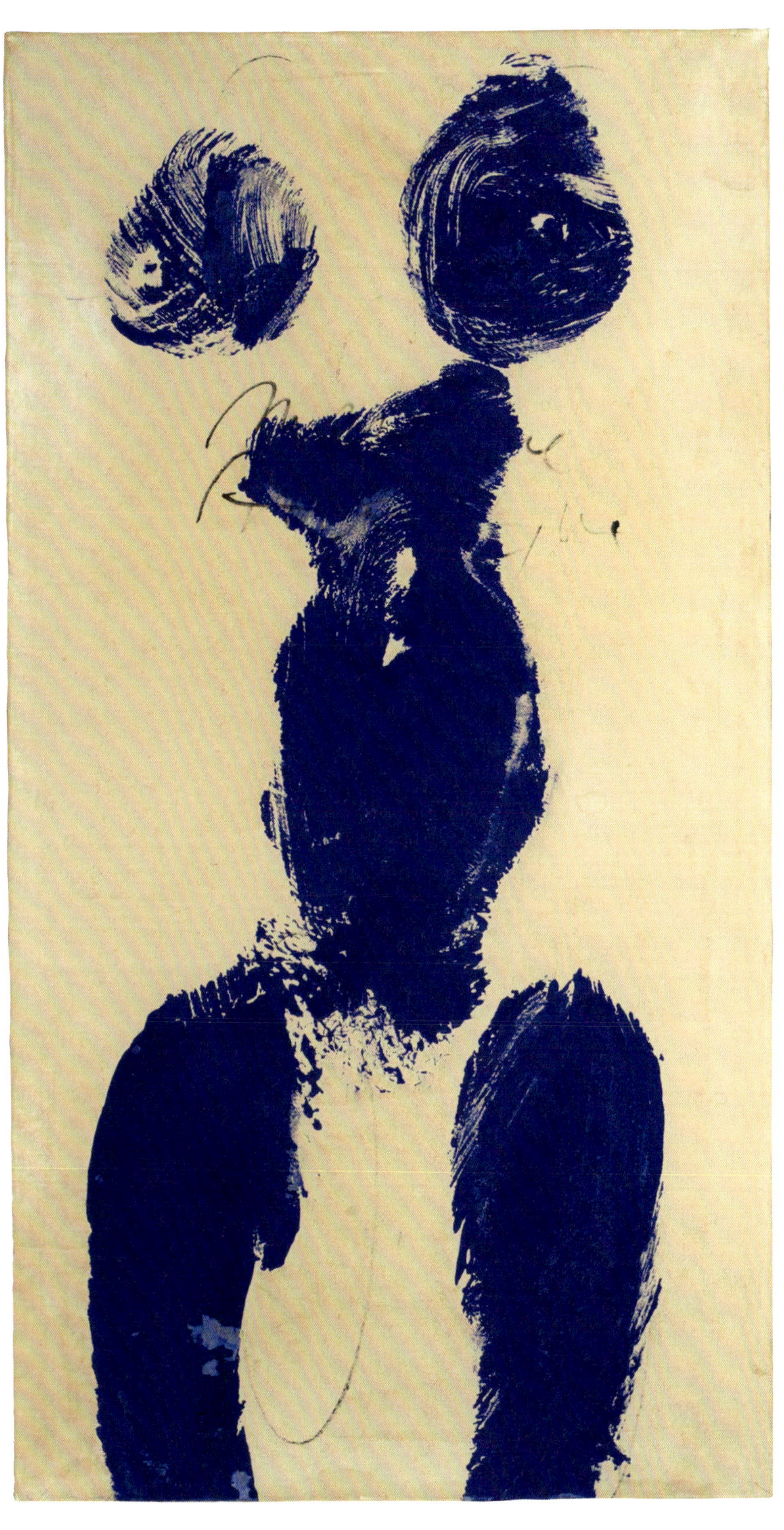

12.
Monique, (ANT 59), 1960
Pigmento puro e resina sintetica su carta montata su tela / Dry pigment and synthetic resin
on paper mounted on canvas
76.5 × 40.3 cm

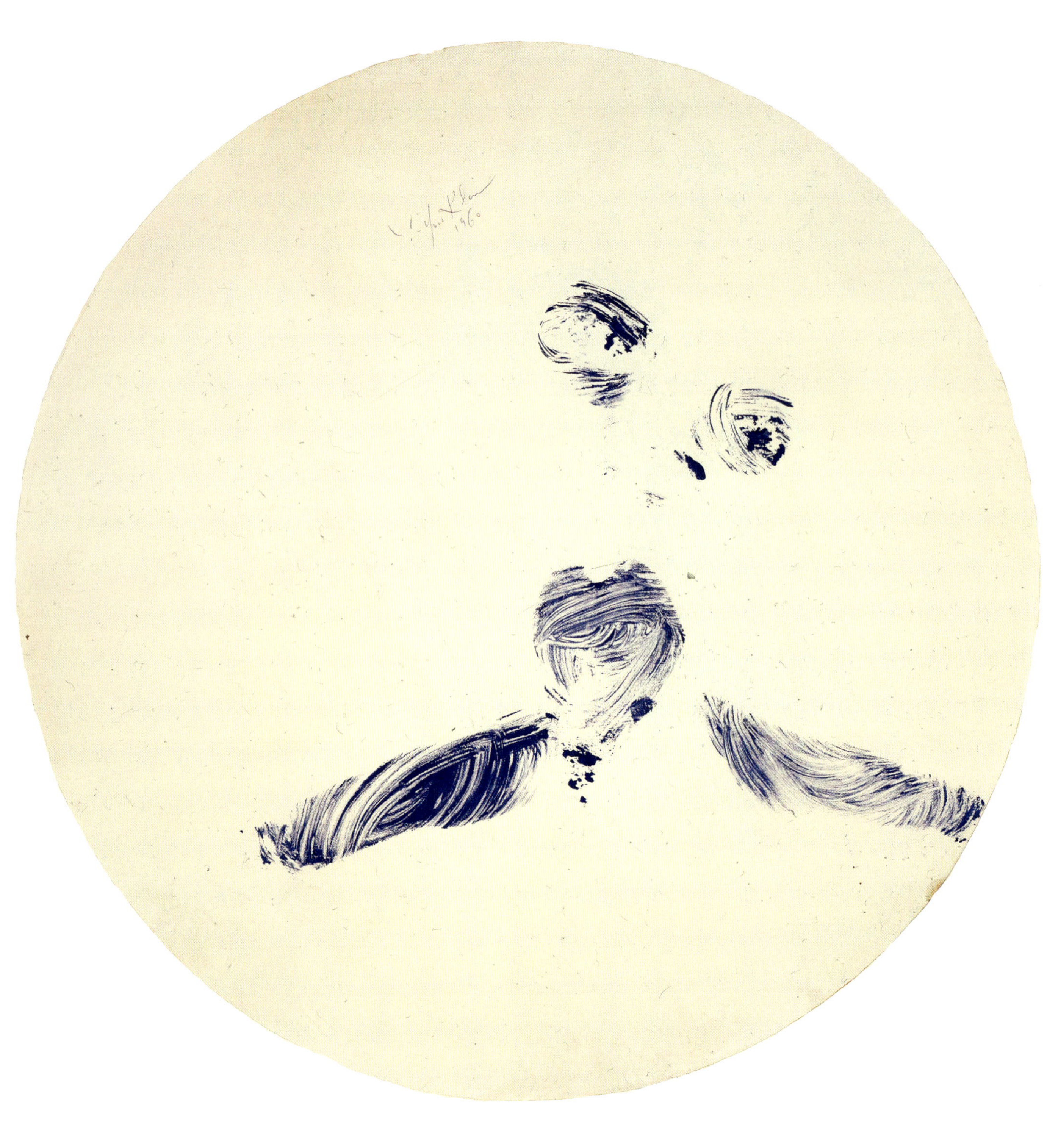

13.
Anthropométrie sans titre, (ANT 116), 1960
Pigmento puro e resina sintetica su carta / Dry pigment and synthetic resin on paper
Ø 105 cm

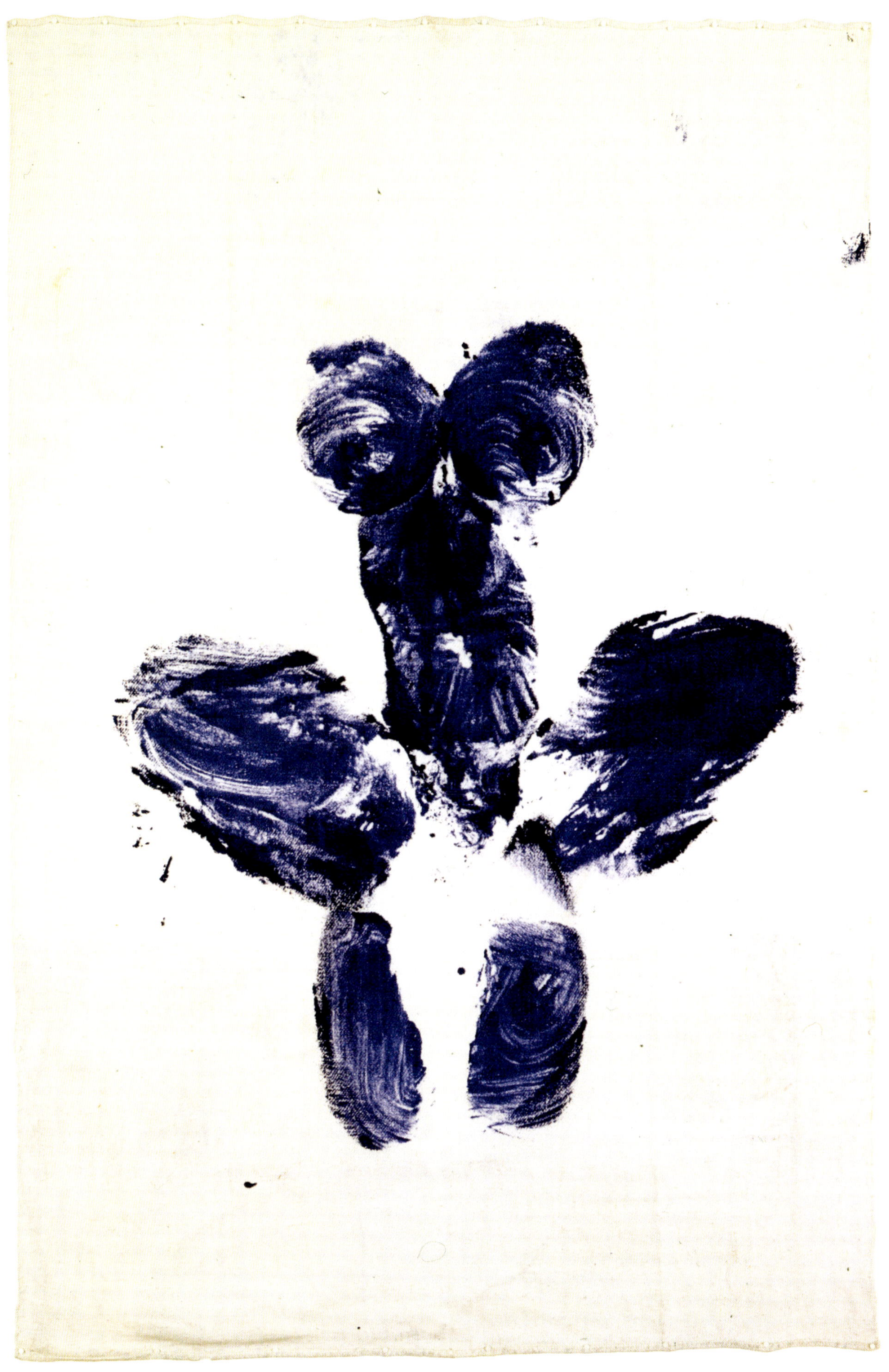

14.
Anthropométrie Suaire sans titre, (ANT SU 13), 1960 ca.
Pigmento puro e resina sintetica su tela fine / Dry pigment and synthetic resin on fine canvas
127 × 86 cm

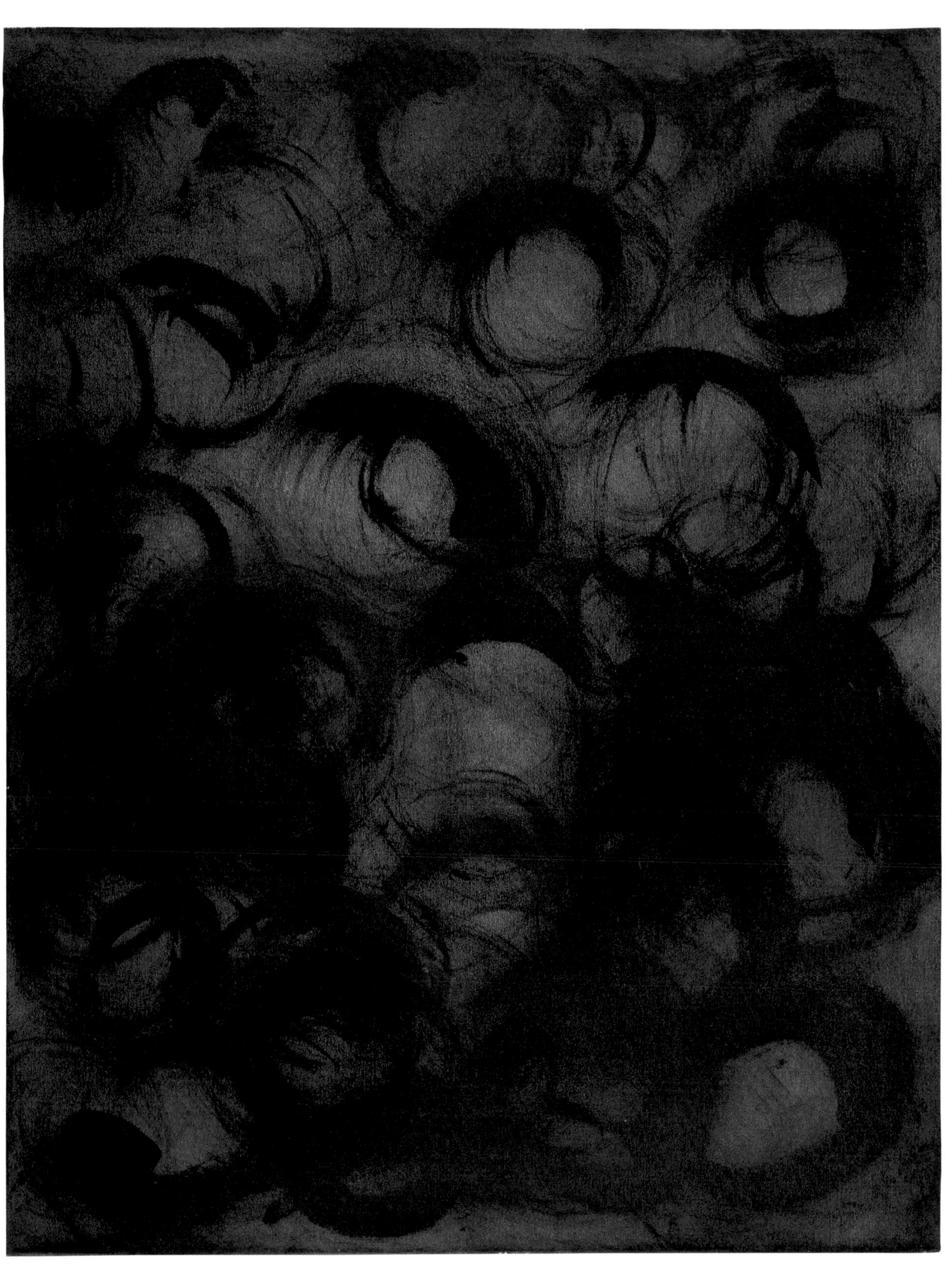

15.
Vent Paris-Nice, (COS 10), 1960
Pigmento puro e legante indeterminato su carta montata su tela / Dry pigment and
unidentified binding medium on paper mounted on canvas
93 × 73 cm

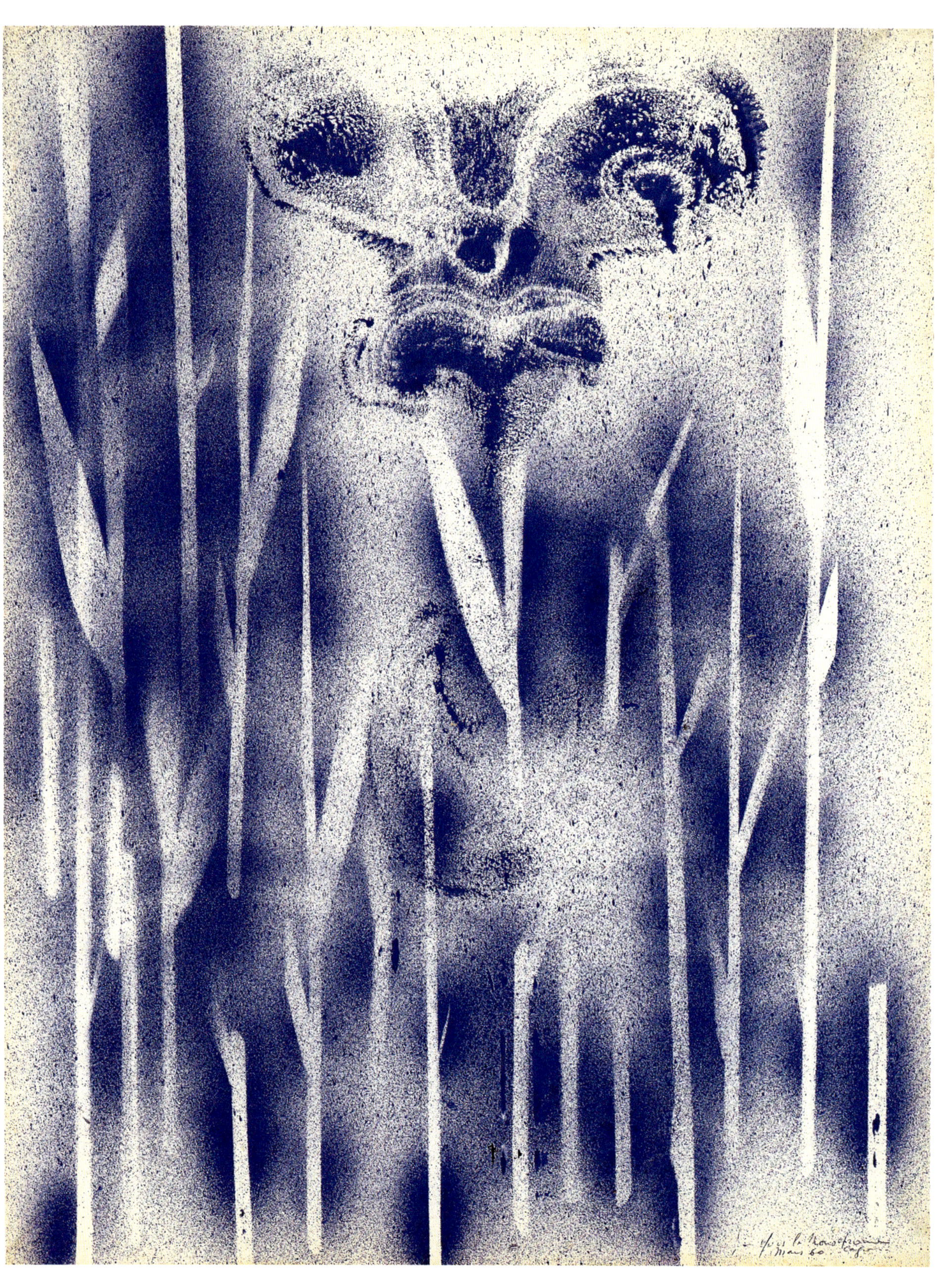

16.
Cosmogonie sans titre, (COS 17), 1960
Pigmento puro e resina sintetica su carta / Dry pigment and synthetic resin on paper
64 × 49.5 cm

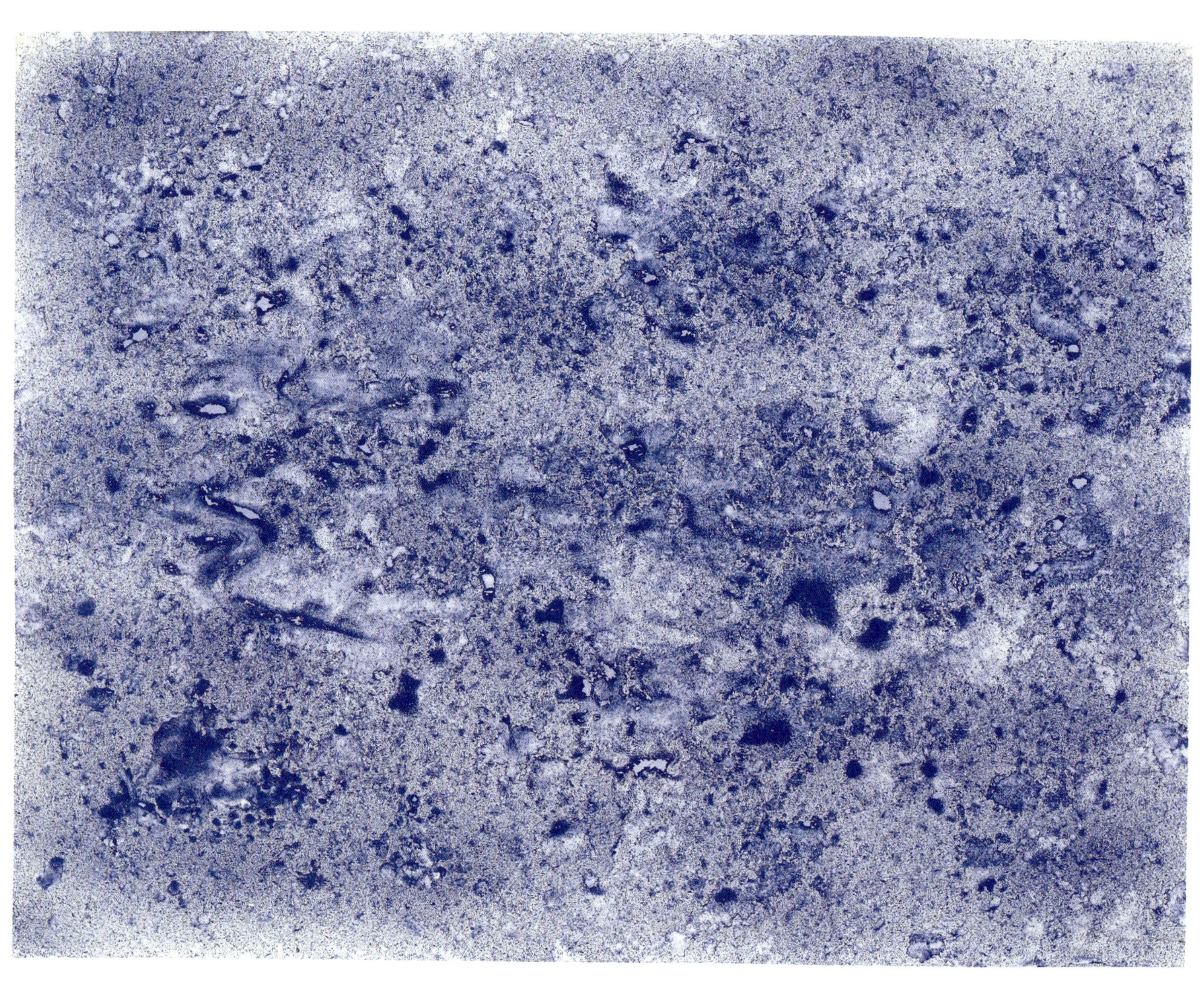

17.
Giboulée de mars..., (COS 34), 1960
Pigmento puro e legante indeterminato su carta su cartone / Dry pigment and unidentified
binding medium on paper on cardboard
50 × 65 cm

18.
Cosmogonie pluie, (COS 22), 1961
Pigmento puro e resina sintetica su carta / Dry pigment and synthetic resin on paper
70.5 × 99.5 cm

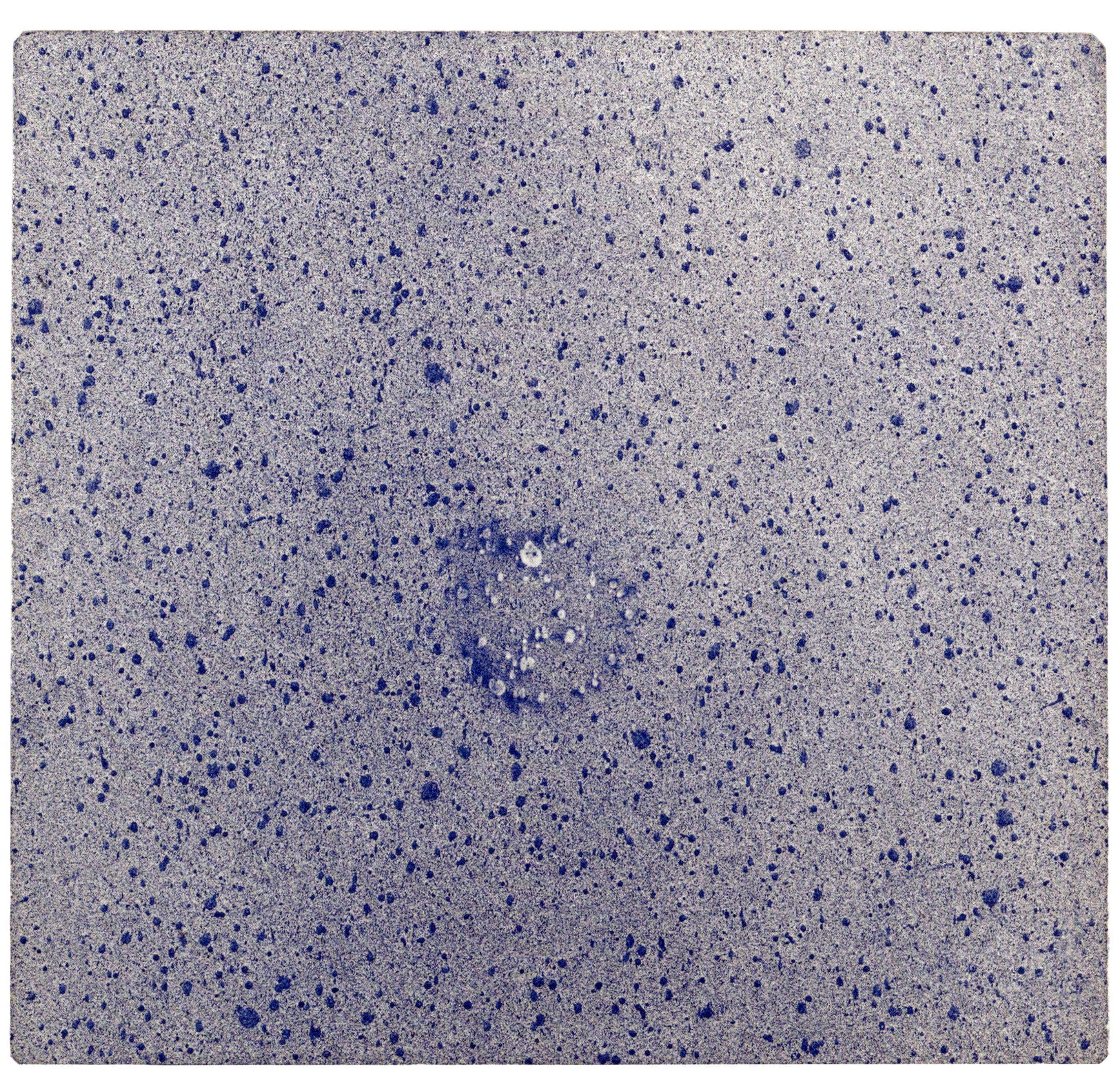

19.
Cosmogonie – Une pluie Fine de Printemps, (COS 40), 1961
Pigmento puro e legante indeterminato su carta / Dry pigment and unidentified binding
medium on paper
15 × 16.5 cm

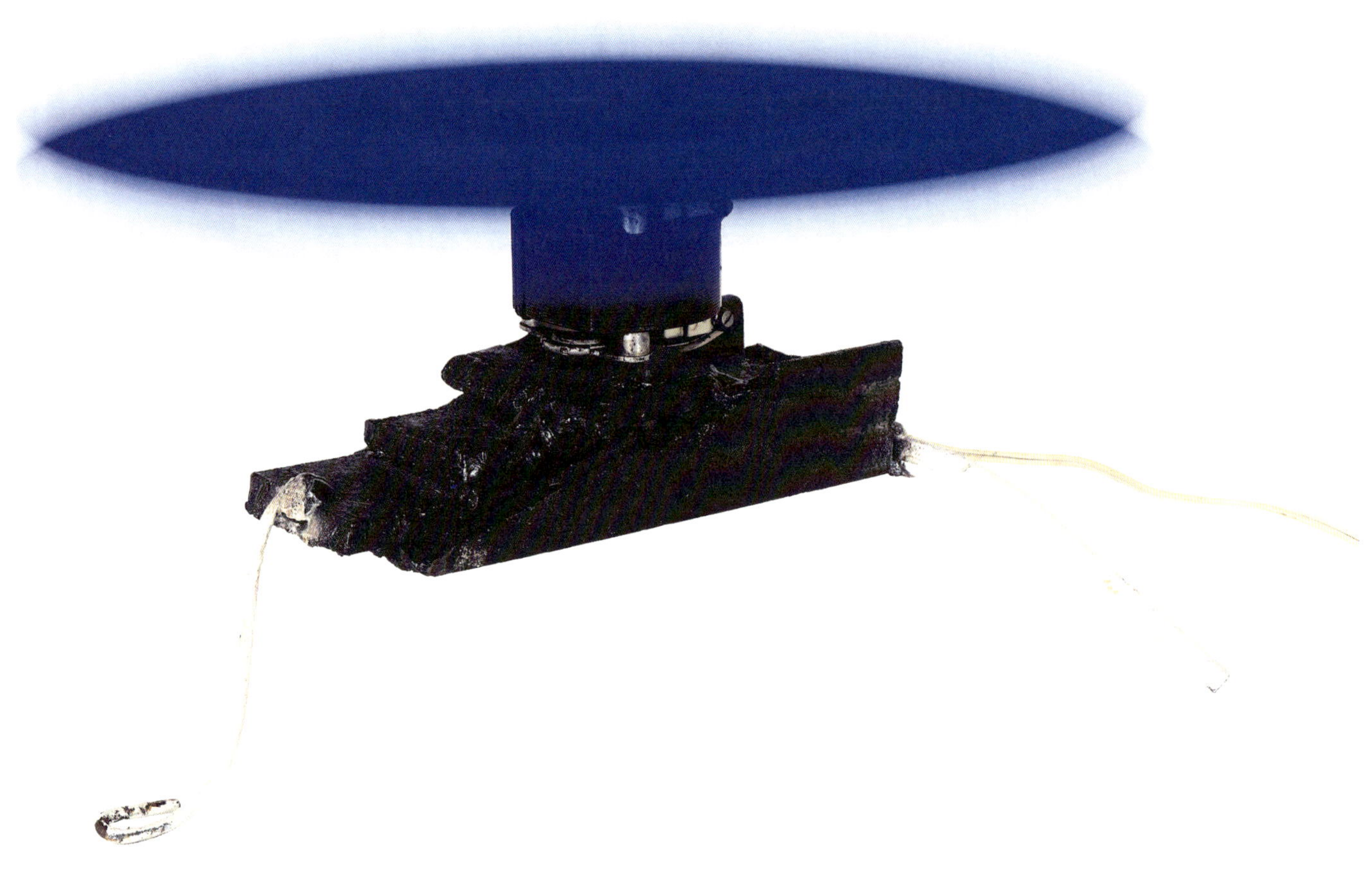

20.
Excavatrice de l'espace, (S 19), 1958
In collaborazione con / In collaboration with Jean Tinguely
Pigmento puro e resina sintetica su disco in legno, motore elettrico, piedi di metallo /
Dry pigment and synthetic resin on wood disk, electric motor, metal legs
20 × 33.5 × 27 cm

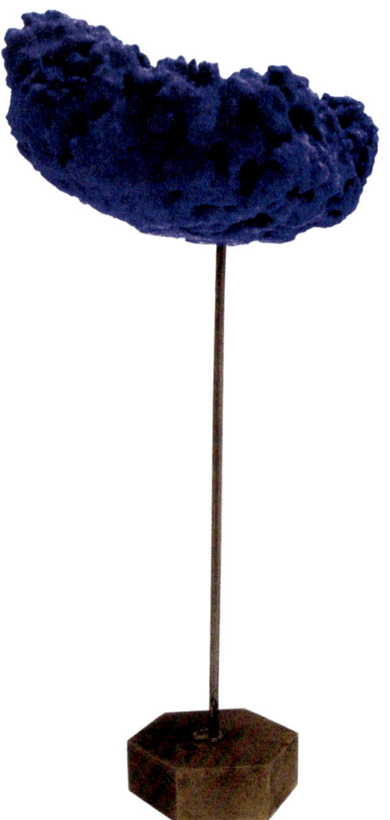

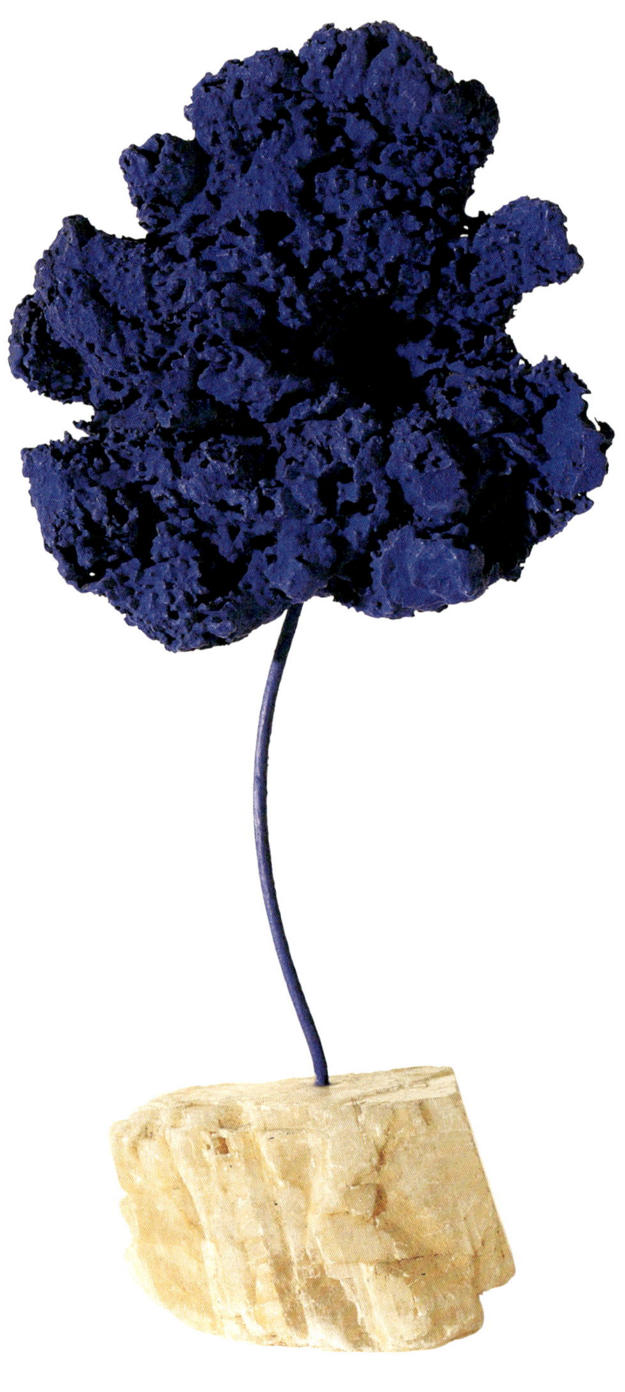

21.
Sculpture Éponge bleue sans titre, (SE 82), 1960 ca.
Pigmento puro e resina sintetica, spugna naturale su base in metallo /
Dry pigment and synthetic resin, natural sponge on metal base
21 × 12 × 7 cm

22.
Sculpture Éponge bleue sans titre, (SE 89), 1960 ca.
Pigmento puro e resina sintetica, spugna naturale su sostegno di
metallo e base in pietra / Dry pigment and synthetic resin, natural
sponge on metal support on stone base
42 × 20 × 10 cm

100

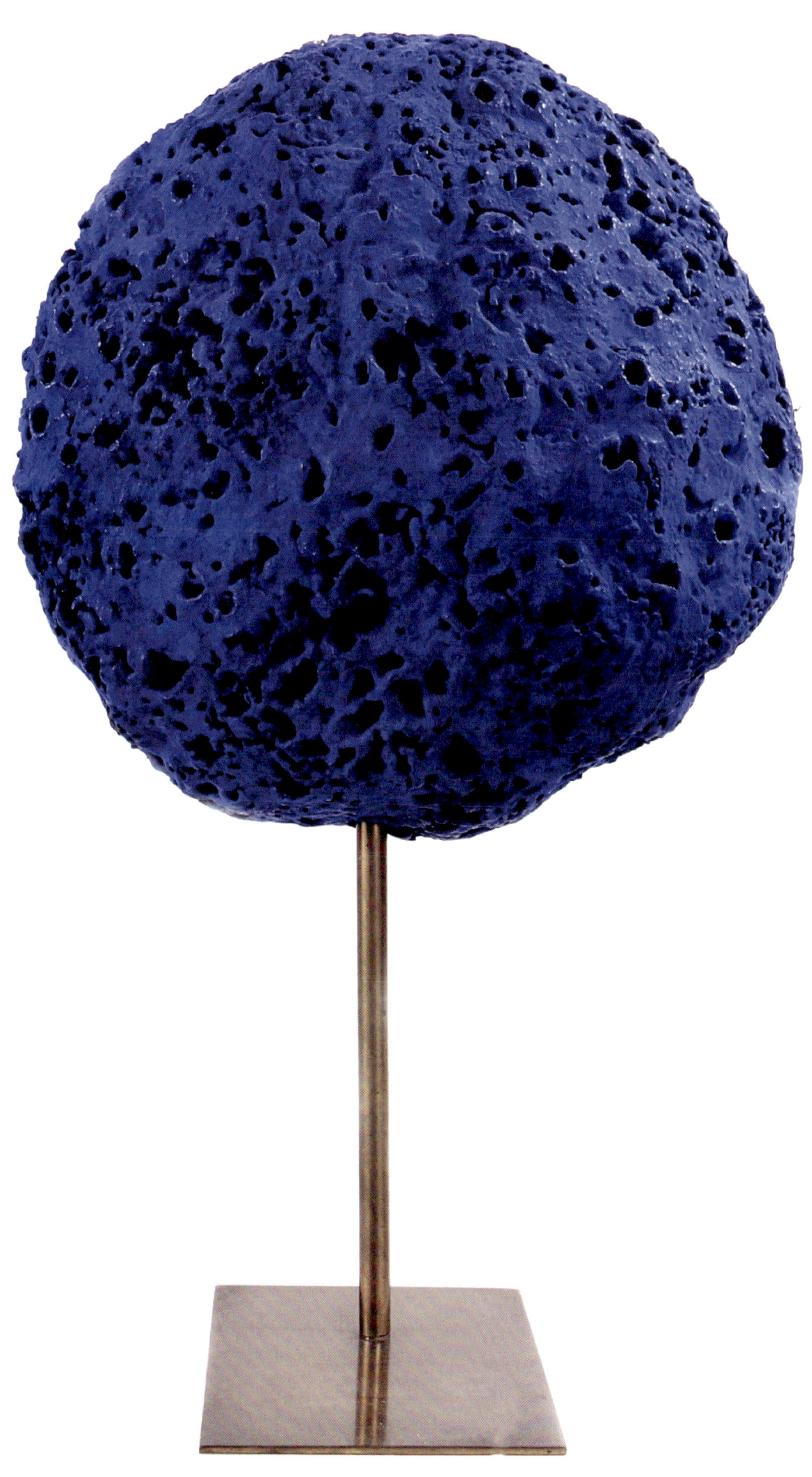

23.
Sculpture Éponge bleue sans titre, (SE 263), 1960 ca.
Pigmento puro e resina sintetica, spugna naturale su base di metallo /
Dry pigment and synthetic resin, natural sponge on metal base
50 × 34 × 12 cm

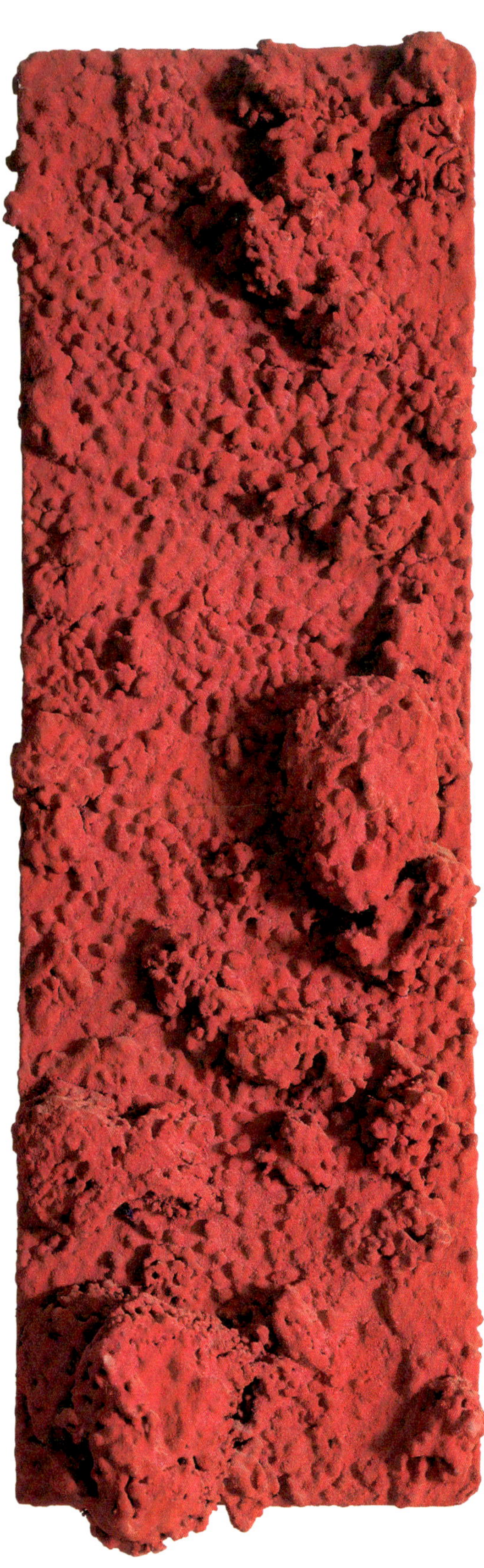

24.
Relief Éponge rose sans titre, (RE 8), 1960
Pigmento puro e resina sintetica, spugne naturali e ciottoli su pannello / Dry pigment and
synthetic resin, natural sponges and pebbles on panel
68 × 22.6 cm

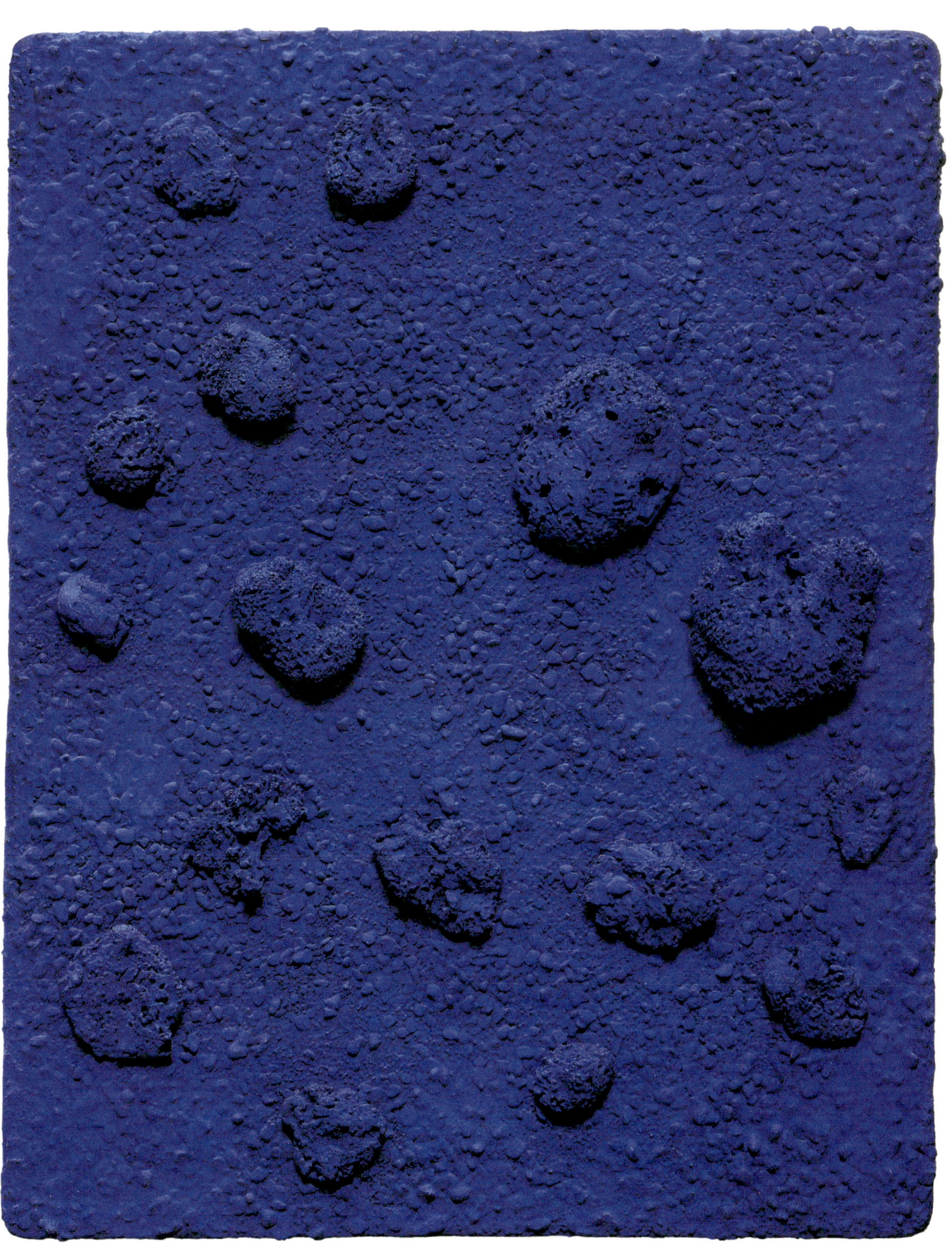

25.
Fa, (RE 31), 1960
Pigmento puro e resina sintetica, spugne naturali e ciottoli su pannello / Dry pigment and
synthetic resin, natural sponges and pebbles on panel
92 × 73 × 11 cm

26.
Relief Planétaire – Grenoble, (RP 2), 1961
Pigmento puro e resina sintetica su impronta di cartone / Dry pigment and synthetic resin
on cardboard relief
41 × 65.5 cm

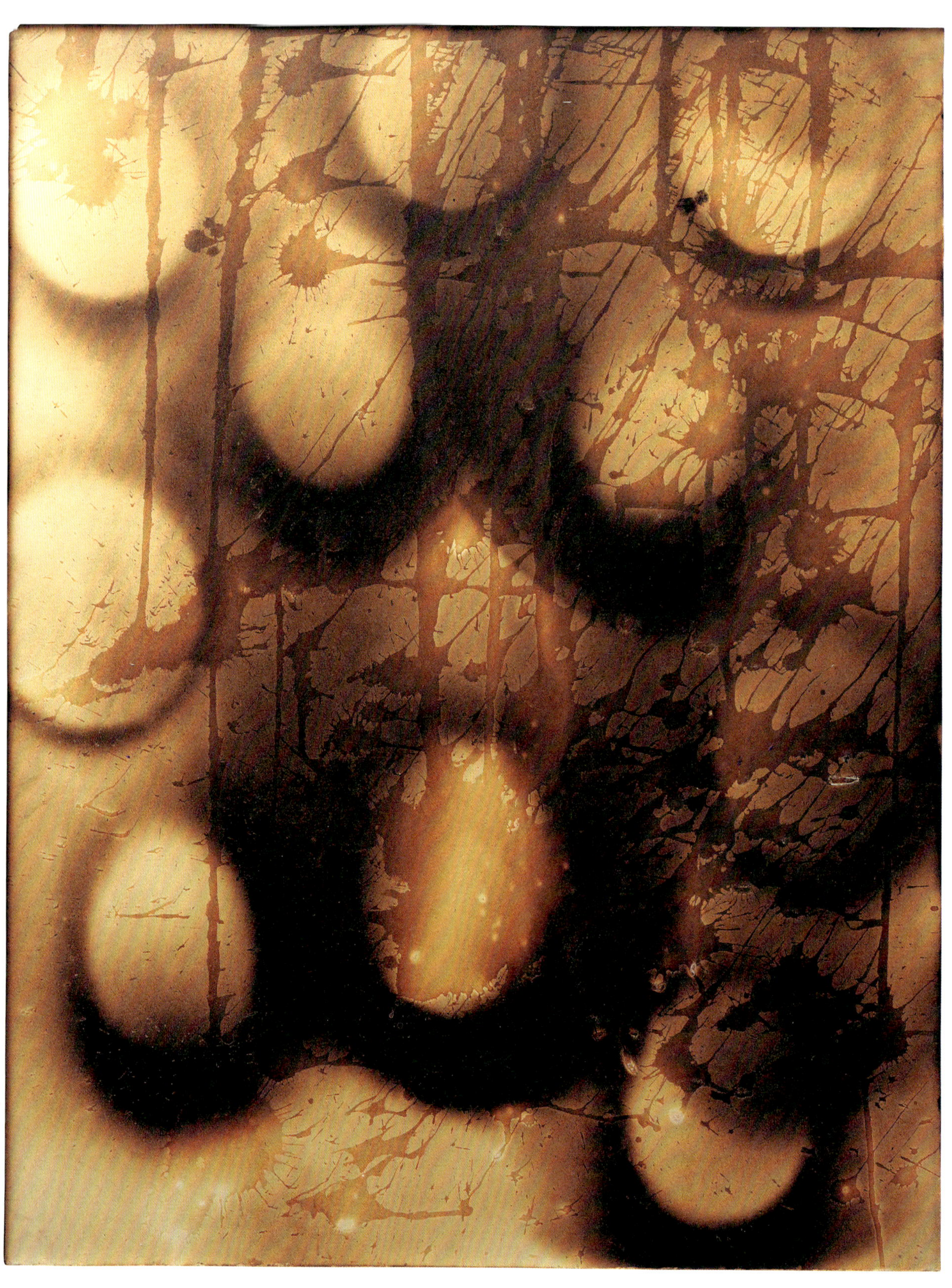

27.
Peinture de Feu sans titre, (F 13), 1961
Cartone combusto montato su pannello / Burnt cardboard mounted on panel
65 × 50 cm

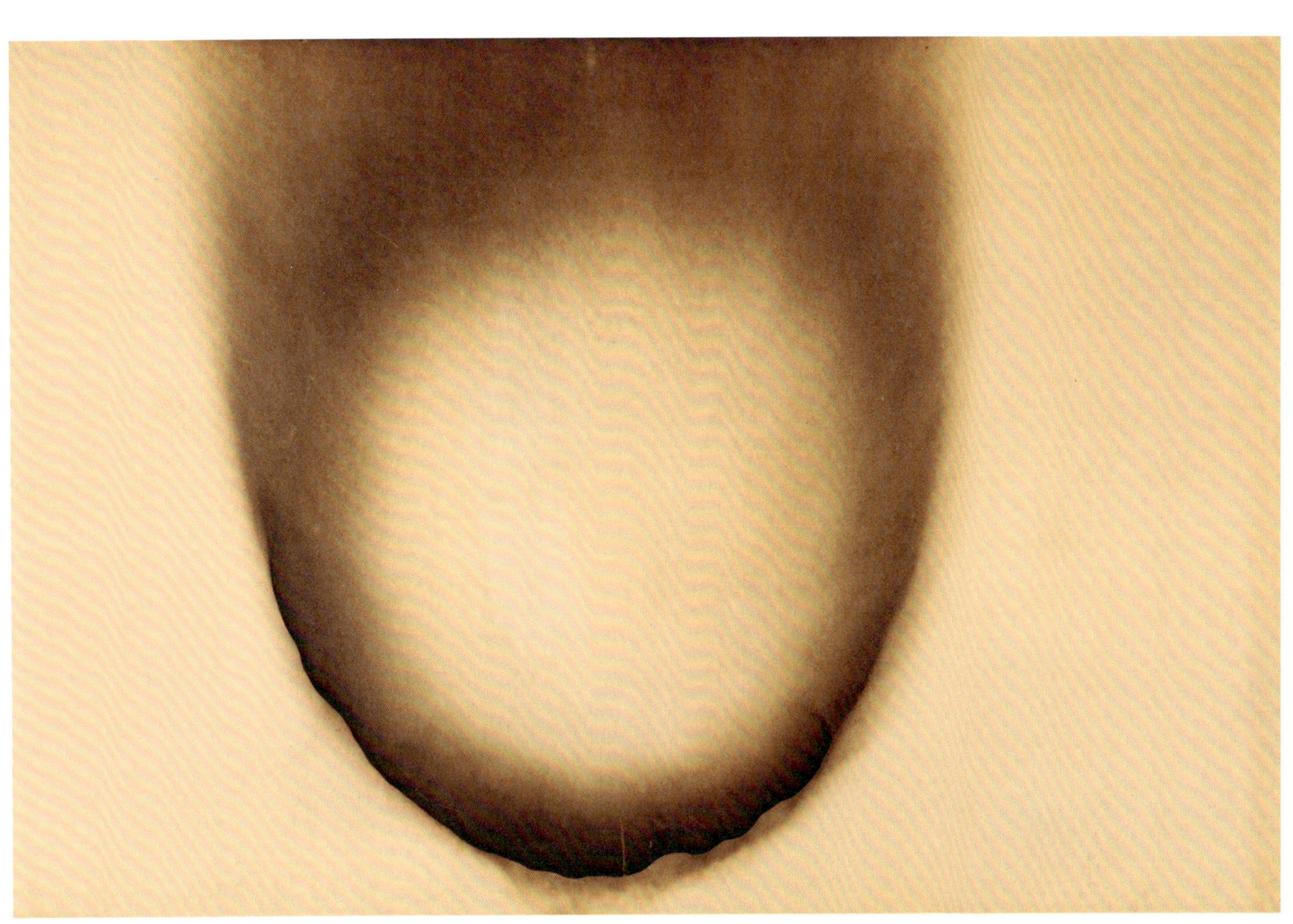

28.
Peinture de Feu sans titre, (F 39), 1961
Cartone bruciato / Burnt carboard
79.5 × 119 cm

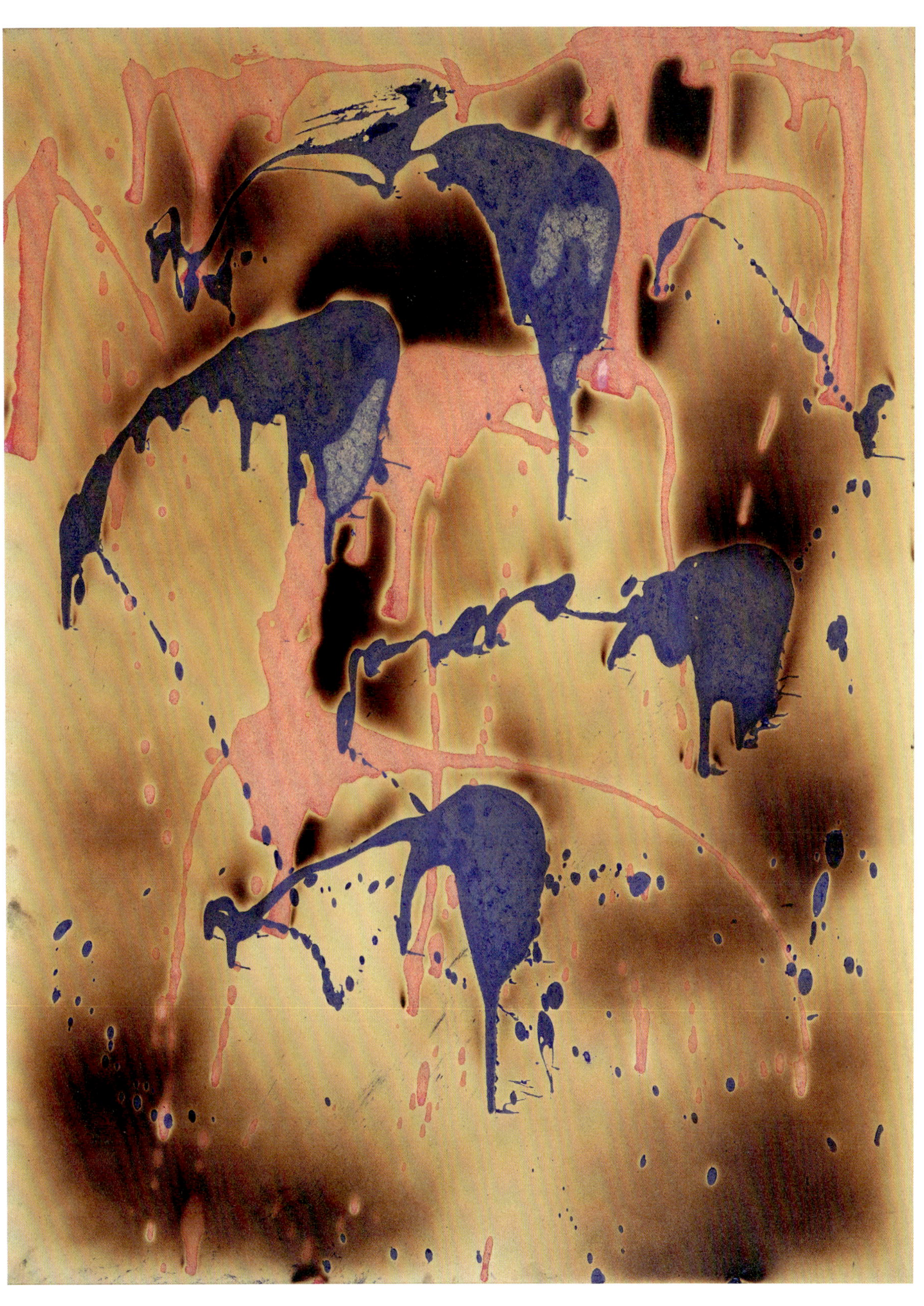

29.
Peinture de Feu Couleur sans titre, (FC 9), 1961 ca.
Pigmento puro e resina sintetica bruciati su cartone montato su pannello / Dry pigment and
synthetic resin burnt on cardboard mounted on panel
73 × 54 cm

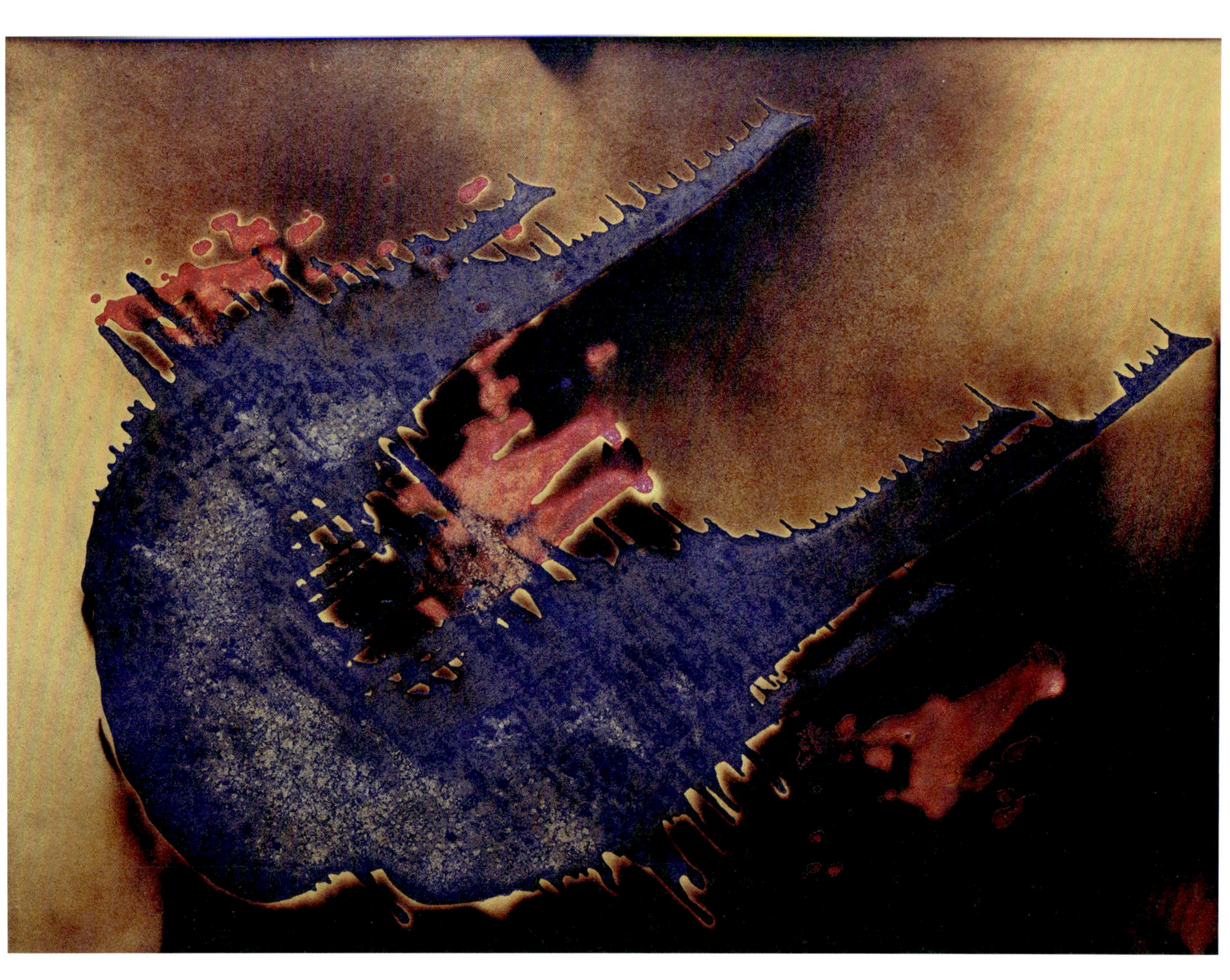

30.
Peinture de Feu Couleur sans titre, (FC 16), 1962
Pigmento puro e resina sintetica bruciati su cartone / Dry pigment and synthetic resin burnt
onto cardboard
54 × 73 cm

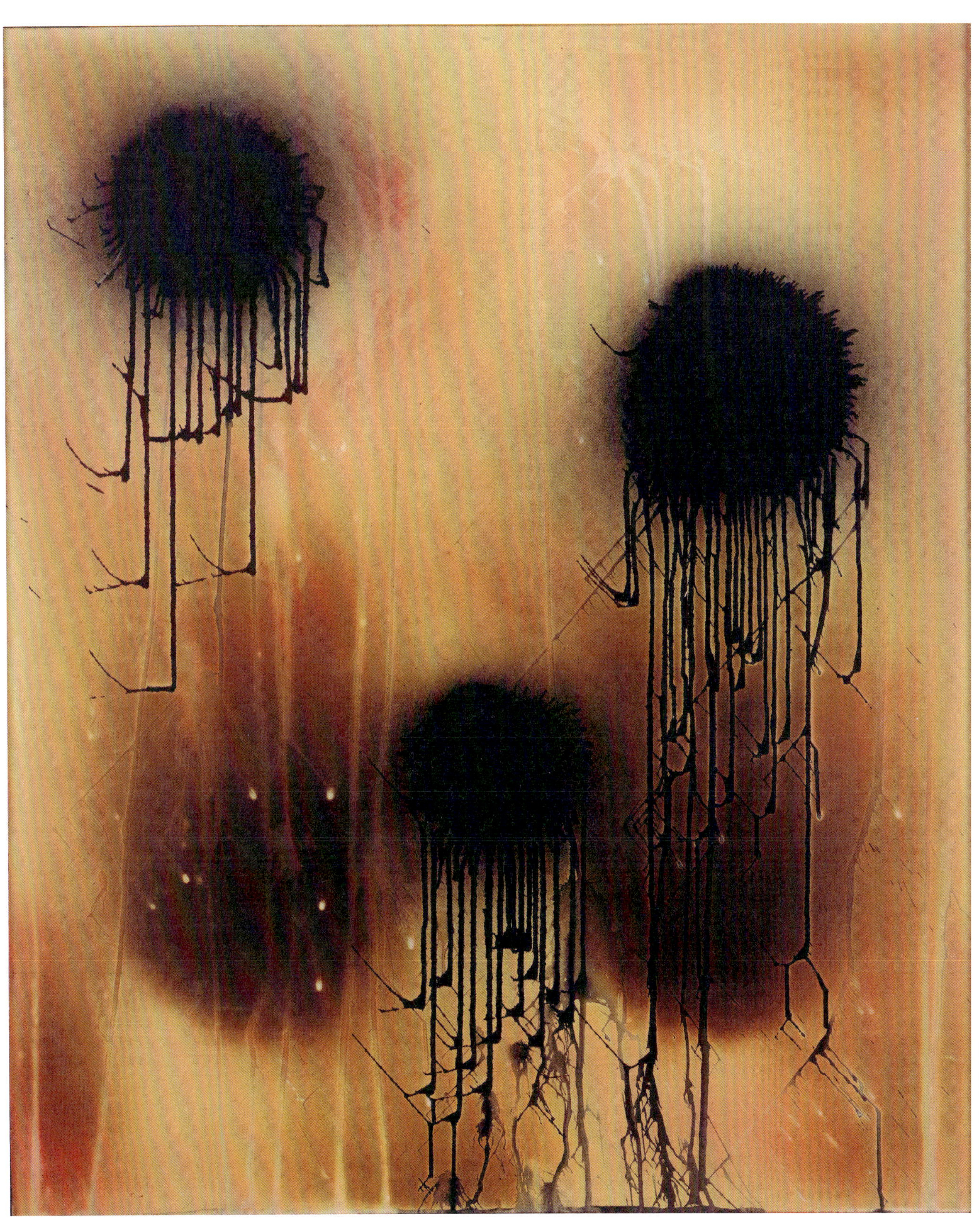

31.
Peinture de Feu Couleur sans titre, (FC 20), 1962
Pigmento puro e resina sintetica bruciati su cartone / Dry pigment and synthetic resin burnt
onto cardboard
108.5 × 90.5 cm

32.
Portrait relief d'Arman, (PR 1), 1962–1989
Pigmento puro e resina sintetica su bronzo su pannello ricoperto di foglia d'oro / Dry pigment
and synthetic resin on bronze on board coated with gold leaf
176 × 96 × 26 cm

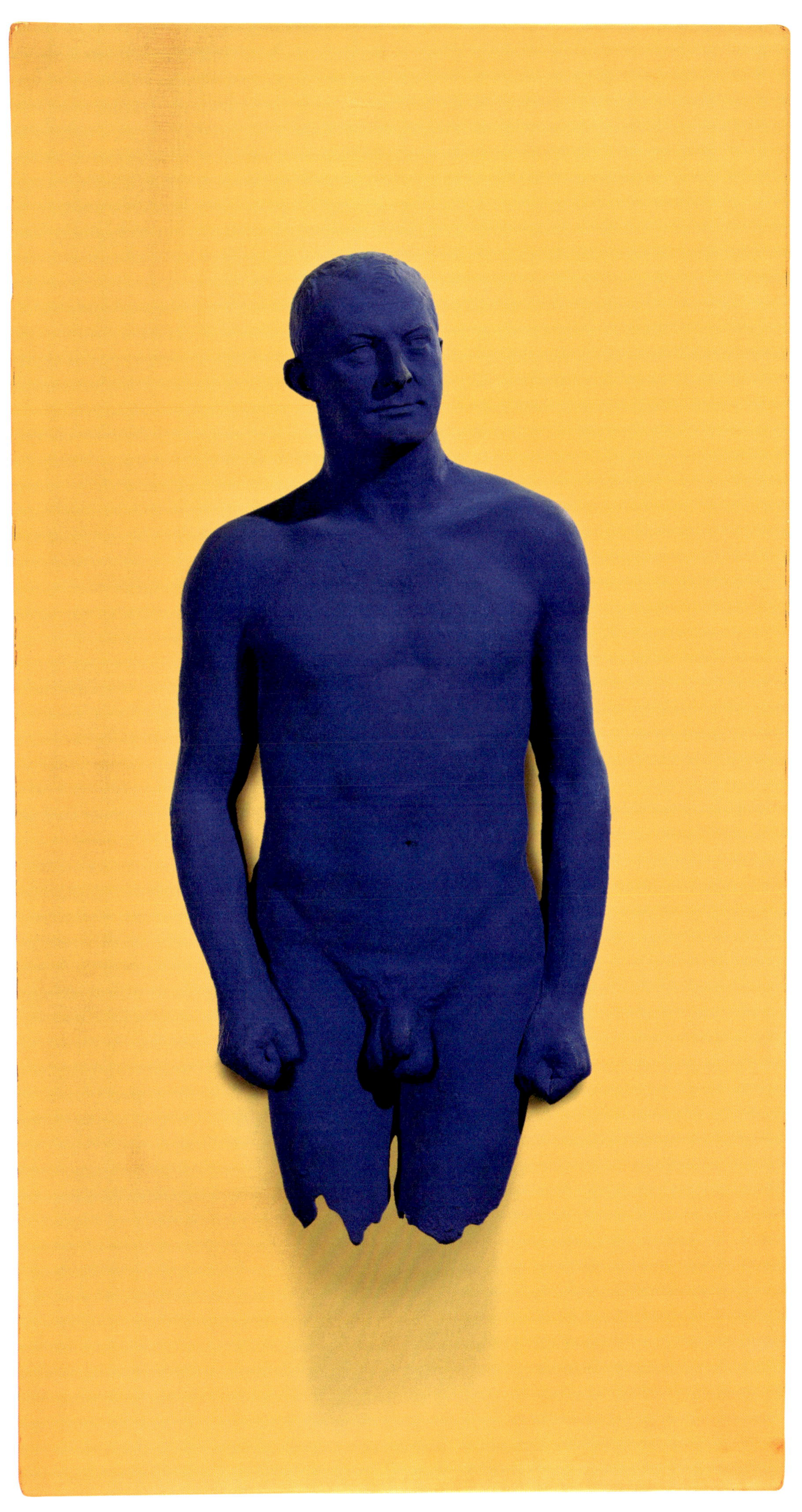

Arman

1.
Cachet (Priorité A), 1957
Impronte di timbri su carta / Rubber stamps traces on paper
27 × 21 cm

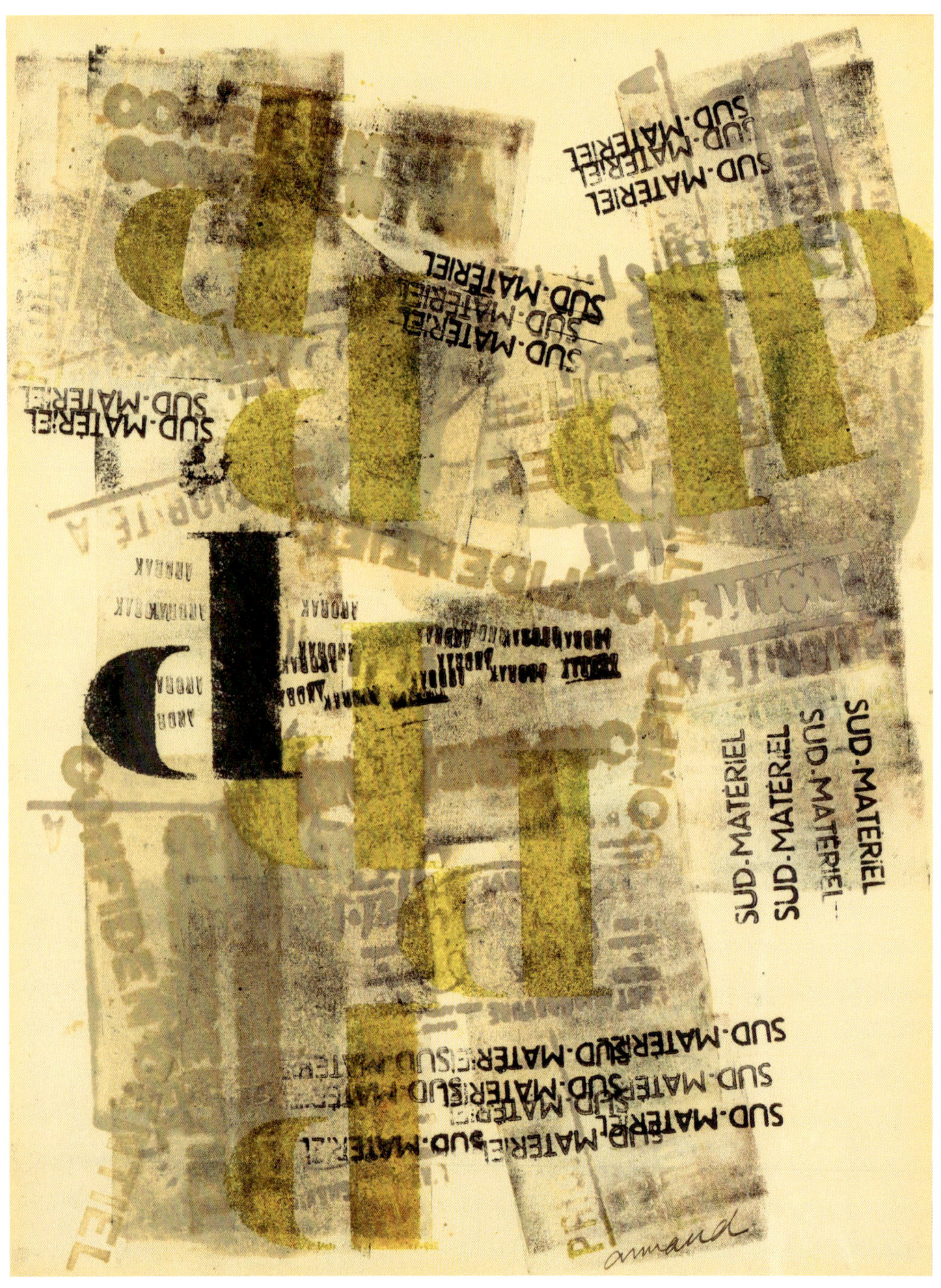

2.
Cachet, 1957
Impronte di timbri su carta rinforzata su pannello di legno / Rubber stamps traces on
strengthened paper on wood panel
5.5 × 40.5 cm

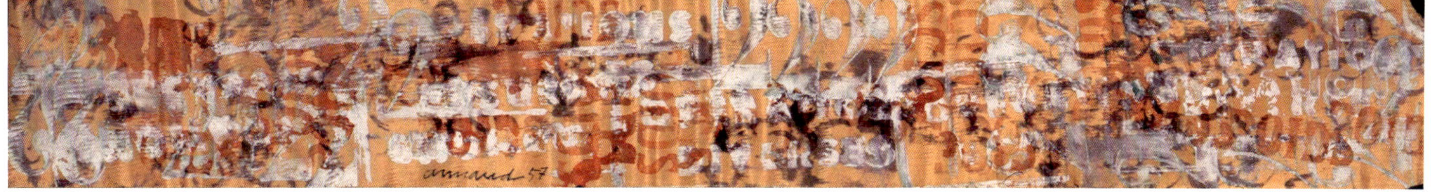

3.
Cachet (Tampons assemblages), 1959
Impronte di timbri e inchiostri su carta intelata / Rubber stamps traces and ink on paper
mounted on canvas
135 × 178 cm

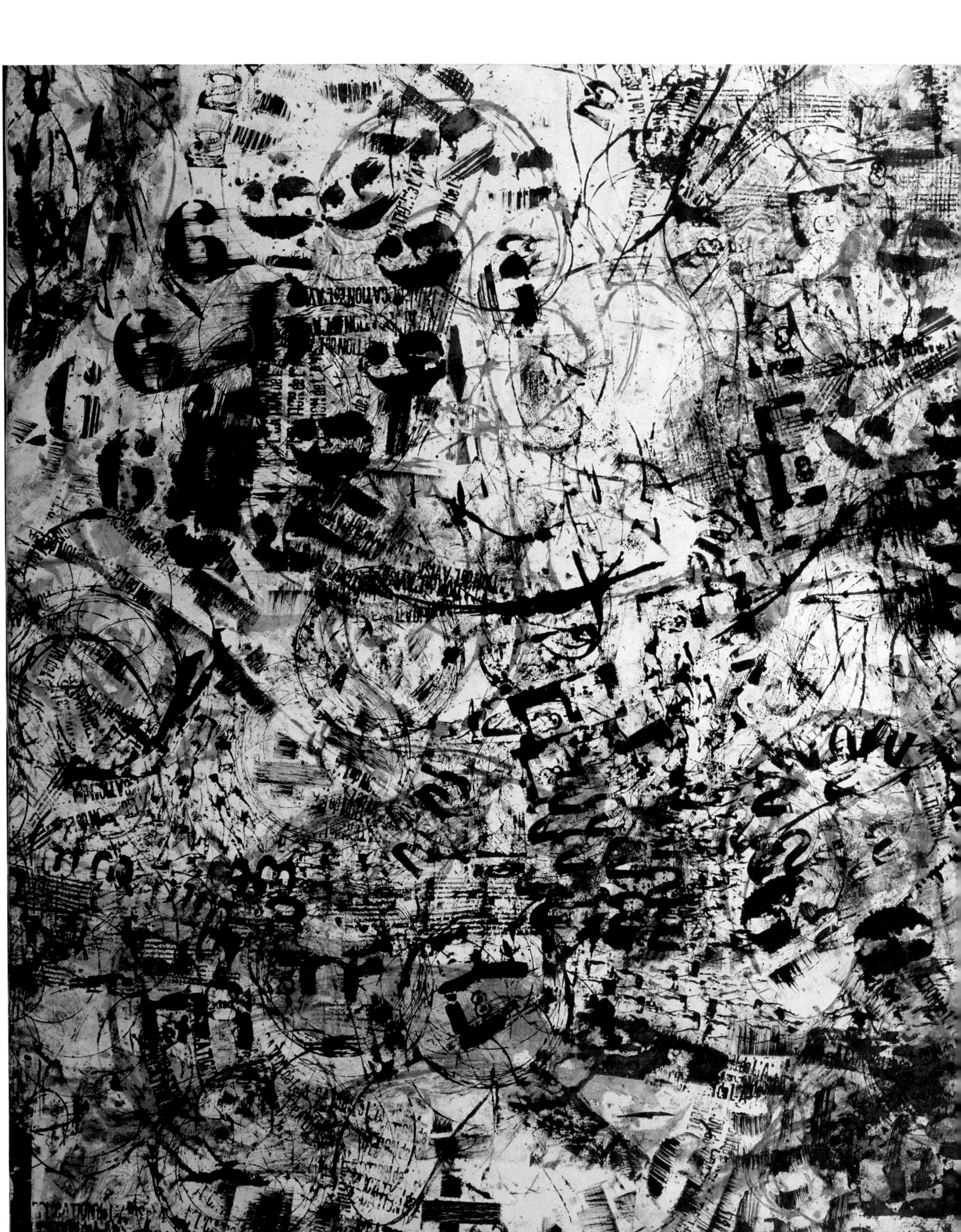

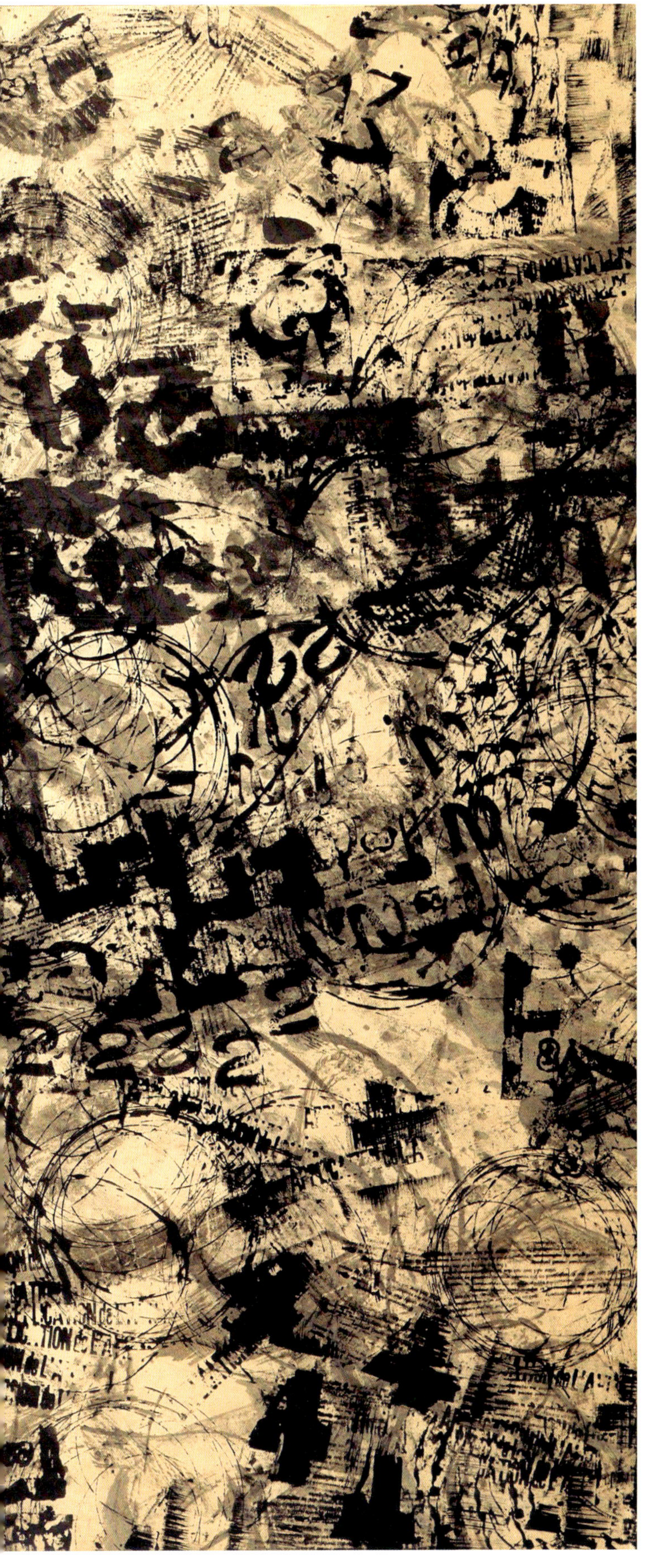

4.
Allure d'Objets, 1958
Tracce d'oggetti, vernice su cartone / Objects traces, enamel on cardboard
65 × 50 cm

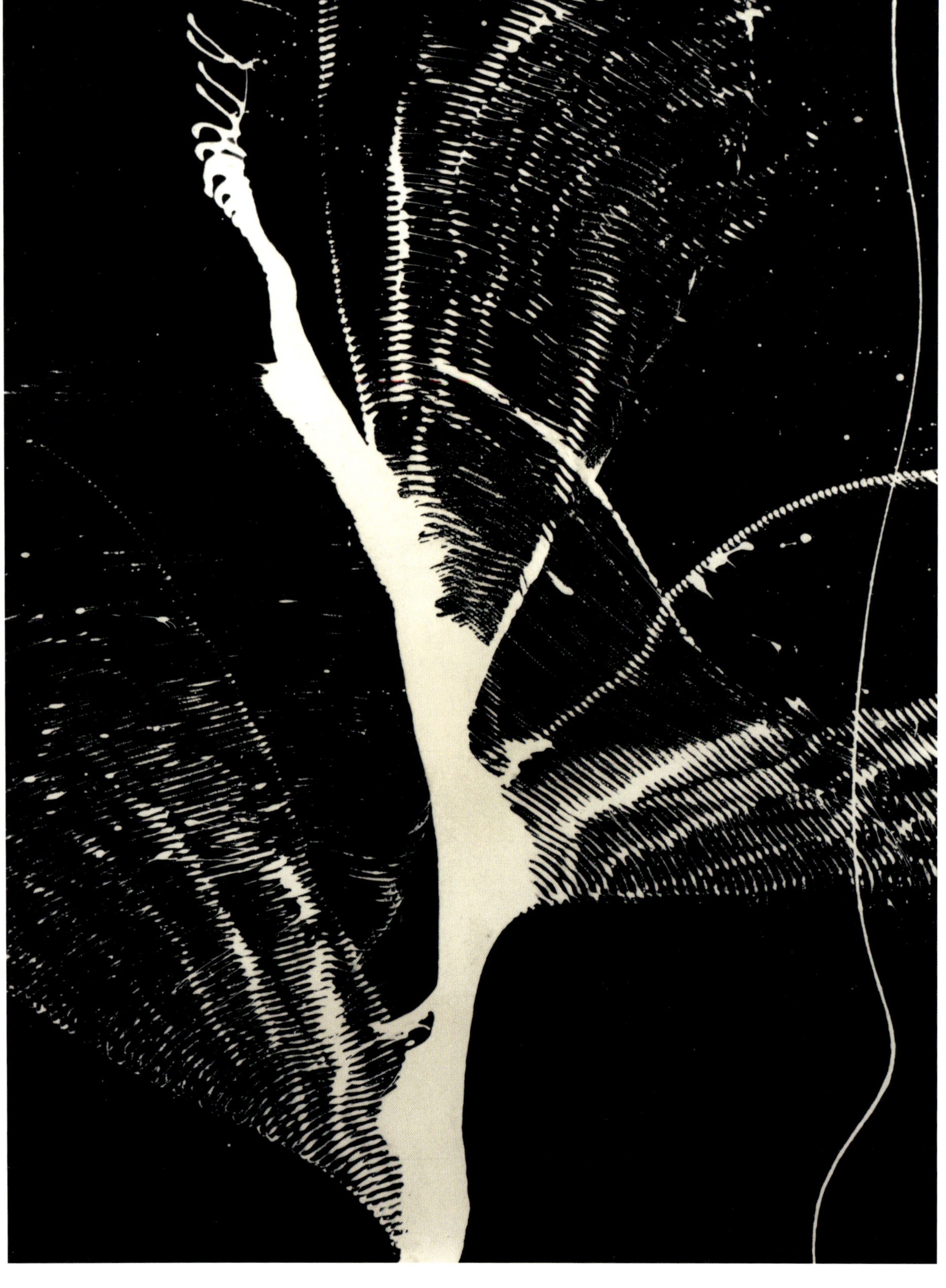

5.
Violini, [1961]
Pittura serigrafica su tela / Silkscreen painting on canvas
130 × 200 cm

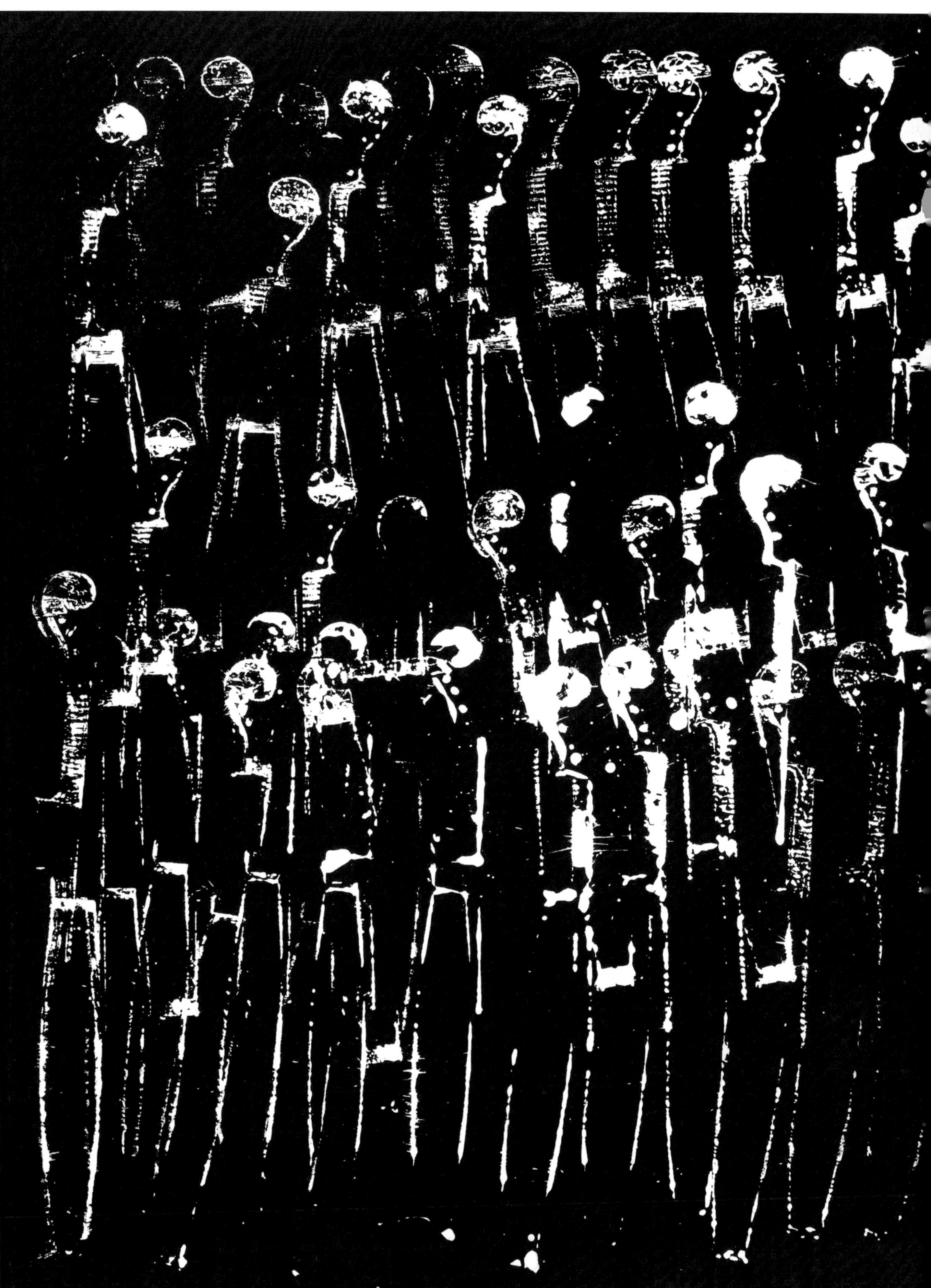

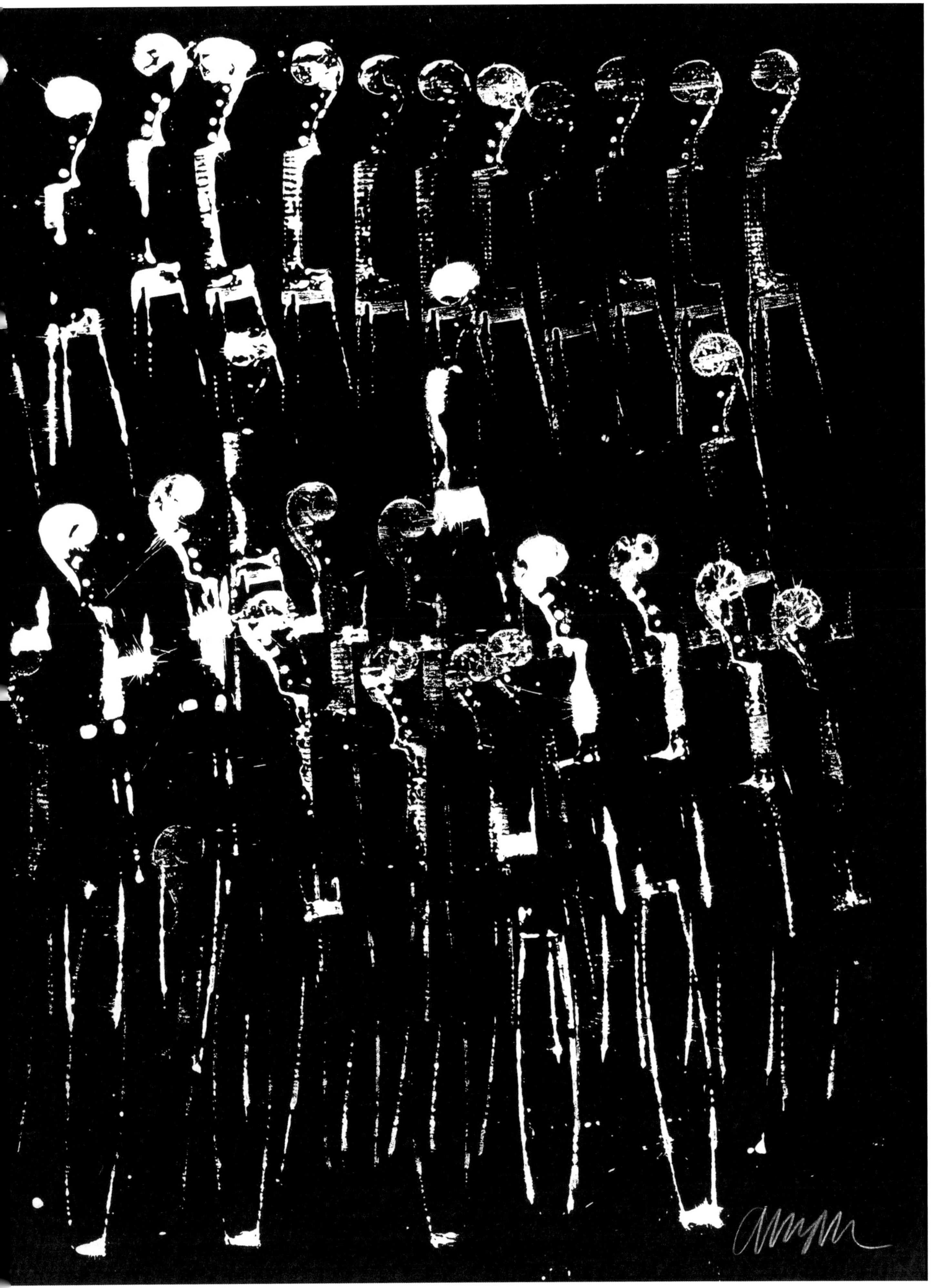

6.
FULL-UP, 1960
Oggetti in scatola metallica / Objects in metal box
10.5 × 6 x 3 cm

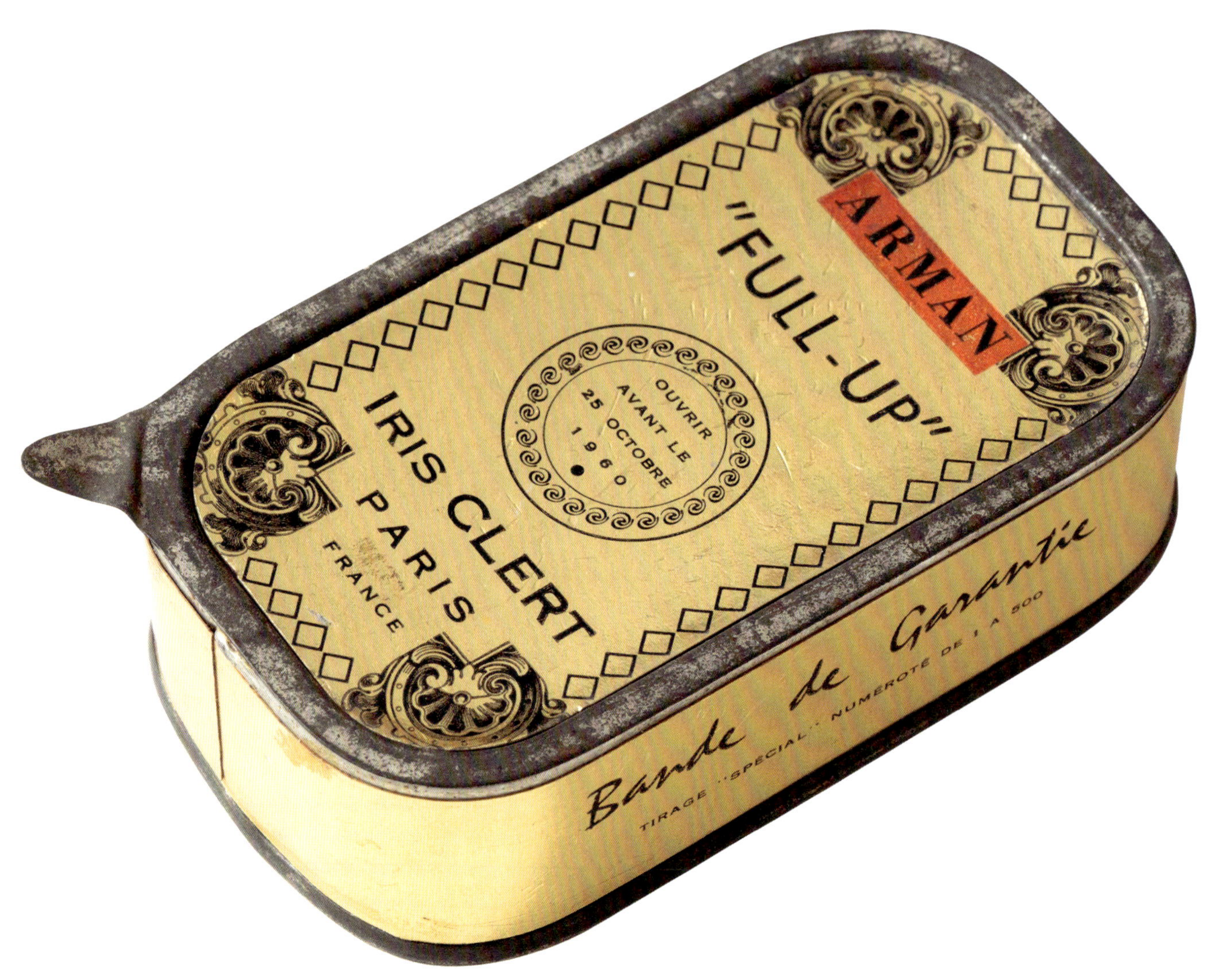

7.
Premier portrait-robot d'Yves Klein, le Monochrome, 1960
Oggetti in scatola di legno e plexiglass / Objects in wood and plexiglass case
76 × 50 × 12 cm

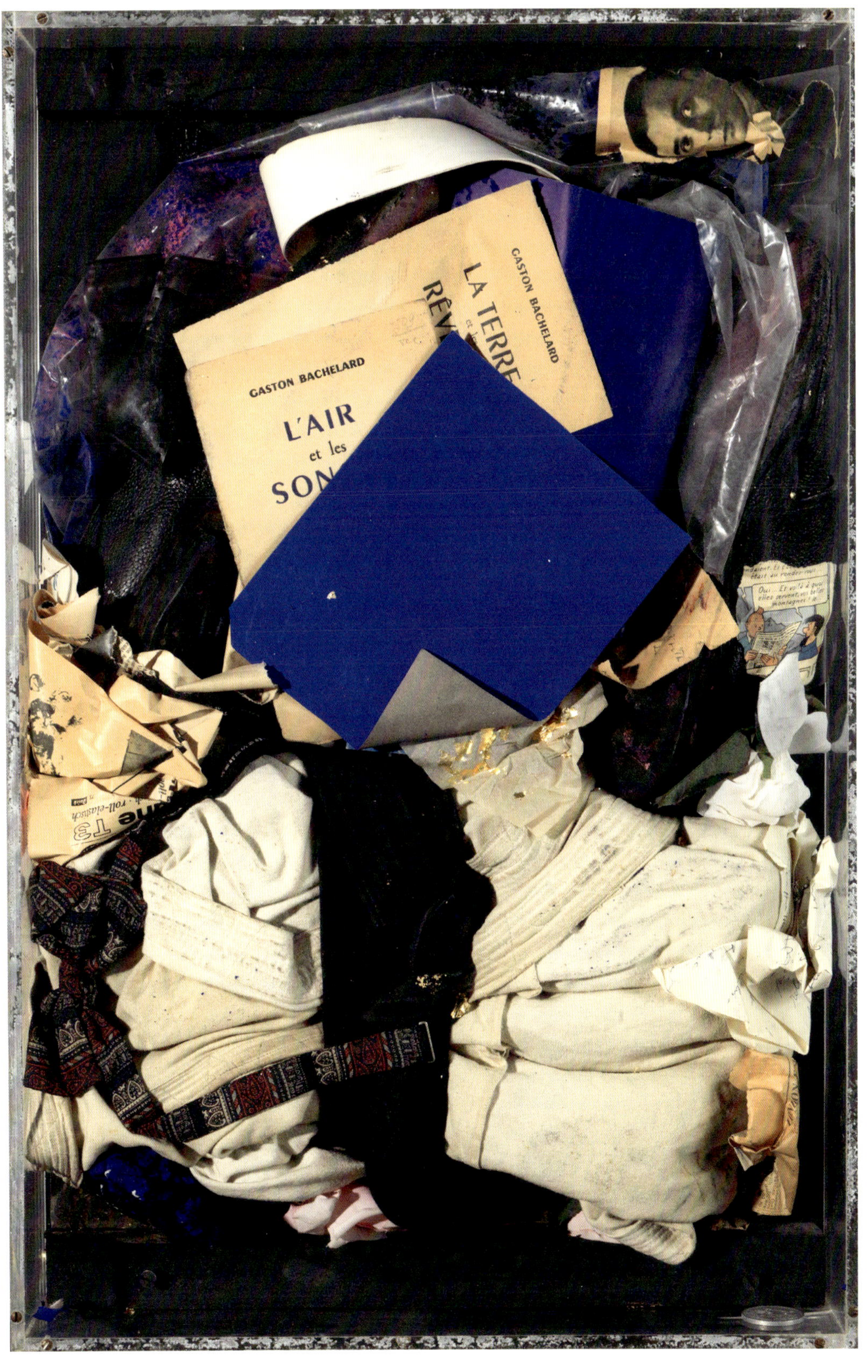

8.
Malheur aux barbus, 1960
Accumulazione di rasoi elettrici in scatola di legno e vetro / Accumulation of electric razors
in wooden and glass box
101 × 60.5 × 10 cm

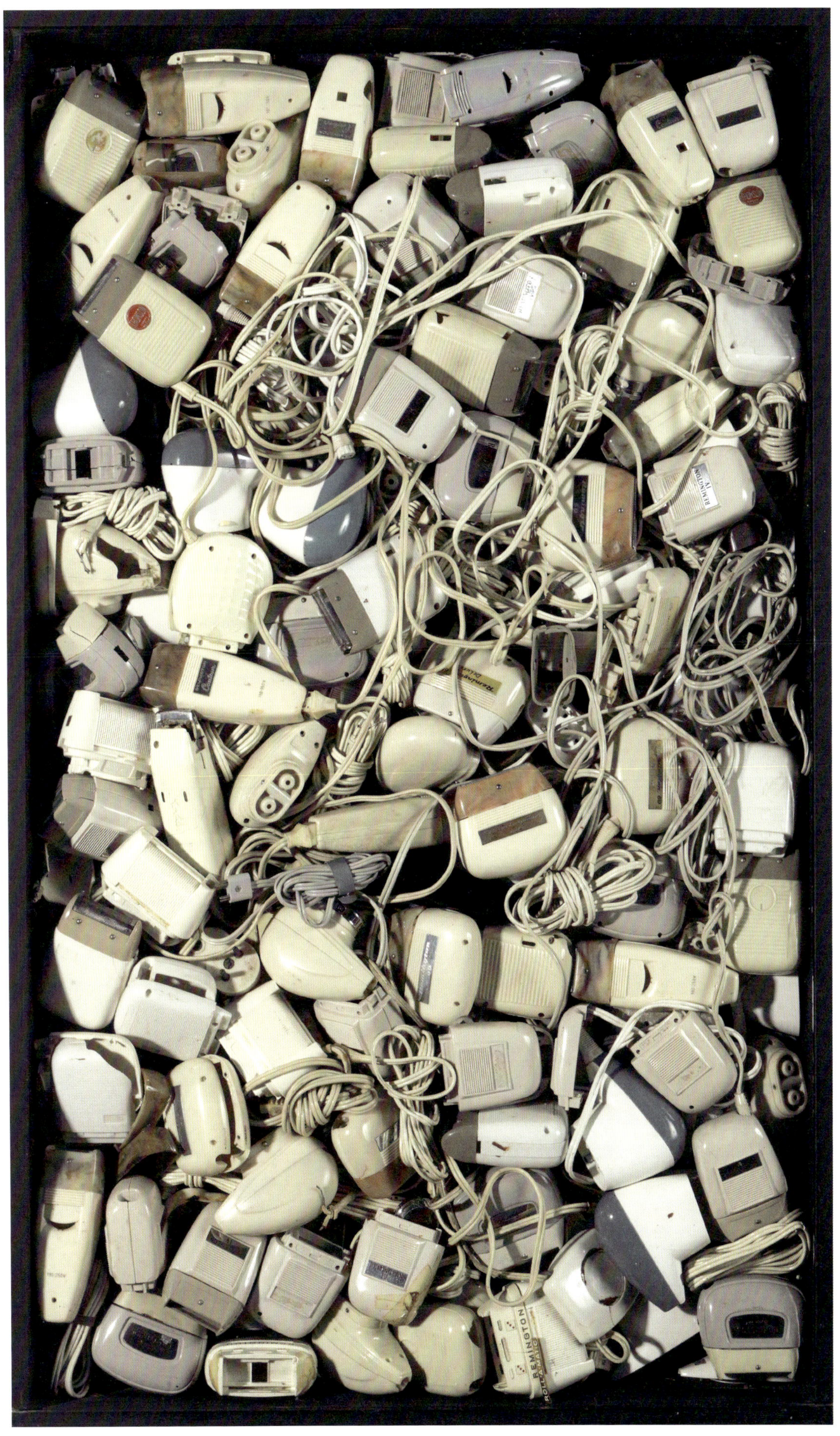

9.
Les mains, 1961
Accumulazione di mani di bambola tra due vetri e cornice di legno, visibile da due parti /
Accumulation of dolls hands in glass box with wooden frame, visible from both side
40.1 × 20.3 × 3.5 cm

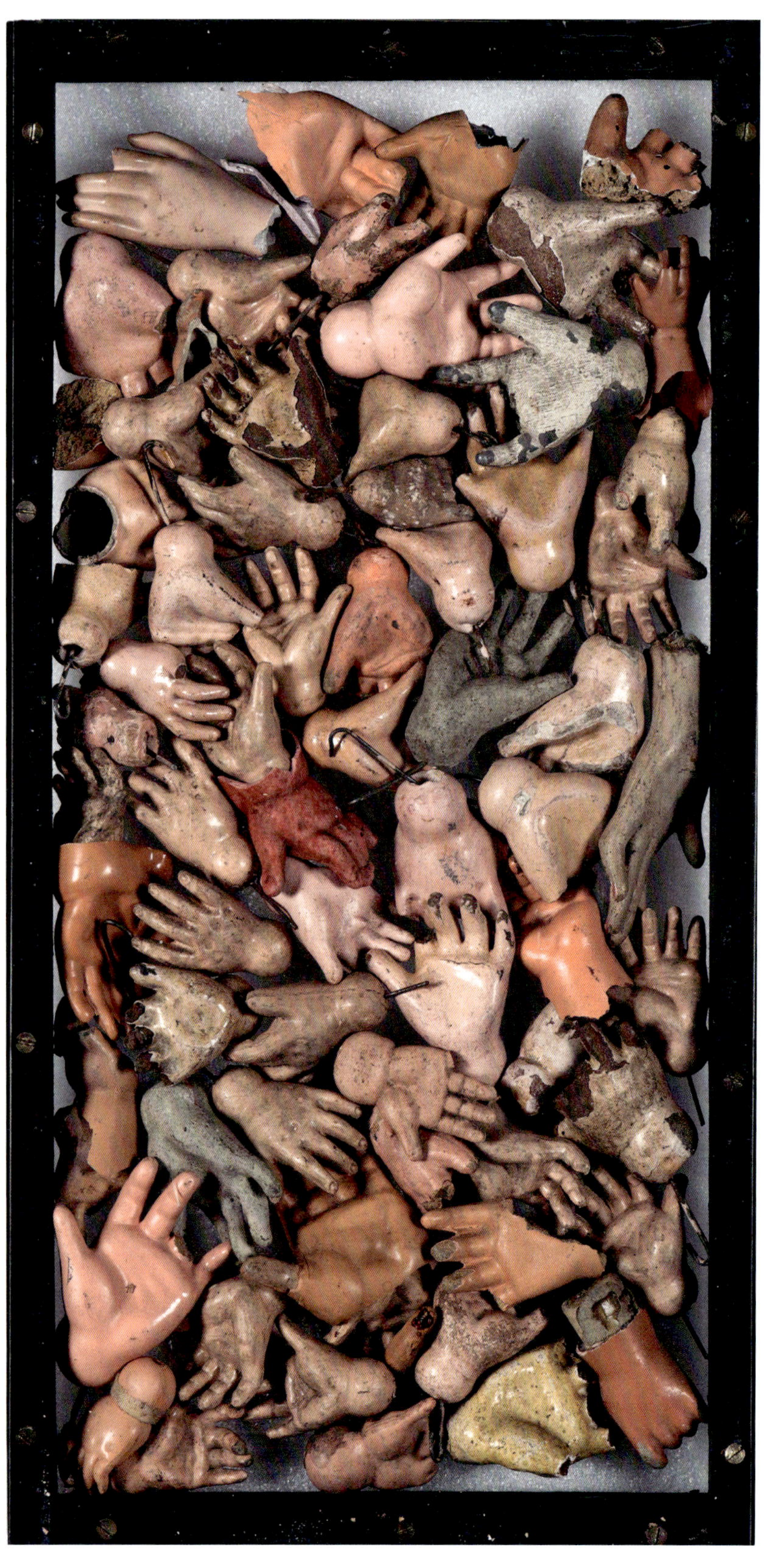

10.
Sans titre (Pique-nique), 1960
Accumulazione di pirottini in alluminio in scatola di legno e vetro / Accumulation of silver cookies papers in wooden and glass box
45 × 33 × 12 cm

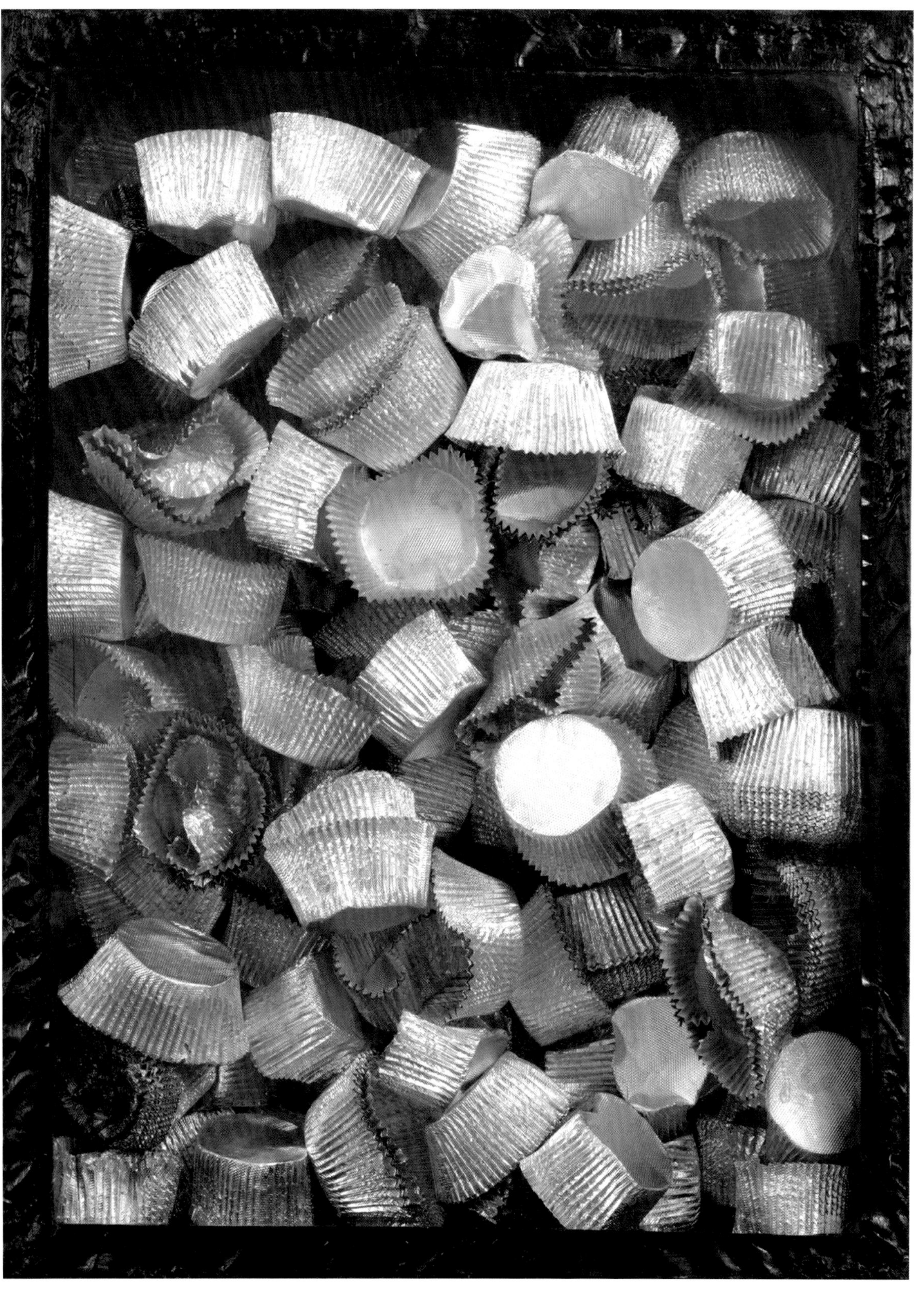

11.
Fiat pas Lux II, 1960
Lampadine usate in scatola verniciata di legno e vetro / Used light bulbs in a painted
wooden and glass box
40.3 × 63.2 × 8 cm

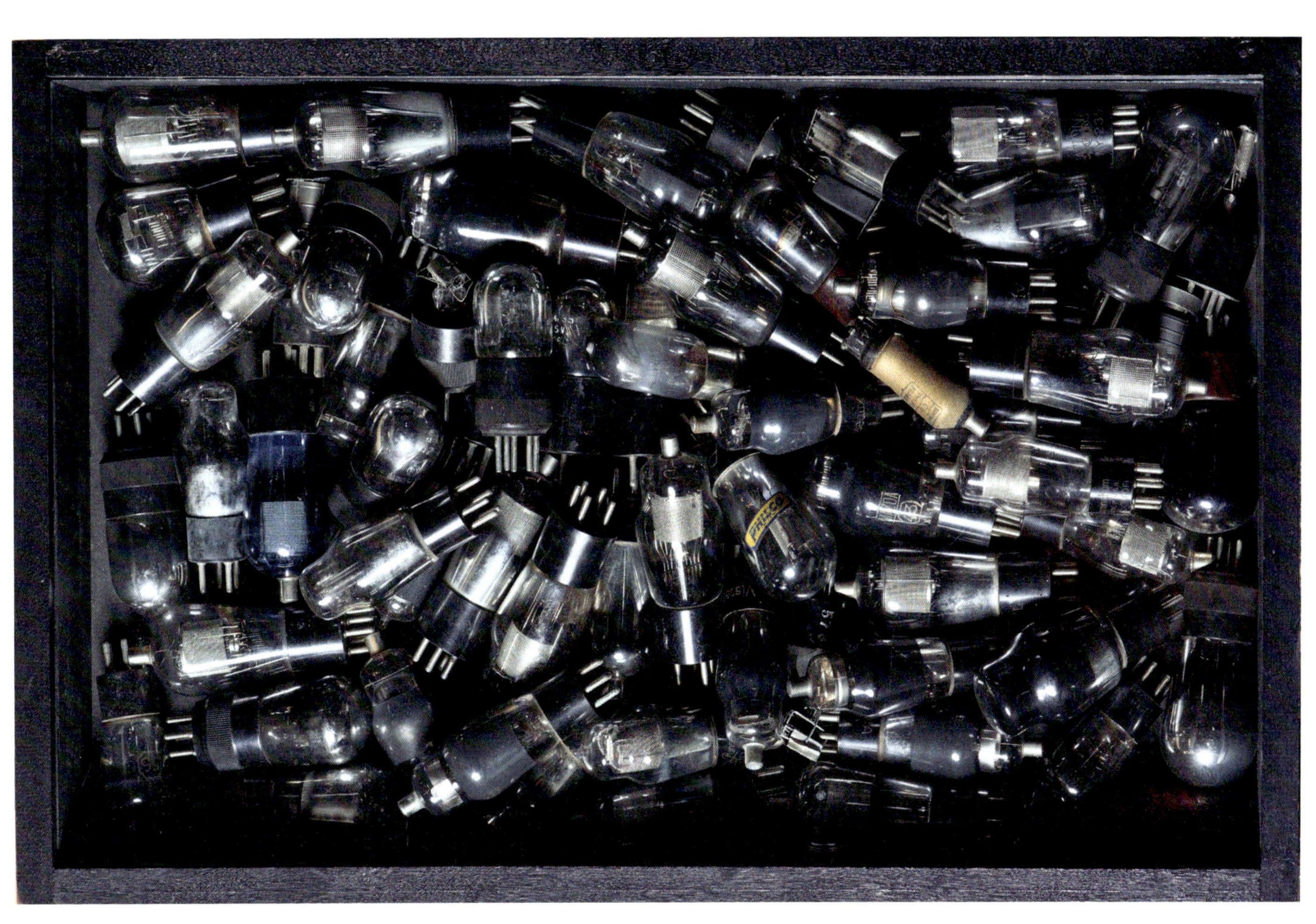

Sans titre (Accumulation de vis), 1963
Viti e resina in un vassoio di legno montate su di un'asse dipinta di bianco / Screws and
resin in a wooden tray mounted onto a white painted board
80 × 65 × 10 cm

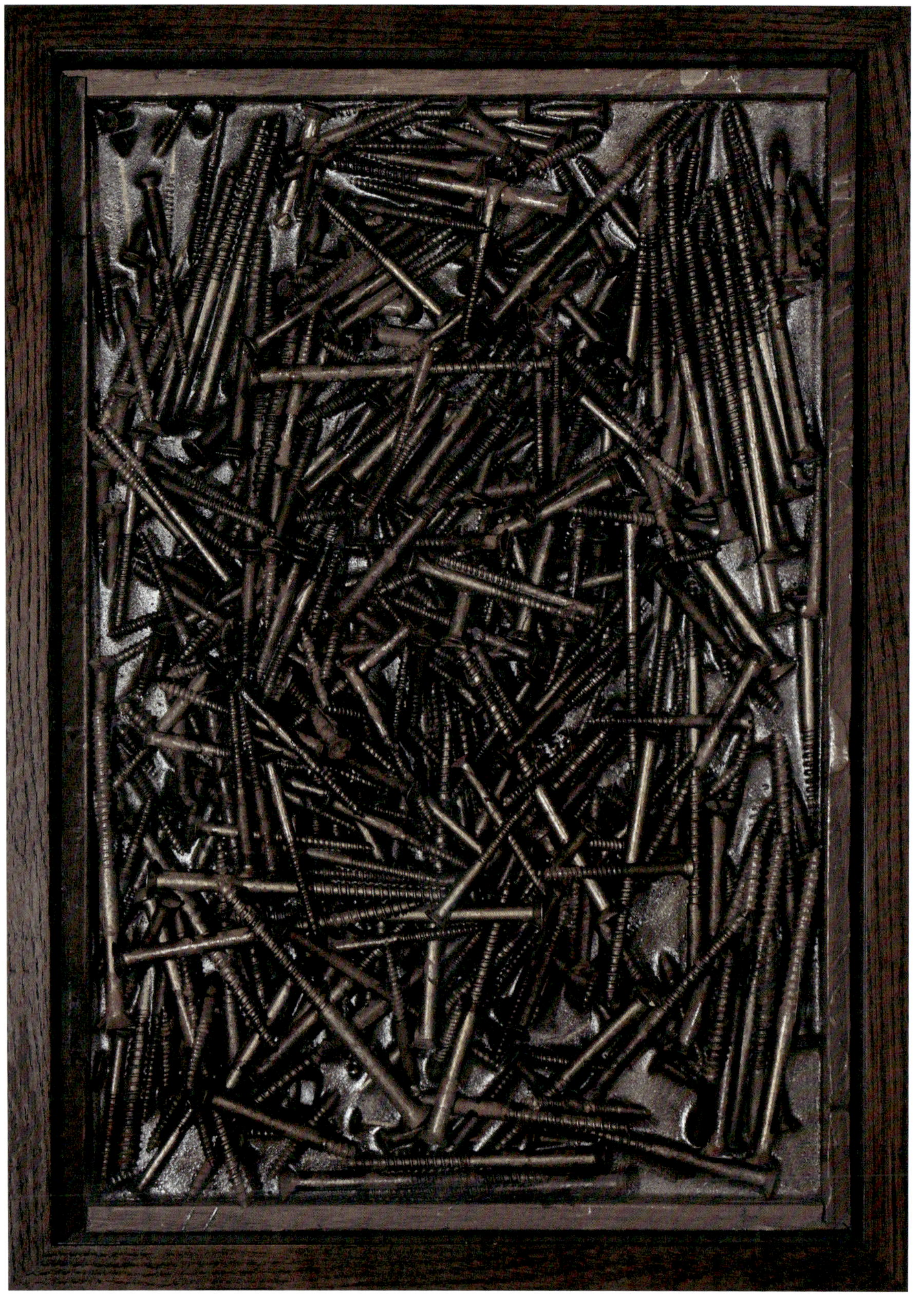

13.
Sans titre (Accumulation de bobines), 1961
Bobine di filo di ferro in scatola di legno e plexiglass dipinta / Wire bobbins in wood and plexiglass painted box
48.9 × 64.8 × 7 cm

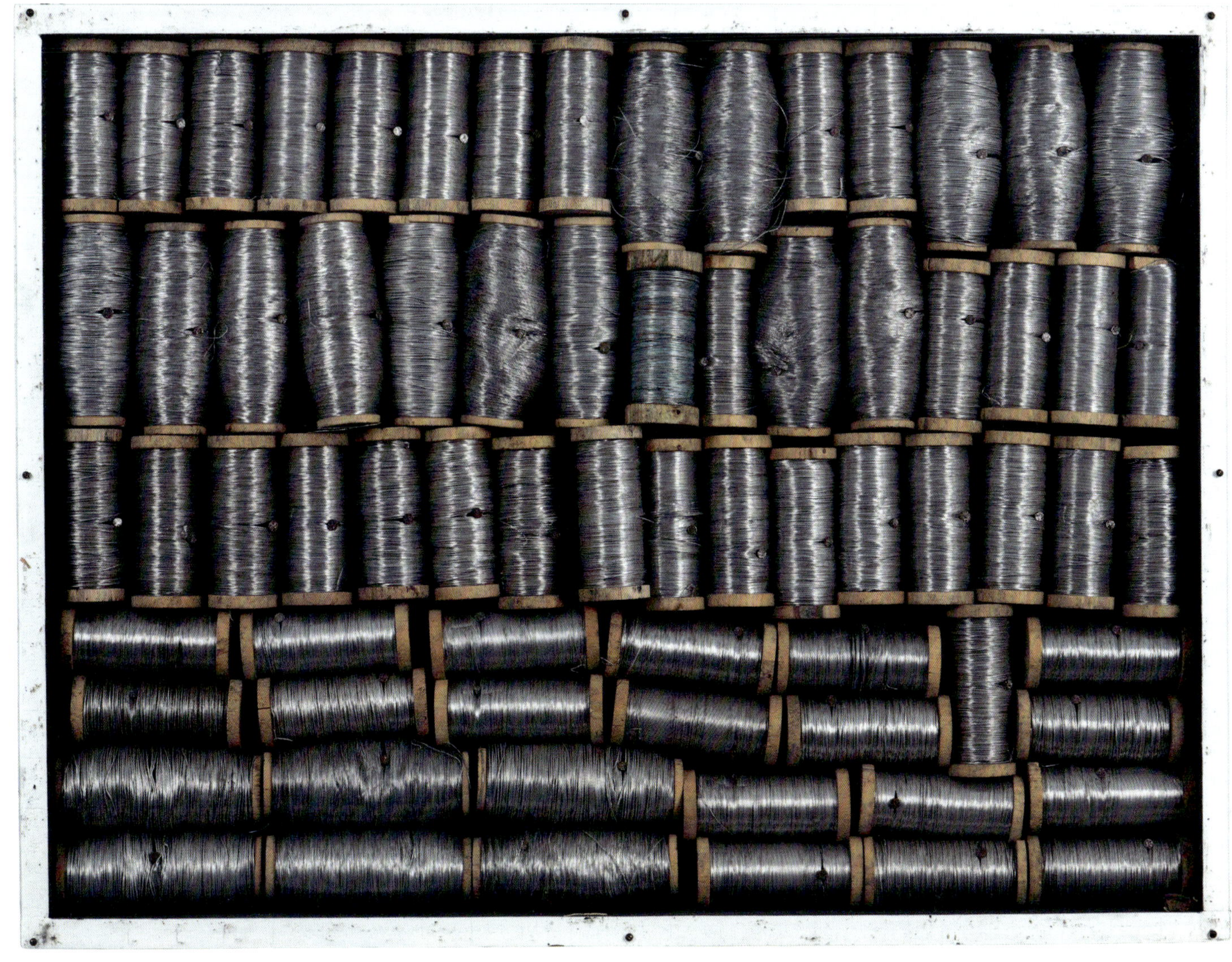

14.
Dans la nébuleuse mécanique, 1963
Meccanismi di orologeria in plexiglass / Clock works in plexiglass
135.4 × 44.5 × 4.5 cm

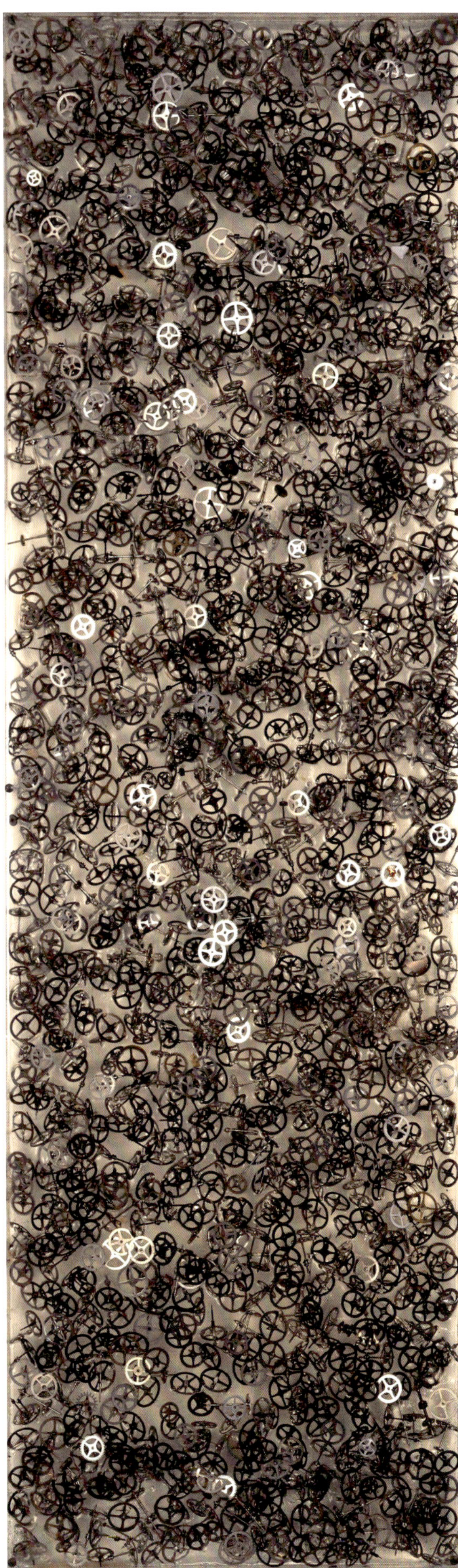

15.
Inconstante, 1963
Sezioni di statuetta in poliestere / Sliced statuette in polyester
50 × 36.5 × 7 cm

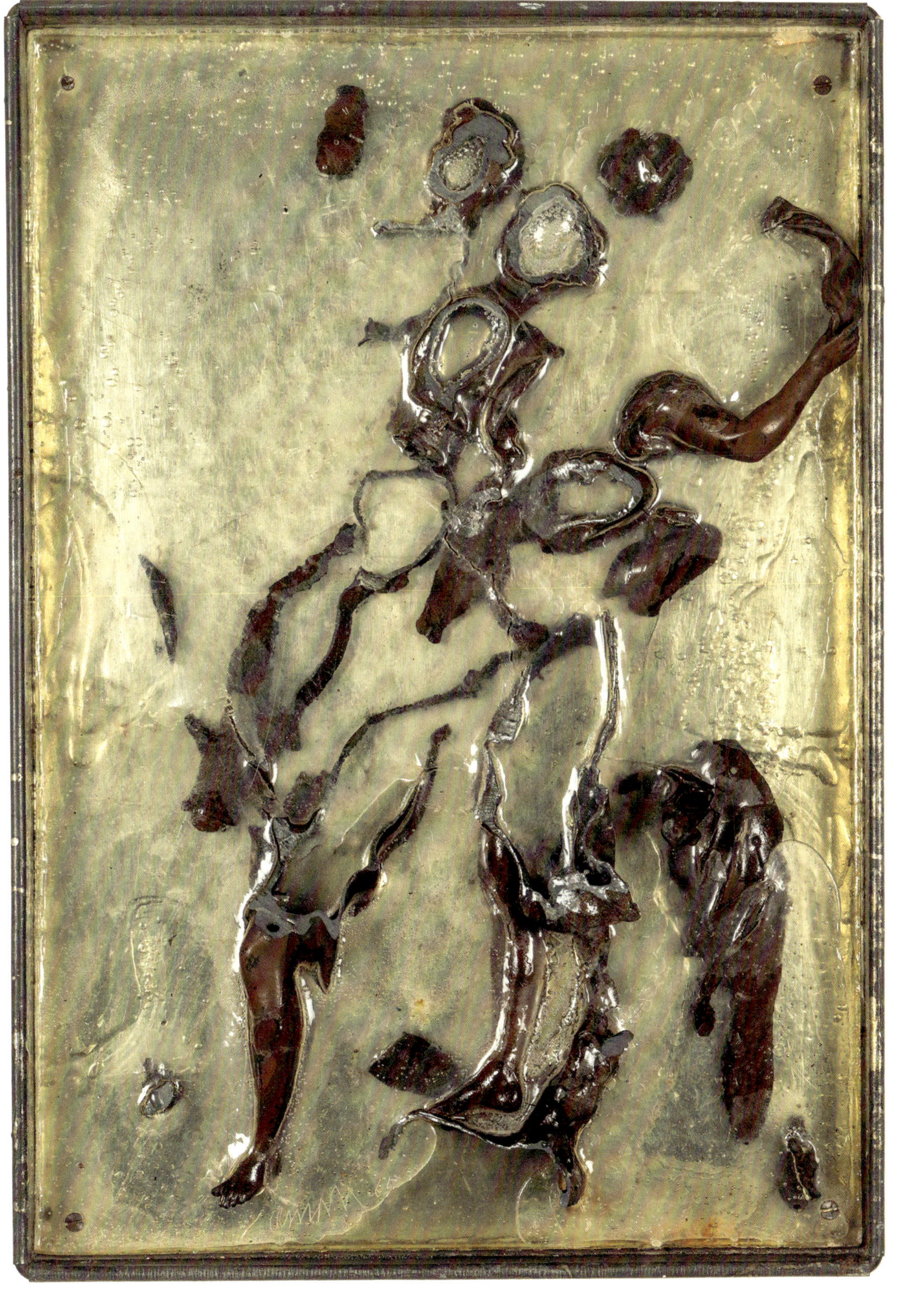

16.
Cello, 1962
Violoncello sezionato su tavola / Sliced cello on wood panel
160 × 135 × 21.5 cm

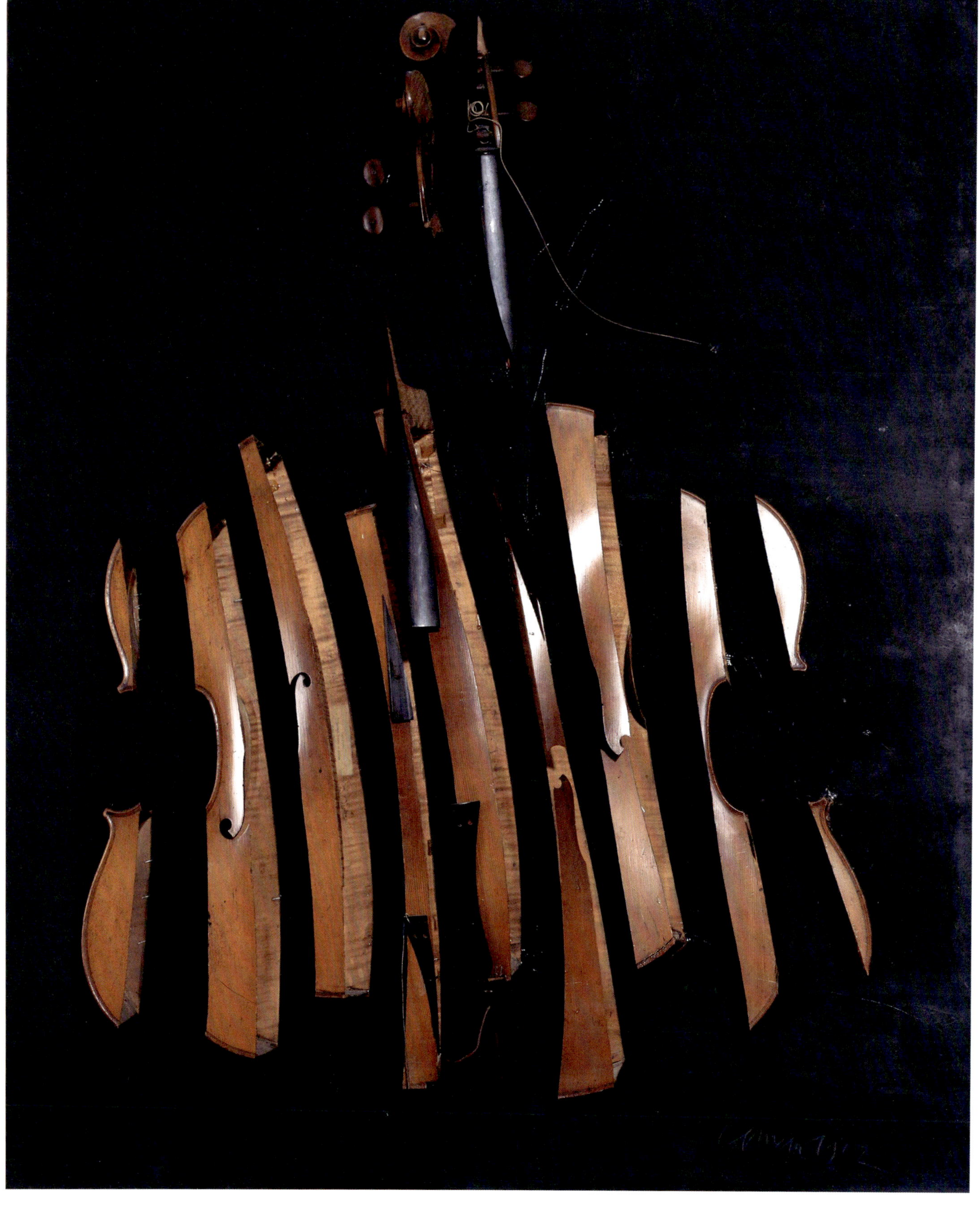

17.
Yves' Guitar, 1963
Chitarra spaccata su tavola / Smashed guitar on board
120 × 76 × 15 cm

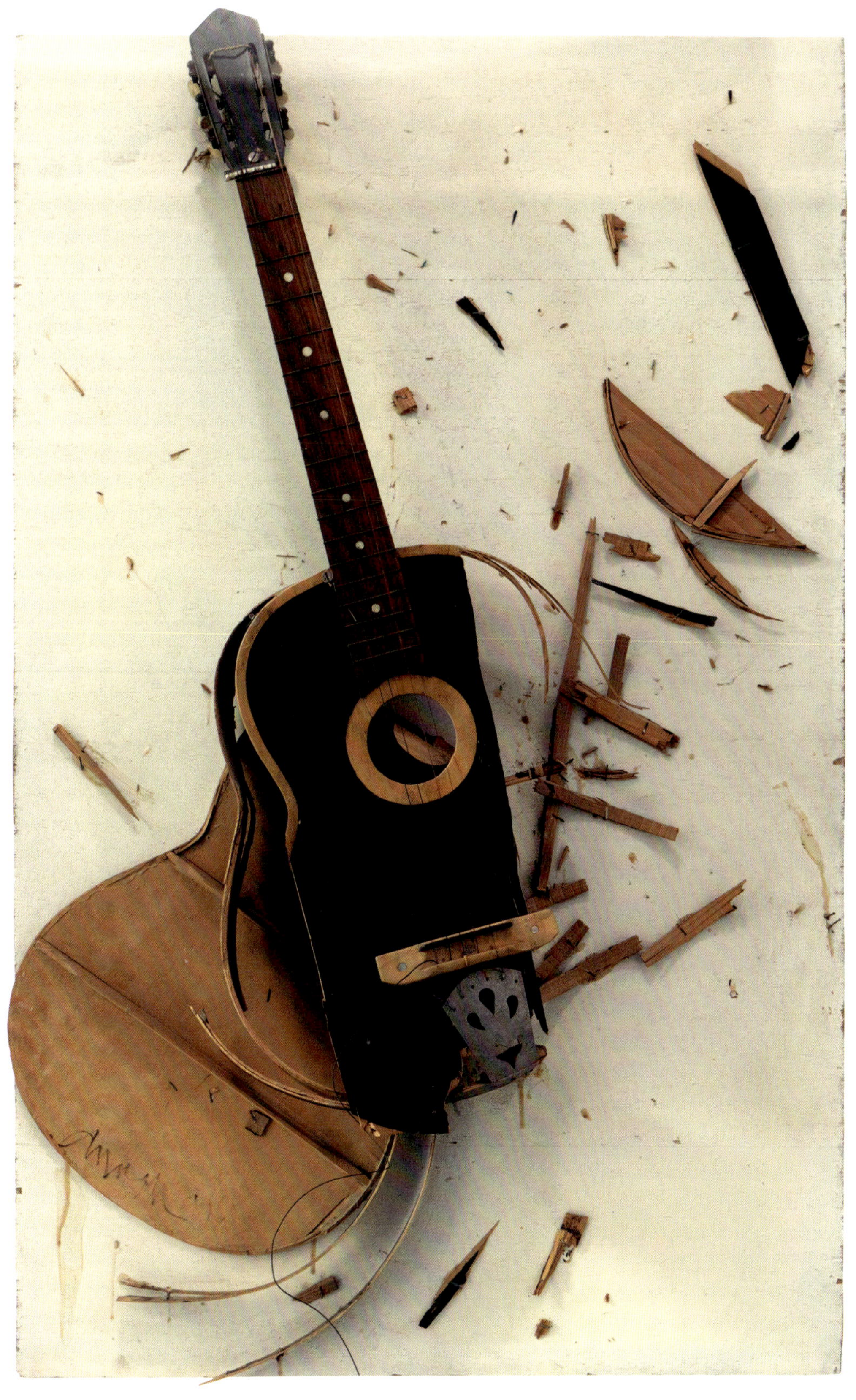

18.
Sarasate's Gipsy Hair, 1962
Frammenti di violino su tavola / Smashed violin on wood panel
79.5 × 64.5 × 8 cm

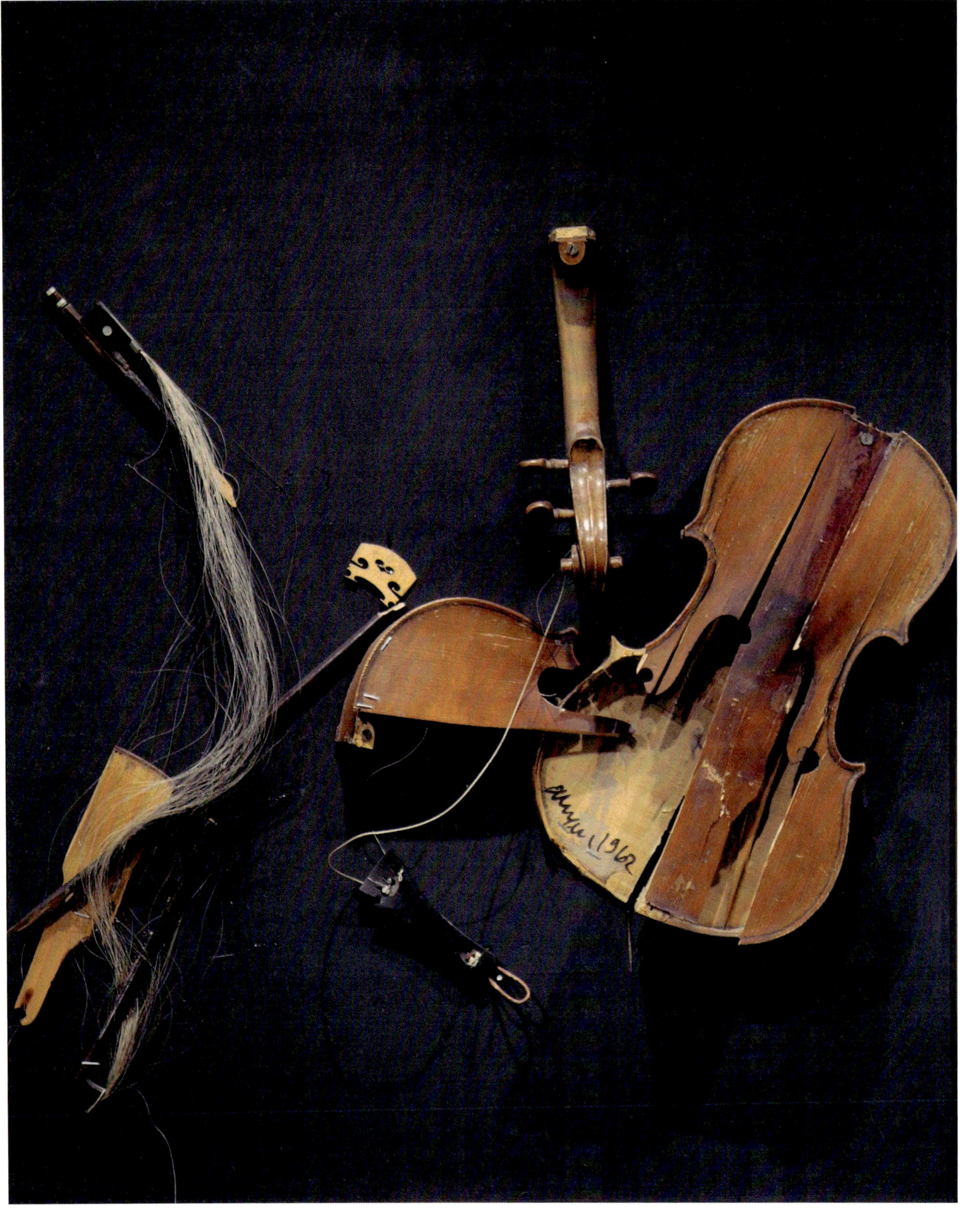

19.
Colère de Violon, 1964
Frammenti di violino e custodia in plexiglass / Smashed violin and safekeeping on plexiglass
100 × 120 × 9 cm

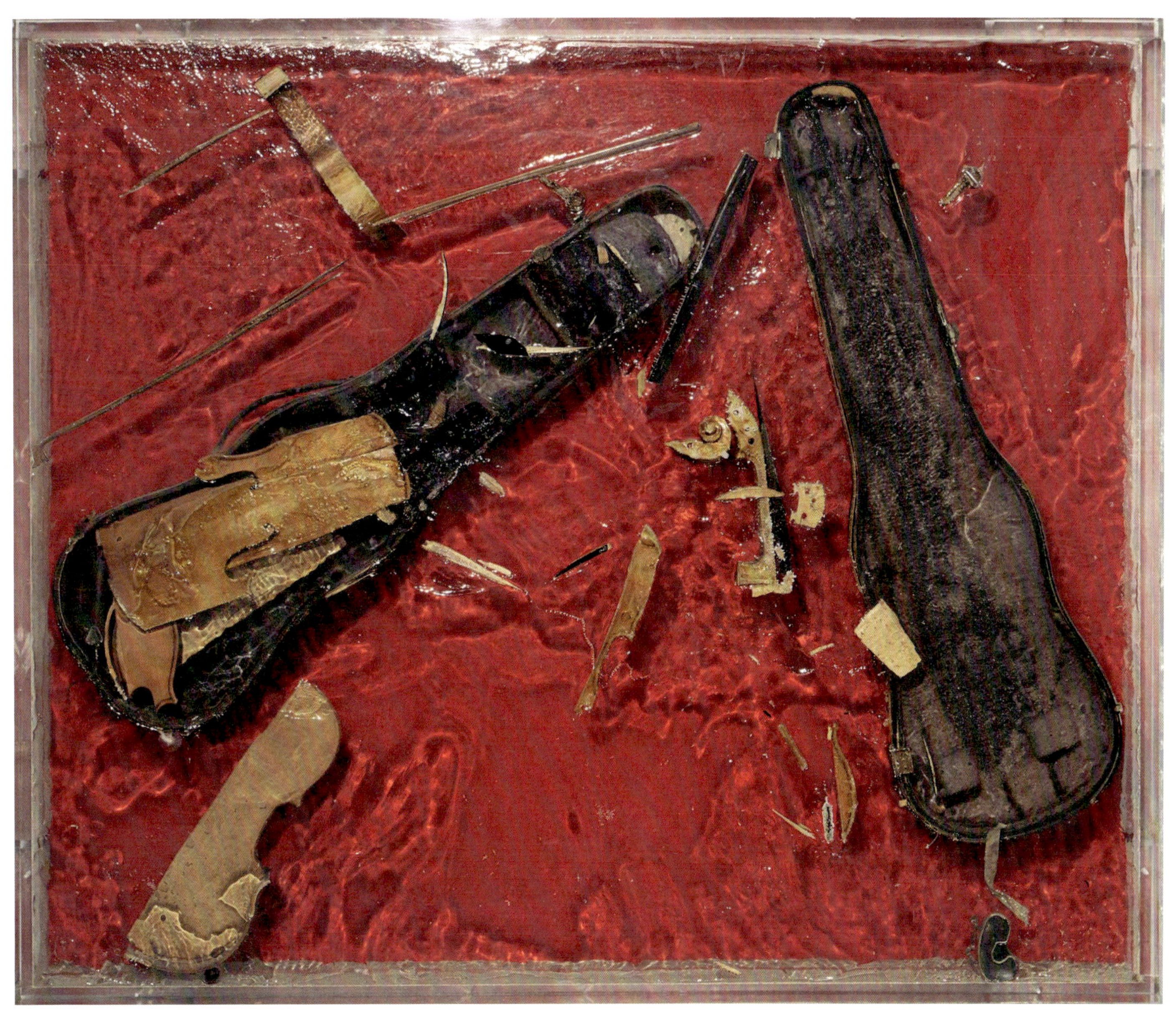

20.
Antonio e Cleopatra (Colère), 1966
Violoncelli sezionati su tavola dipinta / Sliced cellos on painted wood panel
200.5 × 160.5 × 21 cm

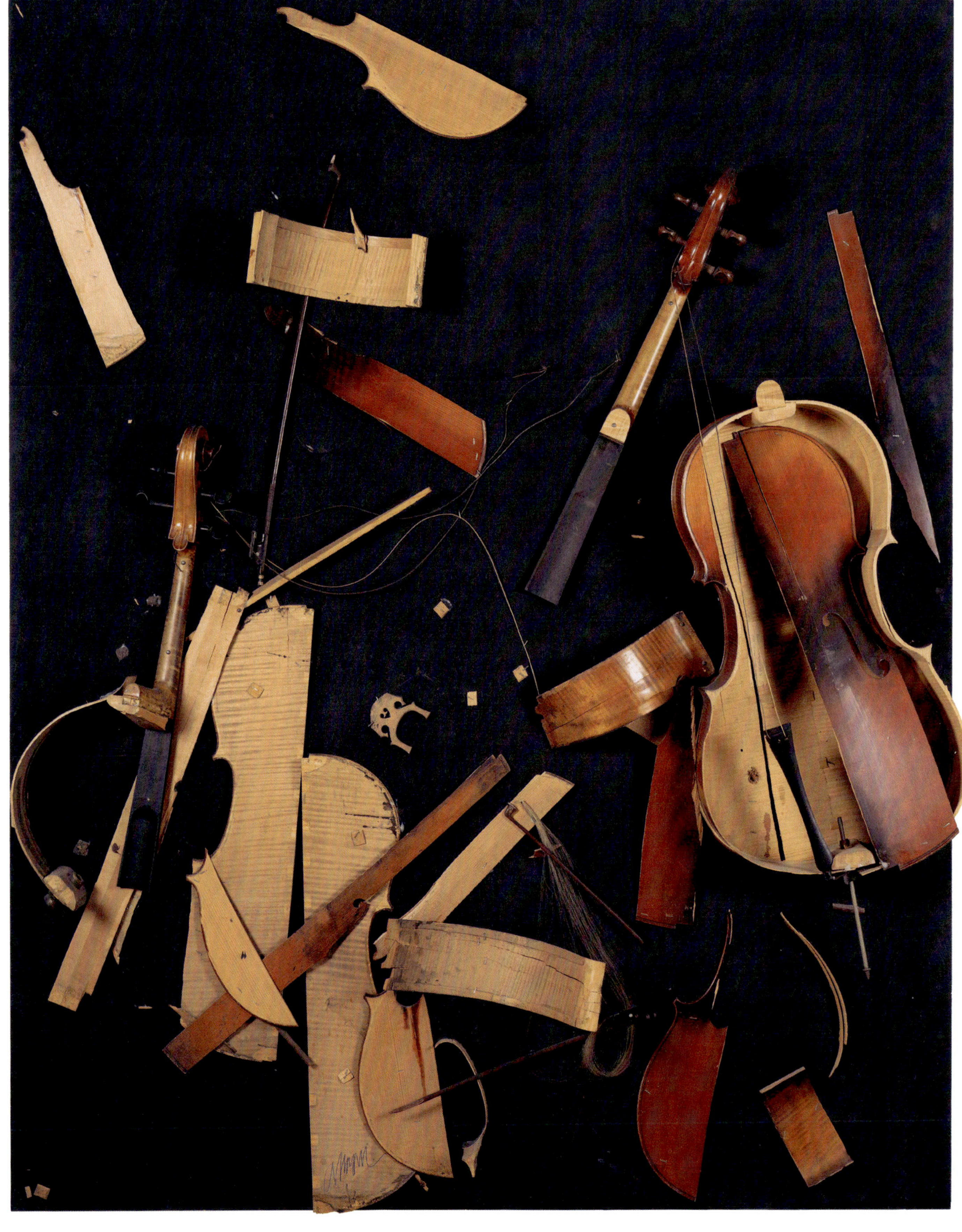

21.
Colour Bow, 1967
Tubetti di pittura a olio in plexiglass / Oil paint tubes under plexiglass
123 × 123 × 6 cm

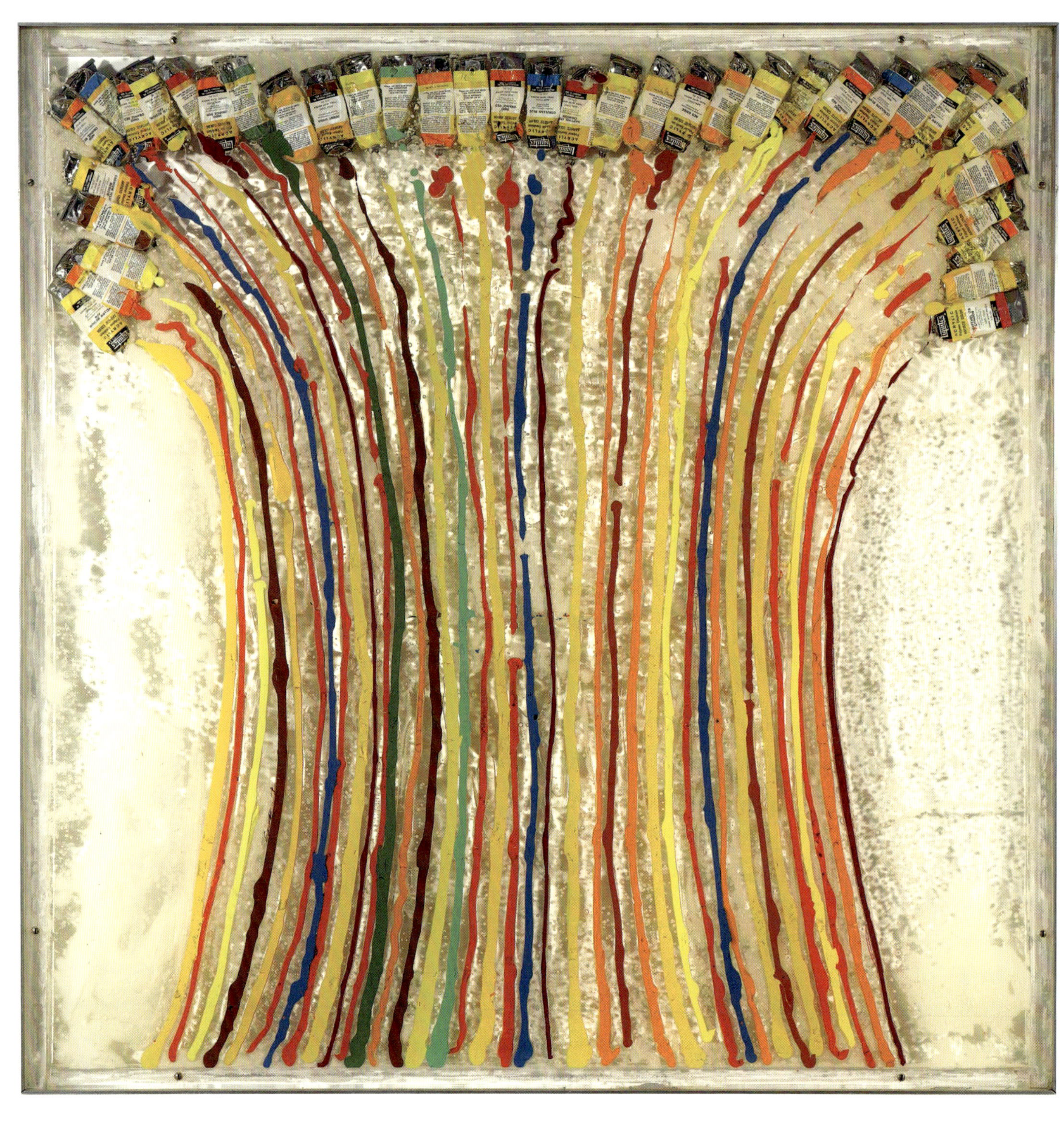

22.
Tourning White (Hommage à Y. Klein), 1968
Tubetti di colore bianco in poliestere e sotto plexiglass / White paint tubes in polyester
and plexiglass
100 × 100 × 3.5 cm

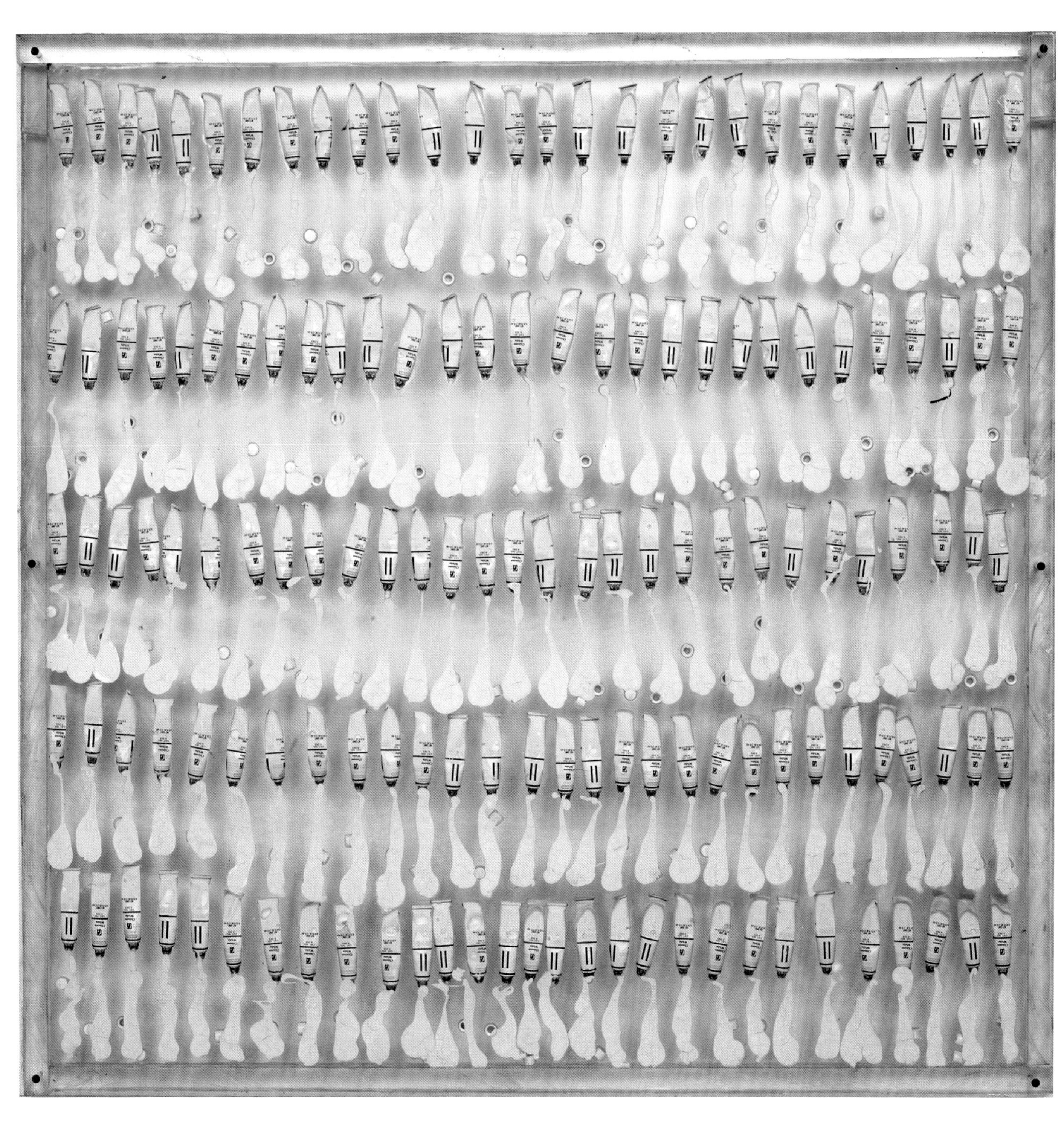

23.
Cloud burst, 1968
Accumulazione di componenti elettrici in resina / Electrical components accumulation
in resin
95 × 60 × 5 cm

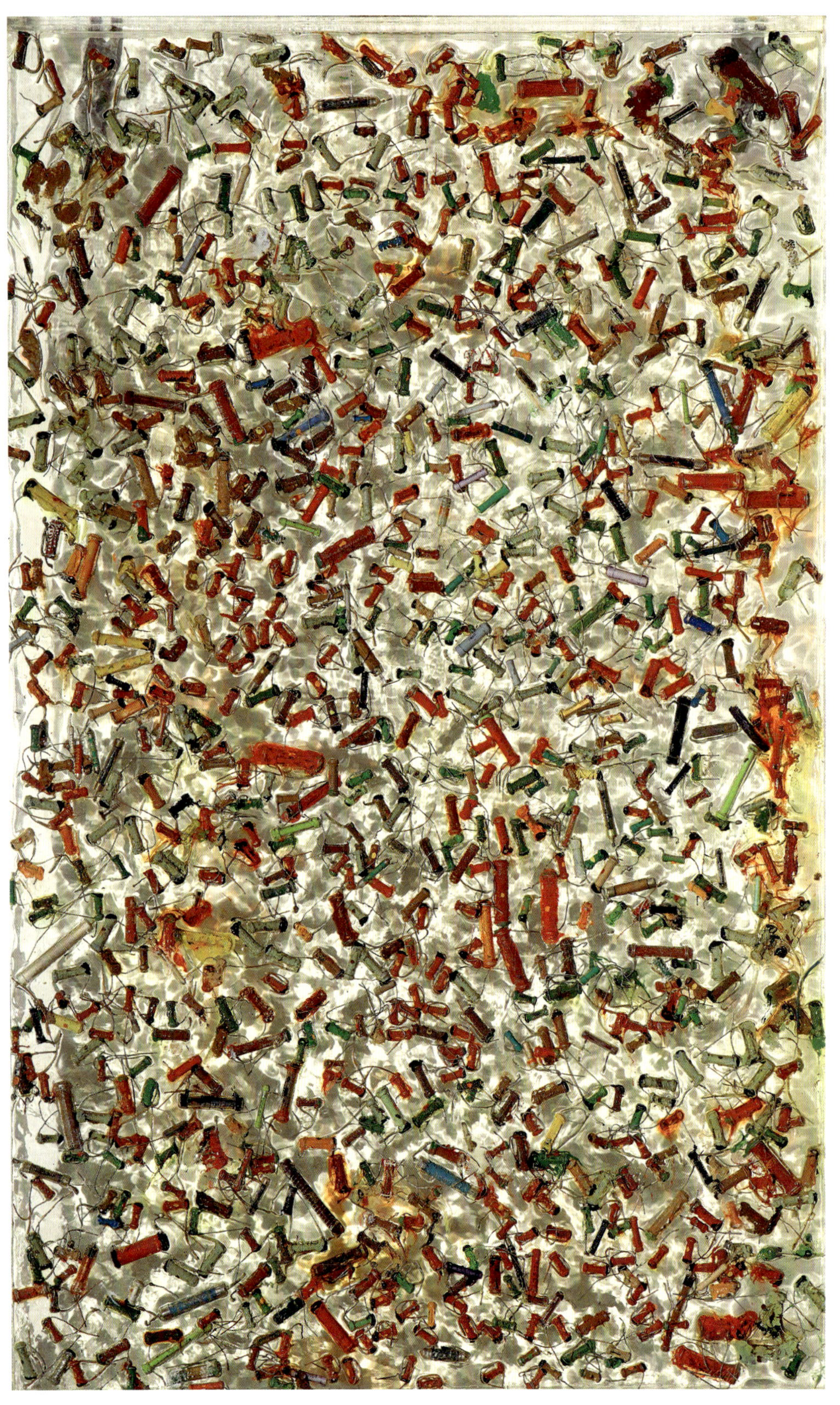

24.
Accumulation in Doors (Hommage à Duchamp), 1968
Rilievo in cartone e matita / Cardboard relief and pencil
32 × 84 × 22 cm

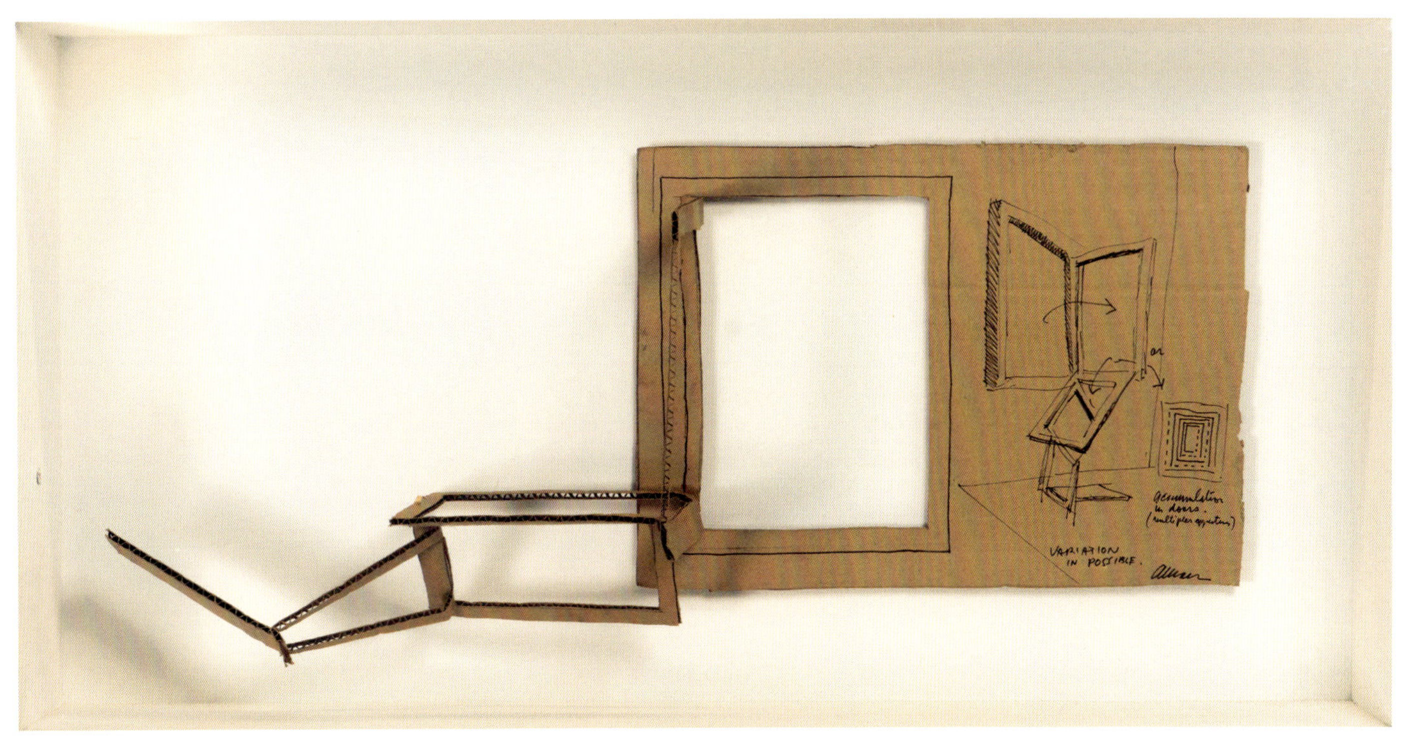

25.
Les ailes jaunes – Accumulation Renault n. 105, 1967
Elementi di carrozzeria gialli saldati (ali parabordi) / Welded yellow car elements
(fender wings)
164 × 120 × 115 cm

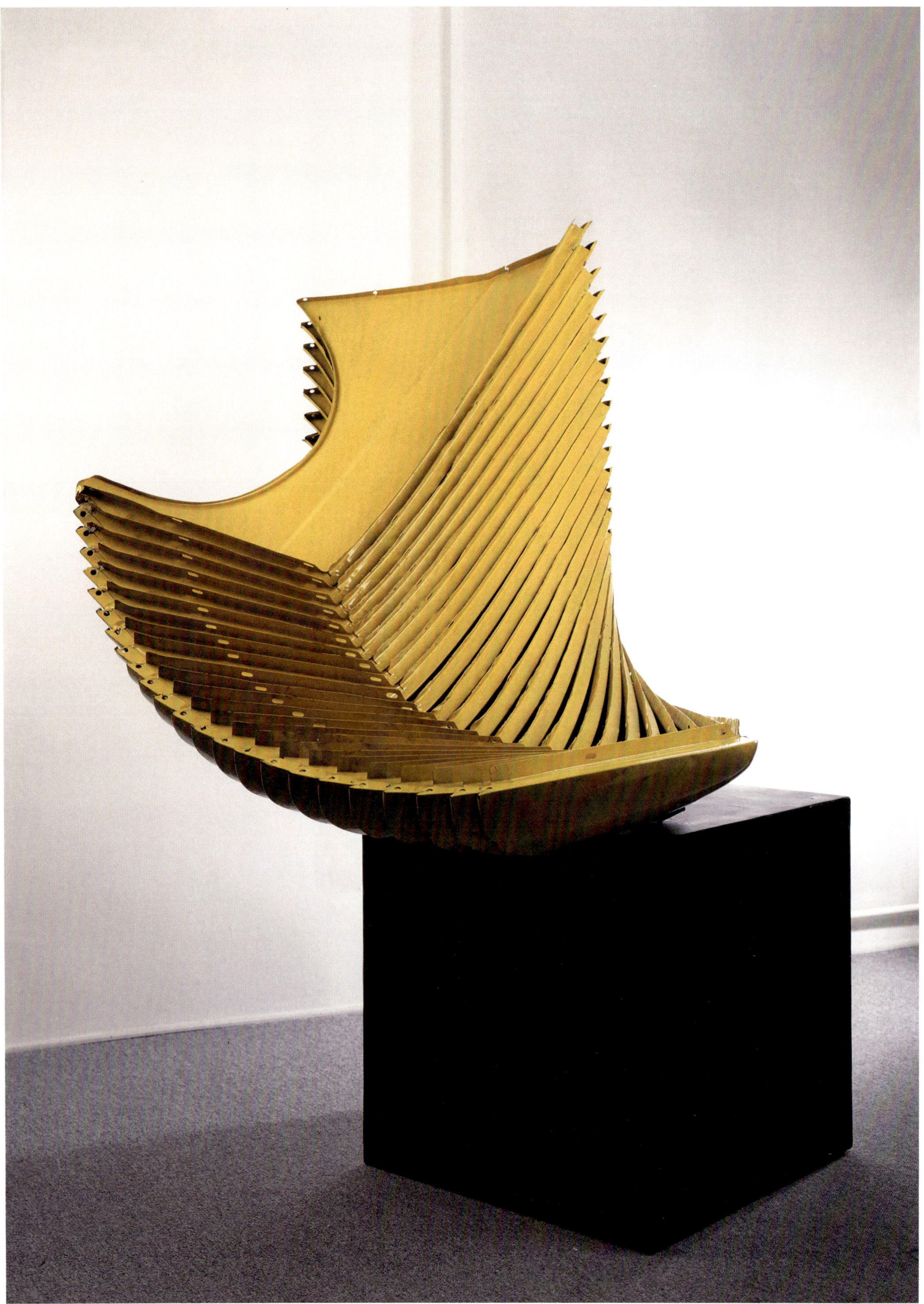

26.
Accumulation Renault – Bielles, 1968
Bielle in plexiglass / Connecting rods in plexiglass
105 × 81.5 × 3 cm

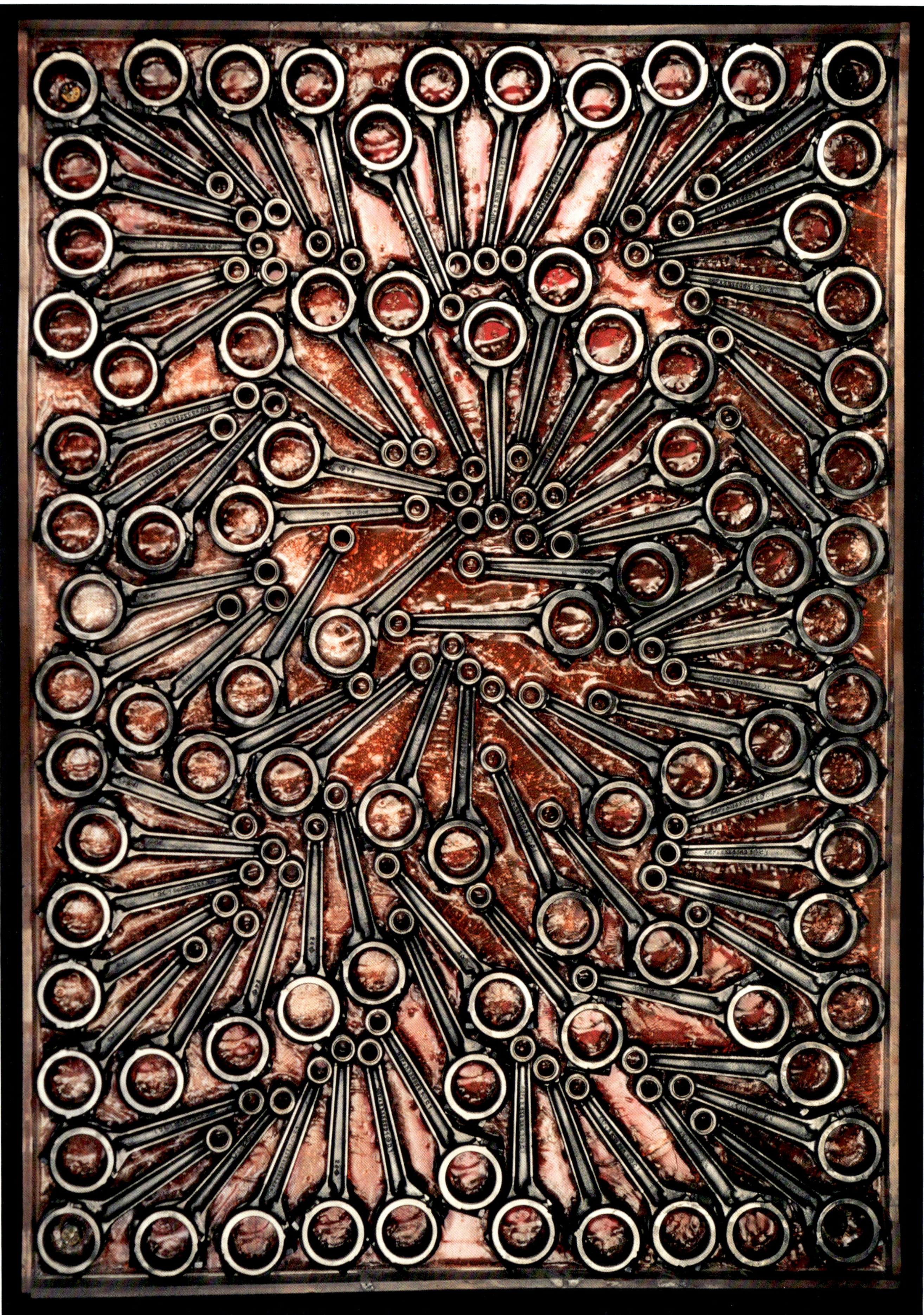

27.
Spaghetti-Sauce Renault – Accumulation Renault n. 132, 1968
Accumulazione di cavi elettrici in teca di plexiglass / Accumulation of electrical cables
in plexiglass case
159 × 100 × 6 cm

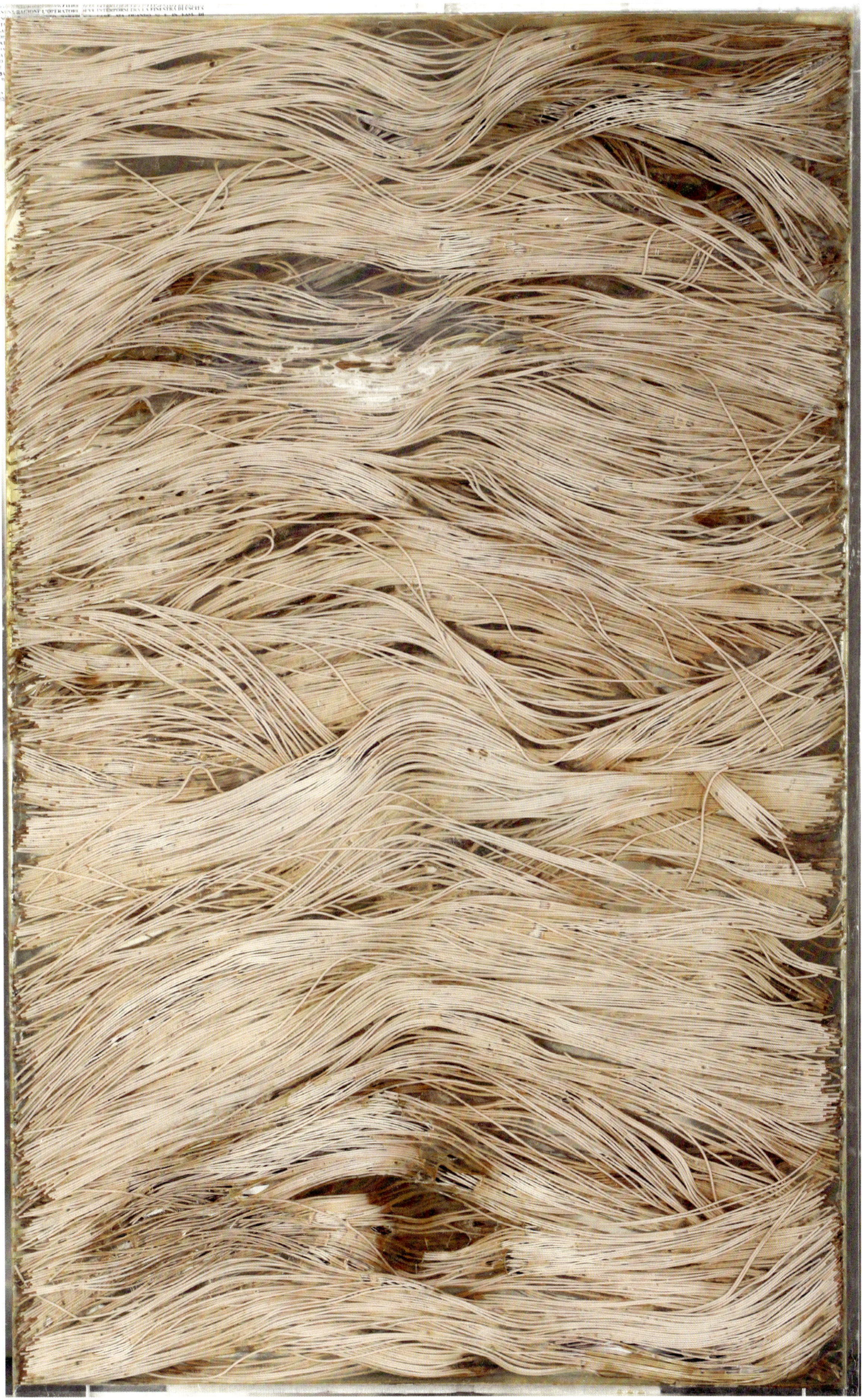

28.
Senza titolo, 1969
Violino spaccato e bruciato in resina in plexiglass / Broken and burnt violin in resin in plexiglass
80 × 40 × 5.5 cm

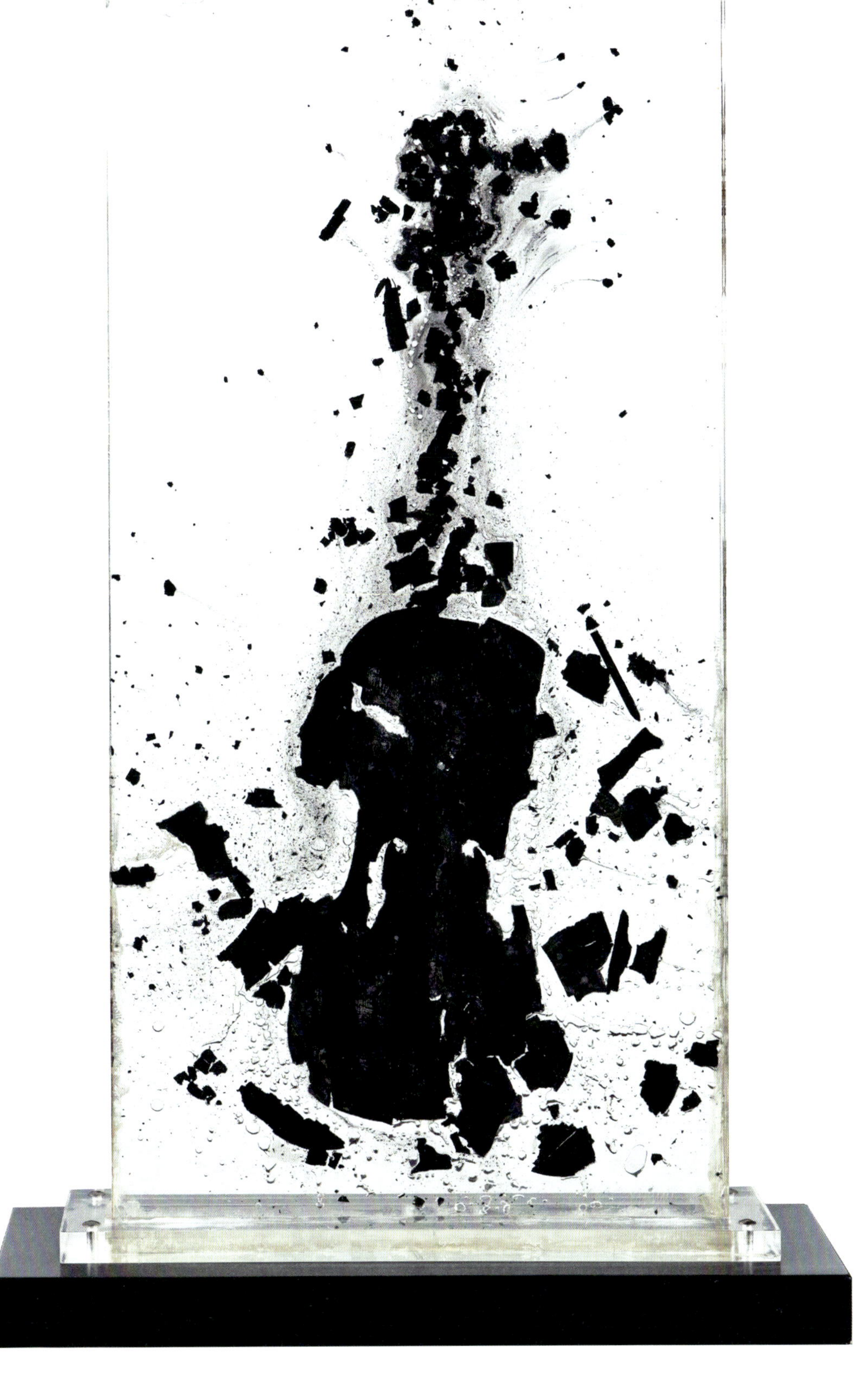

BIOGRAFIE
BIOGRAPHIES

SCHEDE DELLE OPERE, ESPOSIZIONI E BIBLIOGRAFIA
LIST OF WORKS, EXHIBITIONS, AND BIBLIOGRAPHY
Aldo Iori

YVES KLEIN nasce a Nizza il 28 aprile 1928 da Fred Klein (1898–1990), pittore olandese figurativo, e Marie Raymond (1908–1989), futura pittrice astrattista. Durante la guerra, la famiglia frequenta artisti rifugiati in Costa Azzurra, tra cui Alberto Magnelli, Nicolas de Staël e i coniugi Arp e Delaunay. Nel dopoguerra, la famiglia si trasferisce a Parigi, dove Yves suona in un complesso jazz e frequenta gli incontri settimanali di intellettuali organizzati dalla madre.

Nel 1947 Klein rientra a Nizza e lavora nella libreria della zia Rose Raymond, che lo aiuta e sostiene tutta la vita. In un club di judo incontra e stringe amicizia con Claude Pascal e Armand Fernandez (Arman), con i quali studia il pensiero teosofico ed esoterico rosacrociano, arrivando un giorno a "dividersi" l'universo: ad Arman è assegnata la terra, a Pascal l'aria e a Klein il cielo e il suo infinito.

Nell'estate del 1948 i tre viaggiano in Italia, dove Klein inizia a scrivere il *Journal intime* ed elabora la *Symphonie Monoton-silence*, una composizione di un solo *re* maggiore ripetuto e seguito da una lunga pausa, poi eseguita in più occasioni negli anni seguenti.

Nel 1949 si reca con Pascal a Londra, dove apprende la doratura, si impegna nel judo e realizza i primi *Monochromes* su carta. Rientra a Nizza a dicembre 1950, per poi partire per la Spagna con Pascal e Arman nel febbraio 1951.

Ad agosto 1952, Klein si imbarca per il Giappone dove rimane quindici mesi mantenendosi come professore di francese. Qui frequenta corsi di judo Kōdōkan, divenendo cintura nera IV dan, e continua a dipingere gouaches monocrome firmate semplicemente "Yves".

Rientrato a Parigi nel febbraio 1954, pubblica *Les fondements du Judo*. A maggio ritorna in Spagna, dove insegna judo e pubblica *Yves Peintures* e *Haguenault Peintures*.

A dicembre è nuovamente a Parigi, anche qui inizia a insegnare judo e conosce gli artisti Raymond Hains, Jacques Villeglé e Jean Tinguely. Il 15 ottobre 1955 inaugura al Club des Solitaires *Yves Peintures*, la sua prima personale con pitture monocrome. In questa occasione Arman gli presenta Pierre Restany, che diviene amico e critico di riferimento di Klein.

A febbraio 1956 espone alla Galerie Colette Allendy delle tele monocrome alla personale *Yves: Propositions Monochromes*. Nel corso dell'anno mette a punto la fabbricazione del blu ultramarino IKB (International Klein Blue), brevettato nel 1960.

Il 2 gennaio 1957 apre una personale alla Galleria Apollinaire di Milano, dove incontra Piero Manzoni e Lucio Fontana con i quali esporrà in varie occasioni. A maggio viene inaugurata la doppia mostra *Yves Klein: Propositions monochromes*, tra la Galerie Iris Clert - dove espone quadri monocromi e realizza l'azione *Sculpture aérostatique* con 1001 palloni blu liberati nel cielo parigino - e la Galerie Collette Allendy - in cui espone la prima *Peinture de Feu* e il primo *Immatériel*. Al piano superiore viene annunciata *Surfaces et blocs de sensibilité picturale. Intentions picturales*, ma la sala è totalmente vuota. Il 31 maggio inaugura *Yves Klein, Propositions Monochromes* alla Galerie Schmela di Düsseldorf, dove l'artista entra in rapporto con Otto Piene e Heinz Mack del Gruppo Zero. A Nizza, in estate, incontra a casa di Arman la diciannovenne Rotraut Uecker, che diviene sua assistente.

Il 28 aprile 1958 apre al pubblico la personale *La spécialisation de la sensibilité à l'état matière première en sensibilité picturale stabilisée* alla Galerie Iris Clert di Parigi, esposizione che, conosciuta come *Le Vide*, inaugura l'*époque pneumatique*. Due guardie repubblicane sono davanti all'ingresso bardato di tessuto blu, l'interno della galleria è vuoto, le pareti sono dipinte di bianco e agli invitati viene offerto un cocktail blu.

Avendo vinto il concorso, nel 1959 si reca in Germania per la realizzazione di una decorazione per l'Opera di Gelsenkirchen, sospendendo l'insegnamento di judo. A maggio si reca per la prima volta al Monastero di Santa Rita a Cascia.

Di ritorno a Parigi, il 3 e 5 giugno tiene due conferenze alla Sorbona e il 15 giugno inaugura *Bas-reliefs dans une forêt d'éponges* alla Galerie Iris Clert. A dicembre vengono organizzate le prime cessioni di *Zone de Sensibilité Picturale Immatérielle*, e Klein introduce l'oro nelle sue opere realizzando i primi *Monogolds*.

Nel febbraio 1960 realizza le prime *Anthropométries*, impronte di corpi nudi su fogli bianchi, replicate con tre modelle il 9 marzo alla Galerie Internationale d'Art Contemporain di Parigi nell'azione *Anthropométries de l'époque bleue*, mentre viene eseguita la *Symphonie Monoton-silence*. In marzo realizza le *Cosmogonies,* tele lasciate all'azione degli agenti atmosferici o che riportano impronte di vegetali. Il 19 ottobre, Klein esegue il *Saut dans le Vide*, fotografato e poi pubblicato il 27 novembre in *Dimanche*, falso giornale di un solo giorno.

Il 27 ottobre firma con Arman, François Dufrêne, Hains, Martial Raysse, Restany, Daniel Spoerri, Tinguely e Villeglé la *Déclaration constitutive du Nouveau Réalisme*, poi sottoscritta anche da César, Christo, Gérard Deschamps, Mimmo Rotella e Niki de Saint Phalle.

Nel gennaio 1961 il Museum Haus Lange di Krefeld dedica all'artista una prima grande retrospettiva dal titolo *Yves Klein. Monochrome und Feuer*, in cui sono esposte diverse *Sculpture de Feu*. A febbraio, Klein torna a Cascia e offre alla santa un ex-voto.

Da marzo a luglio realizza al Centre d'essai de Gaz de France le *Peintures de Feu* e le *Peintures de Feu Couleur*. In autunno realizza dei *Reliefs Planétaires* e viaggia nuovamente in Italia.

Nel corso del 1961 e del 1962 Klein partecipa a numerose collettive, alcune con il gruppo del Nouveau Réalisme, gli artisti di Azimuth di Milano, e il Gruppo Zero di Düsseldorf, e tiene numerose personali in Europa e negli Stati Uniti (alla Dwan Gallery di Los Angeles e alla Leo Castelli Gallery di New York, dove redige in inglese il *Manifeste de l'Hôtel Chelsea*).

Il 21 gennaio 1962 Yves e Routraut si sposano con una cerimonia il cui rito include la presenza in alta uniforme dei Cavalieri dell'Ordine degli Arcieri di San Sebastiano, al quale Klein è affiliato.

A febbraio realizza i calchi dei *Portraits reliefs* di Arman, Raysse e Pascal.

Il 12 maggio, dopo l'anteprima del film *Mondo Cane* di Gualtiero Jacopetti al Festival di Cannes, molto contrariato per la messa in ridicolo delle *Anthropométries*, ha una crisi cardiaca.

Rientrato a Parigi il 6 giugno, muore per un secondo attacco cardiaco nella sua abitazione di rue Campagne-Première. Il 6 agosto nasce a Nizza suo figlio Yves.

YVES KLEIN was born in Nice on April 28, 1928, to Fred Klein (1898–1990), a Dutch figurative painter, and Marie Raymond (1908–1989), who later became an abstract painter. During the war the family frequented artists who had taken refuge in the French Riviera, including Alberto Magnelli, Nicolas de Staël, and the couple Arp and Delaunay. After the war, the family moved to Paris, where Yves played in a jazz band and attended the weekly meetings of intellectuals organized by his mother.

In 1947 Klein returned to Nice to work in the bookshop of his aunt, Rose Raymond, who helped and supported him all his life. In a judo club he met and became friends with Claude Pascal and Armand Fernandez (Arman), with whom he studied Rosacrucian theosophical and esoteric thought. One day they got to the point of dividing up the universe between them: Arman got the Earth, Pascal the Air, and Klein the sky and its infinity.

In the summer of 1948 the three travelled in Italy, where Klein began to write the *Journal intime* and to develop the *Symphonie Monoton-silence*, a composition with a single repeated D major followed by a long pause, which was performed on various occasions in the following years.

In 1949 he and Pascal went to London, where Klein learned gold-leaf gilding, devoted himself to judo, and produced the first *Monochromes* on paper. He returned to Nice in December 1950, and then in February 1951 he left for Spain with Pascal and Arman.

In August 1952 Klein embarked for Japan, where he stayed for fifteen months supporting himself by teaching French. In Japan he also attended courses of Kōdōkan judo, reaching the rank of 4th dan black belt, and continued to paint monochrome gouaches signed simply "Yves."

He returned to Paris in February 1954 and published *Les fondements du Judo*. In May he went back to Spain, where he taught judo and published *Yves Peintures* and *Haguenault Peintures*.

By December he was in Paris again. Here too he began to teach judo, and also got to know the artists Raymond Hains, Jacques Villeglé, and Jean Tinguely. On October 15, 1955, his first solo show of monochrome paintings, *Yves Peintures* opened at the Club des Solitaires. This was when Arman introduced him to Pierre Restany, who became Klein's friend and his most important critic.

In February 1956 he displayed monochrome canvases in the solo show *Yves: Propositions Monochromes* at the Galerie Colette Allendy. Over the course of the year, he finalized the creation of the famous ultramarine blue IKB (International Klein Blue), which was patented in 1960.

On January 2, 1957, at the opening of a solo show at the Galleria Apollinaire in Milan, Klein met Piero Manzoni and Lucio Fontana with whom he went on to exhibit on various occasions. In May the joint show *Yves Klein: Propositions monochromes* was opened at the Galerie Iris Clert—where he displayed monochrome paintings and staged the *Sculpture aérostatique* action, releasing 1001 blue ballons into the sky above Paris—and at the Galerie Collette Allendy, where he exhibited his first *Peinture de Feu* and his first *Immatériel*. The work *Surfaces et blocs de sensibilité picturale. Intentions picturales* was announced as being on display on the first floor, but the room was completely empty. On May 31, *Yves Klein, Propositions Monochromes* opened at the Galerie Schmela in Düsseldorf, where the artist came into contact with Otto Piene and Heinz Mack of the Zero Group. In the summer, in Arman's house in Nice he met the nineteen-year-old Rotraut Uecker, who became his assistant.

On April 28, 1958, the solo show *La spécialisation de la sensibilité à l'état matière première en sensibilité picturale stabilisée* opened to the public at the Galerie Iris Clert in Paris. Better known as *Le Vide*, this show ushered in the *époque pneumatique*. Two republican guards flanked the entrance draped with blue fabric; inside the gallery was empty, the walls all painted white, and the visitors were offered a blue cocktail.

As winner of the competition for the Gelsenkirchen Opera Theater, Klein went to Germany in 1959 to carry out the decoration, suspending his judo teaching. In May he visited the monastery of Santa Rita in Cascia for the first time. Having returned to Paris, on June 3 and June 5 he held two conferences at the Sorbonne, and on June 15 the show *Bas-reliefs dans une forêt d'éponges* opened at the Galerie Iris Clert. The first sales of the *Zone de Sensibilité Picturale Immatérielle* were organized in December, and Klein introduced gold into his works in the first *Monogolds*.

In February 1960 he produced the first *Anthropométries*: imprints of naked bodies on sheets of white paper. These were replicated on March 9 with three models at the Galerie Internationale d'Art Contemporain in Paris in the action *Anthropométries de l'époque bleue*, accompanied by the performance of the *Symphonie Monoton-silence*. In March came the *Cosmogonies*, canvases exposed to the action of the elements or bearing vegetal imprints. On October 19, Klein performed the *Saut dans le Vide*, photographed and then published on November 27 in *Dimanche*, a fake one-day newspaper.

On October 27, with Arman, François Dufrêne, Hains, Martial Raysse, Restany, Daniel Spoerri, Tinguely, and Villeglé, Klein signed the *Déclaration constitutive du Nouveau Réalisme*, which was then also signed by César, Christo, Gérard Deschamps, Mimmo Rotella, and Niki de Saint Phalle.

In January 1961 the Museum Haus Lange in Krefeld organized the first major retrospective of the artist titled *Yves Klein. Monochrome und Feuer*; it included a number of *Sculpture de Feu*. In February Klein returned to Cascia and offered an ex-voto to St. Rita.

Between March and July, Klein produced the *Peintures de Feu* and the *Peintures de Feu Couleur* at the Centre d'essai de Gaz de France. In the fall he produced the *Reliefs Planétaires* and travelled to Italy again.

In the course of 1961 and 1962 Klein took part in numerous group shows, with the Nouveau Réalisme group, the Azimuth artists of Milan, and the Zero Group of Düsseldorf. He also held many solo shows in Europe and the United States: at the Dwan Gallery in Los Angeles and the Leo Castelli Gallery in New York, where he drew up the *Manifeste de l'Hôtel Chelsea* in English.

On January 21, 1962, Yves and Routraut got married in a ceremony that included the presence in full dress uniform of Knights of the Order of the Archers of St. Sebastian, of which Klein was an affiliate.

In February he made the casts for the *Portraits reliefs* of Arman, Raysse, and Pascal.

On May 12, following the preview of Gualtiero Jacopetti's film *Mondo Cane* at the Cannes Festival, Klein was extremely upset about the ridiculing of the *Anthropométries* and suffered a heart attack.

He returned to Paris on June 6 and died as a result of another heart attack in his home in rue Campagne-Première. On August 6 his son Yves was born.

ARMAND PIERRE FERNANDEZ nasce a Nizza il 17 novembre 1928 da Marie Marguerite Jacquet e Antonio Francisco Fernandez, antiquario algerino d'origine spagnola che gli insegna la pittura e la musica. Nel 1946 si diploma in filosofia e matematica e si iscrive all'École Nationale des Arts Décoratifs di Nizza, che frequenterà per due anni.

Nel 1947 incontra al club di judo Yves Klein e Claude Pascal, con i quali diviene subito amico e sviluppa l'interesse per la spiritualità e l'esoterismo, il buddismo zen, i Rosacroce. Un giorno i tre si dividono l'universo: ad Arman la terra, a Pascal l'aria e a Klein il cielo e il suo infinito. In questi anni viaggia in Europa solo o con gli amici, e nel 1949 frequenta a Parigi l'École du Louvre. Nel 1951 si reca in Spagna con Klein e Pascal, dove i tre si mantengono insegnando judo. Rientrato in Francia, diventa maestro di judo e frequenta mostre e circoli culturali interdisciplinari nei quali incontra letterati, critici e artisti. Nel 1953 sposa Éliane Radigue con cui ha tre figli, Françoise, Anne e Yves, in omaggio all'amico.

Visita molte mostre parigine – tra cui quelle di Jackson Pollock e Kurt Schwitters – e si appassiona in particolare a un'esposizione di arte africana. La ricerca spirituale zen e l'assidua frequentazione a Parigi e a Nizza dell'amico Klein, con il quale mette in atto alcune azioni artistiche, lo conducono al superamento della figurazione tradizionale. Nel mentre, conosce e fa amicizia con Ben Vautier e Raymond Raysse. Tiene la sua prima mostra personale alla Galerie du Haut-Pavé a Parigi, esponendo alcuni *Cachets*, presenti l'anno successivo anche alla Galerie La Roue in una mostra segnalata dal giovane critico Pierre Restany, conosciuto qualche anno prima e ora amico comune con Klein, che presenterà molte sue esposizioni. In occasione di una collettiva alla Galerie Iris Clert, per un errore tipografico, muta il suo nome da Armand in Arman.

Il 20 maggio 1958 apre la personale *Les Olympiens* alla Galerie Iris Clert, dove espone le prime *Allures d'Objets*. L'anno seguente inizia le serie di *Poubelles* e *Accumulations*. Il 5 dicembre 1959 inaugura la sua prima mostra milanese alla Galleria Apollinaire di Guido Le Noci, gallerista attento alla realtà internazionale (e anche all'opera dell'amico Klein). Il 20 giugno dell'anno successivo presenta la personale *Poubelles et Accumulations* alla Galerie Schmela di Düsseldorf, dove entra in contatto con il Gruppo Zero.

Il 25 ottobre 1960 inaugura alla Galerie Iris Clert l'esposizione *Le Plein*, in contrapposizione alla precedente personale dell'amico Yves Klein, denominata *Le Vide*. La galleria è completamente inaccessibile a causa dell'accumulo di materiali eterogenei.

Il 27 ottobre firma con François Dufrêne, Raymond Hains, Klein, Martial Raysse, Pierre Restany, Daniel Spoerri, Jean Tinguely e Jacques Villeglé la *Déclaration constitutive du Nouveau Réalisme*. Il 10 novembre con Hains, Restany e Tinguely è soggetto dell'*Anthropométrie collective des Nouveaux Réalistes* di Klein. Con il neonato gruppo espone nella collettiva *Les Nouveaux Réalistes* alla Galleria Apollinaire di Milano. Lo stesso anno, tiene la personale *Arman. Allures d'Objets* alla Galerie Saint-Germain a Parigi dove incontra gli americani Larry Rivers, Jasper Johns e Robert Rauschenberg, e grazie alla borsa di studio della Ford Foundation viaggia per la prima volta negli Stati Uniti. Realizza i *Portrait-robot* di Restany, Iris Clert, e degli amici Klein e Raysse.

Nel 1961 apre con quest'ultimo una doppia personale alla Galleria Schwarz di Milano. Nel frattempo, inizia a comporre le prime *Colères*, oggetti violentemente danneggiati, le *Coupes*, oggetti tagliati o sezionati, e le prime *Accumulations* di oggetti inclusi nel poliestere. A ottobre viene incluso nella mostra *The Art of Assemblage* al Museum of Modern Art di New York, dove presenta due *Accumulations*.

Nei primi mesi del 1962 Klein realizza il calco del suo corpo per il *Portrait relief*. A maggio, Arman è a Los Angeles per una personale alla Dwan Gallery. Qui conosce Edward Kienholz che gli fa da assistente, e successivamente collabora con Yayoi Kusama a New York. Non riesce a rientrare dall'America per le esequie dell'amico Yves Klein, del quale realizza in seguito un secondo *Portrait-robot*. Il 12 agosto realizza *Chopin's Waterloo* demolendo pubblicamente un pianoforte, in occasione della personale *Musical Rage* alla Galerie Saqqarah a Gstaad, in Svizzera.

Nel 1964 il Walker Art Center di Minneapolis e lo Stedelijk Museum di Amsterdam organizzano due antologiche sul suo lavoro.

Tra il 1964 e il 1966 inizia a usare il fuoco nelle *Combustions* e a comporre delle *Accumulation*s con tubetti di colore posti in poliestere trasparente. In collaborazione con Renault realizza anche delle *Accumulations* con le componenti delle vetture: alcune vengono presentate all'Exposition Universelle di Montréal del 1967.

Nel 1968 è invitato alla XXXVII Biennale Internazionale d'Arte di Venezia e alla Documenta 4 di Kassel. Le mostre personali internazionali sono sempre più numerose e nel 1970 è tra i protagonisti della settimana milanese che commemora il decennale del Nouveau Réalisme.

Nel 1971 sposa Corice Canton con la quale avrà due figli, Jasmine e Philippe, e nel 1972 acquisisce la nazionalità statunitense come Armand Pierre Arman.

Nel 1975 al Musée d'Art Moderne de la Ville de Paris presenta gli *Objets armés*, oggetti sezionati o distrutti e immersi nel cemento.

Nel 1982 si inaugura a Jouy-en-Josas la grande opera pubblica *Long Term Parking*, sessanta auto immerse in una colonna di cemento alta diciotto metri alla quale ne seguiranno altre come *Espoir de paix*, del 1995, realizzata a Beirut con sessanta carri armati. Degli anni Ottanta e Novanta sono le numerose sculture in bronzo, spesso di grandi dimensioni, che riproducono accumulazioni o oggetti sezionati, e la serie *Cascades*, aggregazioni di medesimi oggetti uniti in sequenza.

Nel 1989 muore il figlio Yves e nasce, dalla relazione con Carole César, un figlio che chiama nuovamente Yves.

Nel 1992, al Grand Palais di Parigi, vengono esposte le sue collezioni di arte africana, mentre una vasta retrospettiva è allestita al Brooklyn Museum di New York. Il museo del Jeu de Paume di Parigi nel 1989 e il Musée d'Art Moderne et d'Art Contemporain di Nizza nel 2001 lo celebrano con ampie antologiche.

Arman muore a New York il 22 ottobre 2005.

ARMAND PIERRE FERNANDEZ was born in Nice on November 17, 1928, to Marie Marguerite Jacquet and Antonio Francisco Fernandez, an Algerian antiquarian of Spanish origin who taught him painting and music. In 1946 he obtained a baccalaureate in philosophy and mathematics and enrolled in the École Nationale des Arts Décoratifs in Nice, which he attended for two years.

In 1947 he met Yves Klein and Claude Pascal at judo club and immediately became their friend, developing interests in spirituality, esotericism, Zen Buddhism, and Rosicrucianism. One day they divided the universe between them: Arman got the Earth, Pascal the Air, and Klein the sky and its infinity. In this period, he travelled in Europe, alone or with friends, and in 1949 he studied at the École du Louvre in Paris. In 1951 he went to Spain with Klein and Pascal, where the three of them paid their way by teaching judo. After his return to France, he became a master of judo and frequented exhibitions and interdisciplinary cultural circles where he met intellectuals, critics, and artists. In 1953 he married Éliane Radigue with whom he had three children, Françoise, Anne, and Yves, named after his friend.

Arman visited many shows in Paris—including those of Jackson Pollock and Kurt Schwitters—and was particularly enthusiastic about a show of African art. His Zen-inspired spiritual research and his assiduous frequentation in Paris and in Nice of his friend Klein, with whom he engaged in several artistic actions, led him to abandon traditional figurative work. In the interim he also met and became friends with Ben Vautier and Raymond Raysse. He held his first solo show at the Galerie du Haut-Pavé in Paris, exhibiting several *Cachets*, and displayed again the following year at the Galerie La Roue in a show that was commended by the young critic Pierre Restany, whom Arman had met a few years earlier and who was now a mutual friend of his and Klein's and went on to present many of his exhibitions. As the result of a typo in the catalogue of a group show at the Galerie Iris Clert, he dropped the final "d" from his name to become Arman.

On May 20, 1958, the solo show *Les Olympiens* opened at the Galerie Iris Clert, where Arman displayed the first *Allures d'Objets*. In the following year, he began work on the *Poubelles* and *Accumulations* series. On December 5, 1959, he had his first Milan show at the Galleria Apollinaire of Guido Le Noci, a gallerist who was attentive to the international scene and also to the work of his friend Klein. On June 20 the following year he presented the solo show *Poubelles et Accumulations* at the Galerie Schmela in Düsseldorf, where he made contact with the Zero Group.

On October 25, 1960 the show *Le Plein* opened at the Galerie Iris Clert, as a counterpoint to the preceding solo show titled *Le Vide* by his friend Yves Klein. The gallery was rendered completely inaccessible by being crammed full of heterogenous materials.

On October 27, with François Dufrêne, Raymond Hains, Klein, Martial Raysse, Pierre Restany, Daniel Spoerri, Jean Tinguely, and Jacques Villeglé, Arman signed the *Déclaration constitutive du Nouveau Réalisme*. On November 10 he was the subject, along with Hains, Restany, and Tinguely, of Klein's *Anthropométrie collective des Nouveaux Réalistes*. With this newborn group he displayed in the group show *Les Nouveaux Réalistes* at the Galleria Apollinaire in Milan. In the same year, he held the solo show *Arman. Allures d'Objets* at the Galerie Saint-Germain in Paris where he met the Americans Larry Rivers, Jasper Johns, and Robert Rauschenberg and—thanks to a scholarship from the Ford Foundation—travelled to the United States for the first time. He produced the *Portraits-robots* of Restany, Iris Clert, and his friends Klein and Raysse.

In 1961 he had a double solo show with Raysse at the Galleria Schwarz in Milan. Meanwhile he began to compose the first *Colères*, violently damaged objects, the *Coupes*, objects sliced or cut into sections, and the first *Accumulations* of objects submerged in polyester resin. In October he was included in the show *The Art of Assemblage* at the Museum of Modern Art of New York, where he displayed two *Accumulations*.

In the early months of 1962, Klein made the cast of his body for the *Portrait relief*. In May Arman was in Los Angeles for a solo show at the Dwan Gallery. Here he met Edward Kienholz who acted as his assistant and later collaborated with Yayoi Kusama in New York. He was unable to return from the States to attend the funeral of his friend Yves Klein, although he later made a second *Portrait-robot* of him. On August 12 he produced *Chopin's Waterloo* by publicly demolishing a piano during the solo show *Musical Rage* at the Galerie Saqqarah in Gstaad, in Switzerland.

In 1964 two retrospectives on his work were organized at the Walker Art Center in Minneapolis and the Stedelijk Museum in Amsterdam.

Between 1964 and 1966 Arman began to use fire in the *Combustions* and to compose the *Accumulations* with tubes of paint set into transparent polyester resin. In collaboration with Renault, he also made *Accumulations* using car parts: some were presented at Expo 67 in Montreal.

In 1968 he was invited to the 37th Venice Biennale and to Documenta 4 in Kassel. His international solo shows were increasingly numerous, and in 1970 he was one of the protagonists of the week of celebrations in Milan to mark the tenth anniversary of the Nouveau Réalisme.

In 1971 he married Corice Canton with whom he had two children, Jasmine and Philippe, and in 1972 he acquired American citizenship as Armand Pierre Arman.

In 1975 at the Musée d'Art Moderne de la Ville de Paris he presented *Objets armés*, severed and wrecked objects immersed in cement.

In 1982 the major public work *Long Term Parking*, was inaugurated in Jouy-en-Josas: sixty cars immersed in a block of cement eighteen meters high. This was followed by others, such as *Espoir de paix* in 1995, created in Beirut using sixty tanks. Dating to the 1980s and 1990s are numerous, often large, bronze sculptures featuring accumulations or sectioned objects, and the *Cascades* series, aggregations of identical objects combined in sequence.

In 1989 Arman's son Yves died and another son was born from his relationship with Carole César, who was again named Yves.

In 1992 his collections of African art were displayed in the Grand Palais in Paris, and a major retrospective was organized at the Brooklyn Museum in New York. Further major retrospectives were produced at the Jeu de Paume museum in Paris in 1989 and at the Musée d'Art Moderne et d'Art Contemporain of Nice in 2001.

Arman died in New York on October 22, 2005.

Le schede delle opere in mostra, oltre riportare il titolo, l'anno, i materiali, le misure espresse in centimetri, la proprietà ed eventuali catalogazioni degli archivi degli autori, elencano le esposizioni a cui l'opera ha partecipato, indicate con il nome della città e l'anno, il numero e la pagina del relativo catalogo, eventuali consistenti difformità nel titolo e nelle dimensioni e se l'immagine è riportata a colori. In alcuni casi la semplice indicazione della città e dell'anno indica la mancanza del catalogo o di dati relativi. Le schede riportano anche la bibliografia dei testi che contengono citazioni delle opere indicati con il cognome dell'autore o l'inizio del titolo e il relativo anno di edizione. Nelle opere di Yves Klein, accanto al titolo, è riportata tra parentesi la sigla dell'opera secondo la catalogazione della Fondazione Yves Klein di Parigi. Le datazioni delle opere indicate tra parentesi quadre sono attribuite in mancanza di riscontri oggettivi. In questa occasione non si è ritenuto necessario fornire ulteriori dati sulle opere se non richiesti dai proprietari.
L'elenco generale delle esposizioni, ordinato cronologicamente, riporta la città, il luogo, il titolo e le date (il mese è espresso in numeri romani), se è stato edito il catalogo, i principali autori dei testi, l'editore e l'anno. L'elenco generale della bibliografia riporta in ordine alfabetico il cognome dell'autore o, in mancanza, il titolo del testo e le relative indicazioni editoriali. In caso di mostre o testi dello stesso anno, si è differenziato con un numero progressivo in apice.

The records of the works include the title, the year, the materials, the measurements in centimeters, the characteristics and details of any cataloging in the archives of the artists. They also list the exhibitions in which the works have appeared, indicating the city and year, the number and page of the respective catalogue, any significant differences of title and measurements, and whether the image is in color. In some cases, where there is no catalogue or the respective details are missing, only the city and year are indicated. The records also contain a bibliography of the texts containing citations of the work in question, indicating the surname of the author, or the first words of the title, and the year of the publication. For the works of Yves Klein, the abbreviated reference used in the catalogue of the Yves Klein Foundation in Paris is given in brackets after the title. The dating of the works indicated in square brackets are attributed in the absence of objective evidence. On this occasion it was not deemed necessary to provide any further data on the works, if not requested by the owners.
The general list of the exhibitions, in chronological order, indicates the city, location, title and dates (with the month in Roman numerals), whether a catalogue was published, the authors of the principal texts and the publisher. The general bibliography is arranged in alphabetical order by author surname, or alternatively the title of the text and the publication details. Exhibitions or texts dating to the same year are differentiated by progressive numbers in superscript.

Aldo Iori

YVES KLEIN
Schede delle opere / List of works

1.
Monochrome rose sans titre, (MP 30), 1955

Pigmento puro e resina sintetica su pannello / Dry pigment and synthetic resin on panel
100.3 × 64.5 × 2 cm
Collezione privata / Private collection

ESPOSIZIONI / EXHIBITIONS
Basel, 1999, p. 51 [*Monochrom Rosa, onhe Titel*, ripr. col. / col. repr.]; Nice, 2000, p. 103 [ripr. col. / col. repr.] / Prato, 2000, p. 103 [ripr. col. / col. repr.]; Frankfurt, 2004 / Bilbao, 2005; London, 2005; Koblenz, 2006; Wien, 2007; Lugano, 2009, p. 73 [ripr. col. / col. repr.]; Washington D.C., 2010, p. 92 [ripr. col. / col. repr.] / Minneapolis, 2010; Berlin, 2015, p. 520 [ripr. col. / col. repr.] / Amsterdam, 2015; Buenos Aires, 2017, n. 45, p. 119 [ripr. col. / col. repr.] / Ciudad de México, 2017, n. 45, p. 119 [ripr. col. / col. repr.]

BIBLIOGRAFIA / BIBLIOGRAPHY
Perlein, 2000; *Yves Klein*[2], 2000; Hollein, 2004; Alison, 2005; Glasner, 2010; Riout, 2014; Die Netzwerker, 2015

2.
Monochrome rouge sans titre, (M 106), 1956

Pigmento puro e resina sintetica su garza su pannello di legno / Dry pigment and synthetic resin on gauze on wood panel
13.3 × 27.6 × 2 cm
Collezione / Collection Giancarlo e Danna Olgiati, Lugano

ESPOSIZIONI / EXHIBITIONS
Milano, 2005, n. 13, p. 58 [*Monochrome (rosso)*, ripr. col. / col. repr.]; Lugano, 2006, n. 31, p. 190 [ripr. col. / col. repr.]; Lugano, 2009, p. 77 [ripr. col. / col. repr.]; Lugano, 2022 [ripr. col. / col. repr.]

BIBLIOGRAFIA / BIBLIOGRAPHY
Klein-Moquay, 2009

3.
Monochrome jaune sans titre, (M 73), 1957

Pigmento puro e resina sintetica su garza su pannello di legno / Dry pigment and synthetic resin on gauze on wood panel
40 × 60 × 3 cm
Collezione / Collection Giancarlo e Danna Olgiati, Lugano

ESPOSIZIONI / EXHIBITIONS
Bologna, 2007, n. 248, pp. 210, 444 [ripr. col. / col. repr.]; Lugano 2006, n. 32, p. 190 [ripr. col. / col. repr.]; Lugano, 2009, p. 85 [datato / dated 1958, ripr. col. / col. repr.]

BIBLIOGRAFIA / BIBLIOGRAPHY
Wember, 1969, *M 70*, p. 71 [ripr. / repr.]; Ottoman, 2010

4.
Monochrome rouge sans titre, (M 96), 1957

Pigmento puro e legante indeterminato su carta incollata su carta / Dry pigment and unidentified binding medium on paper glued on paper
19 × 39 cm
Collezione privata / Private collection

ESPOSIZIONI / EXHIBITIONS
Paris, 1988; Lugano, 2009, p. 95 [ripr. col. / col. repr.]

5.
Monochrome bleu sans titre, (IKB 38), 1957

Pigmento puro e resina sintetica su carta su cartone / Dry pigment and synthetic resin on paper on cardboard
33 × 60 cm
Collezione privata / Private collection

ESPOSIZIONI / EXHIBITIONS
New York, 1967; Bilbao, 2005; Koblenz, 2006; Lugano 2009, p. 87 [ripr. col. / col. repr.]; Buenos Aires, 2017 / Ciudad de México, 2017; Beijing, 2023

BIBLIOGRAFIA / BIBLIOGRAPHY
Wember, 1969, *IKB 38*, p. 72 [33 × 66 cm, ripr. / repr.]; *Yves Klein*[2], 2000; Cesar, 2006; *Yves Klein*[1], 2006; Adam, 2011

6.
Monochrome blanc sans titre, (M 70), 1957

Pigmento e resina sintetica su tela su tavola / Dry pigment and synthetic resin on canvas on board
78 × 56 cm
Collezione privata / Private collection

ESPOSIZIONI / EXHIBITIONS
Düsseldorf, 1957; Reutlingen, 1996; London[2], 1974; Frankfurt, 2004 / Bilbao, 2005; Chur, 2018

BIBLIOGRAFIA / BIBLIOGRAPHY
Wember 1969, *M 70*, p. 71 [ripr. / repr.]; Berggruen 2004, p. 32 [ripr. / repr.]

7.
Monochrome noir sans titre, (M 78), 1957

Pigmento puro e resina sintetica su garza su pannello di legno / Dry pigment and synthetic resin on gauze on wood panel
30.5 × 60 × 2 cm
Collezione privata / Private collection

ESPOSIZIONI / EXHIBITIONS
Berlin 1976, p. 53 / Düsseldorf, 1976; Düsseldorf, 1981; Krefeld, 1994; Frankfurt, 2004 / Bilbao, 2005; Hannover, 2006 / Passau, 2006; Paris, 2006, p. 6 [ripr. col. / col. repr.] / Wien, 2007; Lugano, 2009, p. 84 [ripr. col. / col. repr.]; Madrid, 2009, p. 119 [ripr. col. / col. repr.]; Washington D.C., 2010, p. 94 [ripr. col. / col. repr.] / Minneapolis, 2011; Nice, 2011, p. 65 [ripr. col / col. repr.]; Berlin, 2015, p. 342 [ripr. col. / col. repr.], p. 520 [ripr. col. / col. repr.] / Amsterdam, 2015; Buenos Aires, 2017, n. 40, p. 175 [ripr. col. / col. repr.] / Ciudad de México, 2017, n. 40, p. 122 [ripr. col. / col. repr.]; Rodez, 2019, p. 76 [ripr. col. / col. repr.]; Metz, 2020, p. 170 [ripr. col. / col. repr.]; Silkeborg, 2023 [ripr. col. / col. repr.]

BIBLIOGRAFIA / BIBLIOGRAPHY
Wember, 1969, *M 78*, p. 71 [ripr. / repr.]; Weitemeier, 1981; Restany, 1982; Ledeur, 2000, p. 124 [ripr. part. col. / col. repr. part.]; *Yves Klein*, 2006; *Yves Klein*, 2007; Ottoman, 2010

8.
Monochrome bleu sans titre, (IKB 246), 1958

Pigmento puro e resina sintetica su garza su tavola / Dry pigment and synthetic resin on gauze on board
13.5 × 50 × 2 cm
Collezione / Collection Giancarlo e Danna Olgiati, Lugano

ESPOSIZIONI / EXHIBITIONS
Milano, 1997, n. 28, p. 52 [ripr. col. / col. repr.]; Lugano, 2009, p. 87 [ripr. col. / col. repr.]

9.
Monochrome or sans titre, (M 59), 1959

Foglia d'oro su vetro / Gold leaf on glass
46 × 31 × 0.6 cm
Collezione privata / Private collection

ESPOSIZIONI / EXHIBITIONS
Paris 1969; Paris, 1991; Paris, 1998; Paris, 2000; Lugano, 2009, p. 88 [ripr. col. / col. repr.]; Madrid, 2009; Bedburg-Hau, 2012 / Herford, 2012

BIBLIOGRAFIA / BIBLIOGRAPHY
Wember, 1969, *M 59*, p. 71 [ripr. / repr.]; Charlet[2], 2000; Charlet[3], 2000

10.
Anthropométrie sans titre, (ANT 7), 1960 ca.

Pigmento puro e resina sintetica su carta / Dry pigment and synthetic resin on paper
102 × 73 cm
Collezione privata / Private collection

ESPOSIZIONI / EXHIBITIONS
Paris, 1973 / London, 1973; Anger, 2004 / Roanne, 2005 / Carcassonne, 2005 / Koblenz, 2006 / Dunkerque, 2007; Frankfurt, 2004 / Bilbao, 2005; New York, 2005, n. 7 [ripr. col. / col. repr.]; Madrid 2009, p. 127 [*Antropometria sin titulo*, ripr. col. / col. repr.]; Washington D.C., 2010, p. 101 [ripr. col / col. repr.] / Minneapolis, 2010; Milano, 2014, p. 170 [ripr. col. / col. repr.]; Buenos Aires, 2017, n. 1, p. 152 [ripr. col. / col. repr.] / Ciudad de México, 2017, n. 1, p. 152 [ripr. col. / col. repr.]; Metz, 2020, p. 88 [ripr. col. / col. repr.]; Massignac, 2020, p. 101 [ripr. col. / col. repr.]; Aix-en-Provence, 2022, p. 88–89 [ripr. col. / col. repr.]; Beijing, 2023

BIBLIOGRAFIA / BIBLIOGRAPHY
Wember, 1969, *ANT 7*, p. 101 [mit brandspuren, ripr. / repr.]; *Yves Klein*[1], 2006; Poli, 1995; Riout, 2004; *Yves Klein*[1], 2004; *Yves Klein*[2], 2004; *Guide…*, 2005; Bouzerand, 2006

11.
Anthropométrie sans titre, (ANT 47), 1960

Pigmento puro e resina sintetica su carta montata su tela / Dry pigment and synthetic resin on paper mounted on canvas
133.5 × 79 × 2.5 cm
Collezione privata / Private collection

BIBLIOGRAFIA / BIBLIOGRAPHY
Wember, 1969, *ANT 47*, p. 105 [ripr. / repr.]; Prot, 2012, n. 178, p. 234 [ripr. col. / col. repr.]; Prot, 2013, n. 178, p. 178 [ripr. col. / col. repr.], p. 234 [ripr. col. / col. repr.]

12.
Monique, (ANT 59), 1960

Pigmento puro e resina sintetica su carta montata su tela / Dry pigment and synthetic resin on paper mounted on canvas
76.5 × 40.3 cm
Collezione privata / Private collection

ESPOSIZIONI / EXHIBITIONS
Lausanne, 1995, n. 13; London, 2016; New York, 2016; Rodez, 2019 [ripr. col. / col. repr.]; London, 2020; New York, 2016

BIBLIOGRAFIA / BIBLIOGRAPHY
Wember, 1969, *ANT 59*, p. 106 [ripr. / repr.]

13.
Anthropométrie sans titre, (ANT 116), 1960

Pigmento puro e resina sintetica su carta / Dry pigment and synthetic resin on paper
Ø 105 cm
Collezione privata / Private collection

ESPOSIZIONI / EXHIBITIONS
Paris, 1969; Paris, 2006, p. 143 [ripr. col. / col. repr.] / Wien, 2007, p. 143 [ripr. col. / col. repr.]; Lugano, 2009, p. 122 [ripr. col. / col. repr.]

BIBLIOGRAFIA / BIBLIOGRAPHY
Wember, 1969, *ANT 116*, p. 112 [ripr. / repr.]

14.
Anthropométrie Suaire sans titre, (ANT SU 13), 1960 ca.

Pigmento puro e resina sintetica su

tela fine / Dry pigment and synthetic resin on fine
canvas
127 × 86 cm
Collezione privata / Private collection

BIBLIOGRAFIA / BIBLIOGRAPHY
Wember, 1969, *ANT SU 13*, p. 117 [125 × 85 cm,
ripr. / repr.]; Charlet[2], 2000, p. 178 [ripr. / repr.];
Charlet[3], 2000; Chilver, 2015; Charlet, 2015

15.
Vent Paris-Nice, (COS 10), 1960

Pigmento puro e legante indeterminato su carta
montata su tela / Dry pigment and unidentified
binding medium on paper mounted on canvas
93 × 73 cm
Collezione privata / Private collection

ESPOSIZIONI / EXHIBITIONS
New York, 1967; Humlebæk, 1968; Nürnberg,
1968; Praha, 1968; Paris, 1969; Torino, 1970,
n. 39, tav. 14 [ripr. col. / col. repr.]; Beograd,
1971, n. 10 [ripr. col. / col. repr.] / Zagreb, 1971;
Hannover, 1971, n. 22, p. 95 [ripr. col. / col. repr.]
/ Bern, 1971; London[1], 1974; Houston, 1982, n. 51
/ Chicago, 1982 / New York, 1982 / Paris, 1983,
n. 51, p. 155 [ripr. col. / col. repr.]; Takanawa,
1985 / Shiga, 1985 / Iwaki, 1985 / Tokyo, 1986;
São Paulo, 1989, p. 22 [*Cosmogonie bleu sans titre*,
Vent Paris-Nice, ripr. col. / col. repr.] / Paris, 1990 /
Marseille, 1990; New York, 1993; Köln / Düsseldorf,
1994, n. 35, p. 201 [*Le vent du voyage, (Der Wind
der Reise)*, ripr. col / col. repr.] / London, 1995 [*Le
vent du voyage (Cosmogony)*, ripr. col. / col. repr.] /
Madrid, 1995; Oslo, 1997, n. 56, p. 59 [ripr. col /col.
repr.] / Tampere, 1997 / Sidney, 1997; Barcelona,
1999, p. 259 [*Viento Paris-Niza*, ripr. col. orizzontale
/ horizontal col. repr.] / Venezia, 1999, p. 357 [ripr.
col. orizzontale / col. repr. horizontal]; Köln[1], 2002;
Köln[2], 2002; Los Angeles, 2004 p. 54 [ripr. col. /
col. repr.]; Frankfurt, 2004 / Bilbao, 2005; Paris,
2006 / Wien, 2007; Lugano, 2009, p. 119 [ripr. col. /
col. repr.]; Washington D.C., 2010, p. 114 [ripr. col /
col. repr.] / Minneapolis, 2010; Buenos Aires, 2017,
n. 6, p. 157 [ripr. col. / col. repr.] / Ciudad de
México, 2017, n. 6, p. 157 [ripr. col. / col. repr.];
Massignac, 2020, p. 114 [ripr. col. / col. repr.]

BIBLIOGRAFIA/ BIBLIOGRAPHY
Wember, 1969, *COS 10*, p. 119 [ripr. / repr.];
Charlet[2], 2000, p. 186 [ripr. col. / col. repr.];
Arnaldo, 2000; Charlet[3], 2000; Restany, 2005,
Yves Klein[1], 2006; *Yves Klein*, 2006; Ramade, 2006;
Yacob, 2006; *Klein!*, 2006; Taylor, 2013, p. 38 [ripr.
col. / col. repr.]; Ottoman, 2010

16.
Cosmogonie sans titre, (COS 17), 1960

Pigmento puro e resina sintetica su carta / Dry
pigment and synthetic resin on paper
64 × 49.5 cm
Collezione privata / Private collection

ESPOSIZIONI / EXHIBITIONS
New York, 1967; Humlebæk, 1968; Nürnberg,
1968; Praha, 1968; Paris, 1968; Torino, 1970,
n. 70; Beograd, 1971 / Zagreb, 1971; Hannover,
1971 / Bern, 1971, n. 23; Cagnes-sur-Mer, 1972,
n. 20; London, 1993 / Dublin, 1993 / Nimes,
1994; Köln[1], 2002; Burgdorf, 2003; Angers, 2004,
fig. 182, p. 159 [ripr. col. / col. repr.] / Roanne,
2005 / Carcassonne, 2005 / Koblenz, 2006 /
Dunkerque, 2006; New York, 2005, n. 7 [ripr. col.
/ col. repr.]; Lugano, 2009, p. 115 [ripr. col. / col.
repr.]; Madrid, 2009, p. 132 [ripr. col. / col. repr.];
Buenos Aires, 2017, n. 8, p. 155 [ripr. col. / col.
repr.] / Ciudad de México, 2017, n. 8, p. 155 [ripr.
col. / col. repr.]; New York, 2024

BIBLIOGRAFIA / BIBLIOGRAPHY
Wember, 1969, *COS 17*, p. 120 [ripr. / repr.];
Martano, 1970 n. 56, p. 114 [ripr. / repr.]; Yves
Klein[2], 2000, p. 42 [ripr. col. / col. repr.]

17.
Giboulée de mars…, (COS 34), 1960

Pigmento puro e legante indeterminato su carta
su cartone / Dry pigment and unidentified binding medium on paper on cardboard
50 × 65 cm
Collezione privata / Private collection

ESPOSIZIONI / EXHIBITIONS
Krefeld, 1961; Luxembourg, 1998; Basel, 1999,
p. 74 [*Cosmogonie de l'orage (Kosmogonie des Sturms)*,
ripr. col. / col. repr.]; Montréal, 1999, n. 151,
p. 333 [*Cosmogonie de l'orage*]; Nice, 2000, p. 202
[*Cosmogonie de l'orage*, ripr. col. / col. repr.] / Prato,
2000, p. 202 [*Cosmogonie de l'orage*, ripr. col. / col.
repr.]; Frankfurt, 2004 / Bilbao, 2005; Paris, 2006,
p. 98 [ripr. col. / col. repr.] / Wien, 2007, p. 98
[ripr. col. / col. repr.]; Lugano, 2009, p. 116 [ripr.
col. / col. repr.]; Madrid, 2009, p. 133 [*Aguacero de
marzo…*, ripr. col. / col. repr.]; Washington D.C.,
2010, p. 121 [*March Shower*, ripr. col. / col. repr.]
/ Minneapolis, 2010; Metz, 2020, p. 149 [ripr. col.
/ col. repr.]; Massignac, 2020, p. 121 [ripr. col. /
col. repr.]; Silkeborg, 2023 [ripr. col. / col. repr.]

BIBLIOGRAFIA / BIBLIOGRAPHY
Wember, 1969, *COS 34*, p. 122 [*Cosmogonie de
l'orage*, ripr. / repr.]; Francblin, 1997; Perlain,
2000; Masoero, 2005, p. 18 [*Cosmogonie de l'orage*,
ripr. / repr.]; Bouzerand, 2006; Ramade, 2006,
p. 26 [ripr. col. / col. repr.]; *Yves Klein*, 2006;
Ottoman, 2010; Ottoman, 2020

18.
Cosmogonie pluie, (COS 22), 1961

Pigmento puro e resina sintetica su carta / Dry
pigment and synthetic resin on paper
70.5 × 99.5 cm
Collezione privata / Private collection

ESPOSIZIONI / EXHIBITIONS
Amsterdam, 1965, n. 30; Stockholm, 1965;
Bruxelles, 1966; New York, 1967; Humlebæk,
1968; Nürnberg, 1968; Paris, 1969; Torino,
1970, n. 64, tav. 18 [ripr. / repr.]; Berlin, 1976,
p. 56 / Düsseldorf, 1976; New York, 1977; Köln /
Düsseldorf, 1994, n. 138 [*Blaue Kosmogonie, ent-
stander während eines Regenschauer, ohne Titel*] /
London, 1995 / Madrid, 1995; Oslo, 1997, n. 59,
p. 72 [*Cosmogonie sans titre*, ripr. col. / col. repr.] /
Tampere, 1997 / Sidney, 1997; Nice, 2000, p. 198
[ripr. col. / col. repr.] / Prato, 2000, p. 198 [ripr.
col. / col. repr.]; Basel, 1999 [*Kosmogonie ohne
Titel*]; Köln[1], 2002; Los Angeles, 2004, p. 52 [ripr.
col. / col. repr.]; Anger, 2004, fig. 183, p. 160 [ripr.
col. / col. repr.] / Roanne, 2005 / Carcassonne,
2006 / Koblenz, 2006 / Madrid, 2009, p. 134
[*Cosmogonia lluvia*, ripr. col. / col. repr.]; Lugano,
2009, p. 117 [ripr. col. / col. repr.]; Lens, 2022,
pp. 58-59 [ripr. col. / col. repr.]; Silkeborg, 2023;
Beijing, 2023

BIBLIOGRAFIA / BIBLIOGRAPHY
Wember, 1969, *COS 22*, p. 121 [*Papier auf Sperrholz*,
ripr. / repr.]; Perlein, 2000; *Marie Raymond*[1], 2005;
Marie Raymond[2], 2005; Riout, 2006, pp. 76-77
[ripr. col. / col. repr.]; Ottoman, 2010

19.
Cosmogonie – Une pluie Fine de Printemps, (COS 40),
1961

Pigmento puro e legante indeterminato su carta
/ Dry pigment and unidentified binding medium
on paper
15 × 16.5 cm
Collezione / Collection Giancarlo e Danna Olgiati,
Lugano

ESPOSIZIONI / EXHIBITIONS
Milano, 1997, n. 30, p. 54 [ripr. col. / col. repr.];
Milano, 2005, n. 15, pp. 62-63 [ripr. col. / col.
repr.]; Lugano, 2006, n. 13, p. 164 [15 × 16.3 cm,
ripr. col. / col. repr.]; Lugano, 2009, p. 118 [ripr.

col. / col. repr.]; Milano, 2014, n. 22, pp. 71, 222
[ripr. col. / col. repr.]

20.
Excavatrice de l'espace, (S 19), 1958
In collaborazione con / In collaboration with Jean
Tinguely

Pigmento puro e resina sintetica su disco in
legno, motore elettrico, piedi di metallo / Dry pigment and synthetic resin on wood disk, electric
motor, metal legs
20 × 33.5 × 27 cm
Collezione privata / Private collection

ESPOSIZIONI / EXHIBITIONS
Paris, 1958; Berlin, 1976, p. 57 / Düsseldorf,
1976; Paris, 1983, n. 104, p. 111 [ripr. col. / col.
repr.]; Lyon, 1993; Basel, 1999, p. 101 [ripr. col. /
col. repr.]; Nice, 2000, p. 150-151 [ripr. col. / col.
repr.] / Prato, 2000, pp. 150-151 [ripr. col. / col.
repr.]; Düsseldorf, 2006 / Saint-Etienne, 2006;
Paris, 2006, p. 57 [ripr. col. / col. repr.] / Wien,
2007; Lugano, 2009, p. 103 [ripr. col. / col. repr.];
Curitiba, 2013 / Porto Alegre, 2013 / São Paulo,
2014

BIBLIOGRAFIA / BIBLIOGRAPHY
Wember, 1969, *S 19*, p. 98 [ripr. / repr.];
Weitemeier, 1994–2023, pp. 42–43 [ripr. col. /
col. repr.]; Perlein, 2000; Charlet[1], 2000; Charlet[2],
2000, p. 117 [ripr. col. / col. repr.]; Charlet[3], 2000;
Yves Klein[3], 2000; Arnaldo, 2000; Riout 2006,
pp. 90–91 [ripr. col. / col. repr.]; Ramade, 2006,
p. 16 [ripr. col. / col. repr.]; Millet, 2006; Charlet,
2015; Ruhnau, 2016

21.
Sculpture Éponge bleue sans titre, (SE 82), 1960 ca.

Pigmento puro e resina sintetica, spugna naturale su base in metallo / Dry pigment and synthetic
resin, natural sponge on metal base
21 × 12 × 7 cm
Collezione privata / Private collection

ESPOSIZIONI / EXHIBITIONS
Milano, 1969; Torino, 1969, n. 25; Roma, 1970,
n. 12; Zürich, 1995; Lugano, 2009, p. 158 [ripr.
col. / col. repr.]

BIBLIOGRAFIA / BIBLIOGRAPHY
Wember, 1969, *SE 82*, p. 90 [ripr. / repr.]

22.
Sculpture Éponge bleue sans titre, (SE 89), 1960 ca.

Pigmento puro e resina sintetica, spugna naturale su sostegno di metallo e base in pietra / Dry
pigment and synthetic resin, natural sponge on
metal support on stone base
42 × 20 × 10 cm
Collezione privata / Private collection

ESPOSIZIONI / EXHIBITIONS
Torino, 1970, n. 59, tav. 65 [ripr. / repr.]; Beograd,
1971 / Zagreb, 1971; Hannover, 1971; Berne, 1971,
n. 47 [ripr. / repr.]; Paris, 1973 / London,
1973; Paris, 1983, n. 94, p. 423; Köln / Düsseldorf,
1994, n. 66, p. 163 [ripr. col. / col. repr.] / London,
1995 [ripr. col. / col. repr.] / Madrid, 1995; Oslo,
1997, n. 40, p. 55 [ripr. col. / col. repr.] / Tampere,
1997 / Sydney, 1997; Basel, 1999, p. 68 [ripr. col.
/ col. repr.]; Nice, 2000, p. 139 [ripr. col. / col.
repr.] / Prato, 2000, p. 139 [ripr. col. / col. repr.];
Frankfurt, 2004 / Bilbao, 2005; Lugano, 2009,
p. 160 [ripr. col. / col. repr.]; Madrid, 2009, p. 153
[ripr. col. / col. repr.]; Washington D.C., 2010,
p. 147 [ripr. col. / col. repr.] / Minneapolis, 2010;
Buenos Aires, 2017 / Ciudad de México, 2017,
n. 68, p. 141 [ripr. col. / col. repr.]; Woodstock,
2018, p. 97, p. 124 [ripr. col. / col. repr.];
Shanghai, 2019; Metz, 2020, p. 104 [ripr.
col. / col. repr.]; Aix-en-Provence, 2022,
p. 72 [ripr. col. / col. repr.]; Silkeborg,
2023 [ripr. col. / col. repr.]

BIBLIOGRAFIA / BIBLIOGRAPHY
Wember, 1969, *SE 89*, p. 90 [ripr. / repr.]; Kramer-Mallordy, 2017; Charlet[2], 2000, p. 149 [ripr. col. / col. repr.]; Charlet[3], 2000; *Yves Klein*[1], 2000; *Yves Klein*[3], 2000; Perlein, 2000; *Klein...*, 2000

23.
Sculpture Éponge bleue sans titre, (SE 263), 1960 ca.

Pigmento puro e resina sintetica, spugna naturale su base di metallo / Dry pigment and synthetic resin, natural sponge on metal base
50 × 34 × 12 cm
Collezione / Collection Giancarlo e Danna Olgiati, Lugano

ESPOSIZIONI / EXHIBITIONS
Rovereto, 2002, p. 358, p. 366 [*Éponge bleu*, 31.5 × 32 × 12 cm, ripr. / repr.]; Milano, 2005, n. 14, p. 60 [*Éponge bleu*, ripr. col. / col. repr.]; Lugano, 2006, n. 21, p. 175 [*Éponge bleu*, ripr. col. / col. repr]; Lugano, 2009, p. 161 [ripr. col. / col. repr.]

24.
Relief Éponge rose sans titre, (RE 8), 1960

Pigmento puro e resina sintetica, spugne naturali e ciottoli su pannello / Dry pigment and synthetic resin, natural sponges and pebbles on panel
68 × 22.6 cm
Collezione privata / Private collection

ESPOSIZIONI / EXHIBITIONS
Paris, 1965, n. 5; Amsterdam, 1965, n. 70 [ripr. col. / col. repr.]; Stockholm, 1965; Praha, 1966; New York, 1967; Paris, 1969; Paris, 1973 / London, 1973; Ludwigshafen am Rhein, 1974; New York, 1977; Köln / Düsseldorf, 1994, n. 128 / London, 1995 / Madrid, 1995; Oslo, 1997, n. 34, p. 52 [ripr. col / col. repr.] / Tampere, 1997 / Sydney, 1997; Basel, 1999, p. 64 [ripr. col / col. repr.]; Nice, 2000, p. 132 [ripr. col / col. repr.] / Prato, 2000, p. 132 [ripr. col / col. repr.]; Frankfurt, 2004; Bilbao, 2005; Lugano, 2009; Moskva, 2019

BIBLIOGRAFIA / BIBLIOGRAPHY
Wember, 1969, *RE 8*, p. 80 [ripr. / repr.]; Perlein, 2000; Berggruen, 2004; Ottoman, 2010

25.
Fa, (RE 31), 1960

Pigmento puro e resina sintetica, spugne naturali e ciottoli su pannello / Dry pigment and synthetic resin, natural sponges and pebbles on panel
92 × 73 × 11 cm
Collezione privata / Private collection

ESPOSIZIONI / EXHIBITIONS
Paris, 1960; Los Angeles, 1961; Stockholm, 1965; Nice, 2000, p. 133 [ripr. col. / col. repr.] / Prato, 2000, p. 133 [ripr. col. / col. repr.]; Basel, 1999, p. 65 [ripr. col. / col. repr.]; Frankfurt, 2004 / Bilbao, 2005; Paris, 2006, p. 67 [ripr. col. / col. repr.] / Wien, 2007, p. 67 [ripr. col. / col. repr.]; Aix-en-Provence, 2022, p. 83 [ripr. col. / col. repr.]; Silkeborg, 2023 [ripr. col. / col. repr.]

BIBLIOGRAFIA / BIBLIOGRAPHY
Wember, 1969, *RE 31*, p. 83 [ripr. /repr.]; Sciaccaluga, 2000, p. 103 [ripr. col. / col. repr.]; Berggruen, 2004; *Yves...*, 2004; Ramade, 2006; Klein-Moquay, 2009

26.
Relief Planétaire – Grenoble, (RP 2), 1961

Pigmento puro e resina sintetica su impronta di cartone / Dry pigment and synthetic resin on cardboard relief
41 × 65.5 cm
Collezione privata / Private collection

BIBLIOGRAFIA / BIBLIOGRAPHY
Wember, 1969, *RP 2*, p. 137 [ripr. / repr.]

27.
Peinture de Feu sans titre, (F 13), 1961

Cartone combusto montato su pannello / Burnt cardboard mounted on panel
65 × 50 cm
Collezione privata / Private collection

ESPOSIZIONI / EXHIBITIONS
Lausanne, 1966; Paris, 1976; Saint Etienne, 1983; London, 1987, n. 16 [ripr. col. / col. repr.] / Madrid, 1987; Morlaix, 1991; Nice, 2000, p. 170 [ripr. col. / col. repr.] / Prato, 2000, p. 170 [ripr. col. / col. repr.]; Lugano, 2009, p. 133 [ripr. col. / col. repr.]; Madrid, 2009, p. 141 [ripr. col. / col. repr.]; Paris, 2011; Los Angeles, 2012 / Chicago, 2013

BIBLIOGRAFIA / BIBLIOGRAPHY
Wember, 1969, *F 13*, p. 124 [ripr. / repr.]; Yves Klein[2], 2000, pp. 10–11 [ripr. col. / col. repr.]; Yves Klein[3], 2000; Perlain, 2000; Cesar, 2006

28.
Peinture de Feu sans titre, (F 39), 1961

Cartone bruciato / Burnt carboard
79.5 × 119 cm
Collezione privata / Private collection

ESPOSIZIONI / EXHIBITIONS
Paris, 1969; Torino, 1970, n. 97, tav. 24 [ripr. / repr.]; Beograd, 1971 / Zagreb, 1971; Hannover, 1971 / Bern, 1971, n. 33 [ripr. / repr.]; Cagnes-sur-Mer, 1972, n. 13; Köln, 1986; Oslo, 1997, n. 50, p. 64 [ripr. col / col. repr.] / Tampere, 1997 / Sidney, 1997; Basel, 1999; Lugano, 2009, p. 130 [ripr. col. / col. repr.]

BIBLIOGRAFIA / BIBLIOGRAPHY
Wember, 1969, *F 39*, p. 126 [ripr. / repr.]; Charlet[2], 2000, p. 219 [ripr. col. / col. repr.]; Charlet[3], 2000; Leclerc, 2010

29.
Peinture de Feu Couleur sans titre, (FC 9), 1961 ca.

Pigmento puro e resina sintetica bruciati su cartone montato su pannello / Dry pigment and synthetic resin burnt on cardboard mounted on panel
73 × 54 cm
Collezione privata / Private collection

ESPOSIZIONI / EXHIBITIONS
Lausanne, 1966; New York, 1967; Paris, 1969; Oslo, 1997, n. 48, p. 62 [ripr. col / col. repr.] / Tampere, 1997 / Sydney, 1997; Koblenz, 2006 / Dunkerque, 2007; Lugano, 2009, p. 137 [datato / dated 1962 ca., ripr. col. / col. rep.]; Paris, 2012, p. 148 [ripr. col. / col. rep.]; Buenos Aires, 2017, n. 21, p. 159 [ripr. col. / col. rep.] / Ciudad de México, 2017, n. 21, p. 159 [ripr. col. / col. repr.]; Aix-en-Provence, 2022, p. 128 [part. ripr. col. / col. rep.], p. 141 [ripr. col. / col. rep.]; Beijing, 2023

BIBLIOGRAFIA / BIBLIOGRAPHY
Wember, 1969, *FC 9*, p. 134 [ripr. / repr.]; Restany, 1982, p. 224 [ripr. / repr.]; Ottoman, 2010

30.
Peinture de Feu Couleur sans titre, (FC 16), 1962

Pigmento puro e resina sintetica bruciati su cartone / Dry pigment and synthetic resin burnt onto cardboard
54 × 73 cm
Collezione privata / Private collection

ESPOSIZIONI / EXHIBITIONS
Stockholm, 1965; Paris, 1965 [datato / dated 1965, ripr. / repr.]; Bruxelles, 1966; Lausanne, 1966; New York, 1967; Nice, 1967; Humlebæk, 1968; Nürnberg, 1968; Praha, 1968; Paris, 1969 [ripr. col. / col. repr.]; Hannover, 1971 / Berne, 1971 p. 69 [ripr. col. / col. repr.]; Tokyo, 1979; Köln, 1986; Oslo, 1997, n. 46, p. 60 [ripr. col. / col. repr.] / Tampere, 1997 / Sidney, 1997; Cagnes-sur-Mer, 1972, n. 14; Lugano, 2009, p. 138 [ripr. col. / col. repr.]; Cagnes-sur-Mer, 2015

BIBLIOGRAFIA / BIBLIOGRAPHY
Wember, 1969, *FC 16*, p. 135 [ripr. / repr.]; Yves Klein, 1965; *Intervention...*, 1969

31.
Peinture de Feu Couleur sans titre, (FC 20), 1962

Pigmento puro e resina sintetica bruciati su cartone / Dry pigment and synthetic resin burnt onto cardboard
108.5 × 90.5 cm
Collezione privata / Private collection

ESPOSIZIONI / EXHIBITIONS
Amsterdam, 1965, n. 42; Stockholm, 1965; Bruxelles, 1966; Lausanne, 1966; New York, 1967; Paris, 1969; Torino, 1970, n. 100, tav. 31 [ripr. / repr.]; Beograd, 1971 / Zagreb, 1971; Hannover, 1971 / Bern, 1971 p. 65 [ripr. / repr.]; Takanawa, 1985 / Shiga, 1985 / Iwaki, 1985 / Tokyo, 1986; London, 1987, n. 19, p. 65 [ripr. col. / col. repr.] / Madrid, 1988; Los Angeles, 1992; Koblenz, 2006; Lugano, 2009, pp. 136–137 [ripr. col. / col. repr.]; Madrid, 2009, p. 144 [ripr. col. / col. repr.]; New York, 2018

BIBLIOGRAFIA / BIBLIOGRAPHY
Wember, 1969, *FC 20*, p. 135 [110 × 89 cm, ripr. / repr.]; Martano, 1970, n. 58, p. 116 [ripr. / repr.]; Restany, 1982, p. 225 [ripr. / repr.]

32.
Portrait relief d'Arman, (PR 1), 1962–1989

Pigmento puro e resina sintetica su bronzo su pannello ricoperto di foglia d'oro / Dry pigment and synthetic resin on bronze on board coated with gold leaf
176 × 96 × 26 cm
Edizione originale postuma / Original posthumously work 1989
Collezione privata / Private collection

ESPOSIZIONI / EXHIBITIONS
Barcelona, 2007; Baden-Baden, 2008, pp. 208–209 [ripr. col. / col. repr.] ; Lugano, 2009, p. 176 [ripr. col. / col. repr.]; Madrid, 2009, p. 145 [ripr. col. / col. repr.]; Washington D.C., 2010, p. 219 [ripr. col. / col. repr.] / Minneapolis, 2011; Clermont-Ferrand, 2011; Buenos Aires, 2017, n. 47, p. 175 [ripr. col. / col. repr.] / Ciudad de México, 2017, n. 47, p. 175 [ripr. col. / col. repr.]; Woodstock, 2018, pp. 110, 113, 126 [ripr. col. / col. repr.]

BIBLIOGRAFIA / BIBLIOGRAPHY
Wember, 1969, *PR1* [datato / dated 1962], p. 139 [ripr. / repr.]

YVES KLEIN
Esposizioni delle opere in mostra / Exhibitions of
the displayed works

Düsseldorf, Galerie Alfred Schmela, *Yves Klein, Propositions Monochromes*, 31.V – 23.VI.1957; invito con testo di / invitation with text by P. Restany

Paris, Galerie Iris Clert, *Vitesse pure et stabilité monochrome par Yves Klein et Jean Tinguely*, 17.XI – 30.XI.1958

Paris, Galerie Rive Droite, *Yves Klein le Monochrome*, 11.X – 13.XI.1960; cat., testo di / text by P. Restany; ed. Galerie Rive Droite, Paris, 1960

Krefeld, Museum Haus Lange, *Yves Klein Monochrome und Feuer*, 14.I – 26.II.1961; cat., testo di / text by P. Wember; ed. Museum Haus Lange, Krefeld, 1961

Los Angeles, Dwan Gallery, *Yves Klein le Monochrome*, 29.V – 24.VI.1961

Lausanne, Galerie Bonnier, *Yves Klein, Le Monochrome: Empreintes*, 01.III – 30.IV.1964; cat. Galerie Bonnier, Lausanne, 1964

Stockholm, Moderna Museet, *Yves Klein, Monokromer, svampskulpturer, monogolds…*, 26.XII.1965 – 13.II.1966; cat., testi di / texts by L. von Ulf, P. Restany, Y. Klein; ed. Moderna Museet, Stockholm, 1966

Paris, Galerie Alexandre Iolas, *Yves Klein*, 12.IV – 08.V.1965; cat., testo di / text by P. Restany, Y. Klein; ed. Galerie Alexandre Iolas, Paris, 1965

Amsterdam, Stedelijk Museum, *Yves Klein*, 22.X – 13.XII.1965; cat., testi di / texts by Y. Klein; ed. Stedelijk Museum, Amsterdam, 1965

Bruxelles, Palais des Beaux-Arts, *Yves Klein*, 03.III – 03.IV.1966; cat., testi di / texts by P. Restany, F. Mathey, Y. Klein; ed. Palais des Beaux-Arts, Bruxelles,1966

Lausanne, Galerie Bonnier, *Yves Klein, Peintures de feu*, 30.VI – 31.VII.1966; cat., testo di / text by P. Restany, Y. Klein; ed. Galerie Bonnier, Lausanne, 1966

Praha, Vytvarné Uméni, *Yves Klein*, 1966; cat., ed. Vytvarné Uméni, Praha, 1966

Nice, Galerie des Ponchettes, *Trois artistes de l'école de Nice Arman – Yves Klein – Martial Raysse*, 30.XI.1967 – 31.I.1968; cat., testi di / text by J. Lepage, A. Juffroy, P. Restany, O. Hahn; ed. Musées de Nice, Nice, 1967

New York, Jewish Museum, *Yves Klein*, 25.I – 12.III.1967; cat., testi di / texts by K. McShine, P. Restany, P. Descargues; ed. Jewish Museum, New York, 1967

Humlebæk, Louisiana Museum of Modern Art, *Yves Klein*, 17.II – 17.III.1968; cat., testi di / texts by P. Descargues, K.W. Jensen, P. Restany, Y. Klein; ed. Louisiana Museum, Humlebæk, 1968

Nürnberg, Kunsthalle, Institut für moderne Kunst, *Yves Klein in Nürnberg*, 02.IV – 12.V.1968; cat., testi di / texts by H. Neidel, D. von Malow, P. Restany, P. Wember, Y. Klein; ed. Kunsthalle, Nürnberg, 1968

Praha, Narodni Galerie, Galerie nationale, *Yves Klein, 1928–1962*, 02.IV – 12.V.1968; cat., testi di / texts by Y.Klein; ed. Narodni Galerie, Praha, 1968

Torino, Galleria Martano, *Yves Klein*, 31.X – 30.XI.1969; cat. [Documenti Martano-Due n. 21], testi di / texts by P. Restany, P. Wember; ed. Martano, Torino, 1969

Paris, Musée des Arts Décoratifs, *Yves Klein 1928–1962*, 19.I – 02.III.1969; cat. testi di / texts by P. Restany, P. Wember; ed. Union Centrale des Arts Décoratifs, Paris, 1969

Milano, Galleria Blu, *Yves Klein Le monochrome*, 09.XII – 30.XI.1969; cat. ed. Galleria Blu, Milano, 1969

Torino, GAM, Galleria Civica d'Arte Moderna e Contemporanea, *Yves Klein*, 02.XII – 31.XII.1970; cat., testo di / text by A. Passoni; ed. Galleria Civica d'Arte Moderna, Torino, 1970

Roma, Galleria dell'Obelisco, *Yves Klein le Monochrome*, 26.I.1970; cat., ed. Galleria dell'Obelisco, Roma, 1970

Beograd, Muzej Savremene Umetnosti, *Yves Klein, slike, reljefi, skulpture*, 31.I – 28.II.1971; cat., testo di / text by A. Passoni; ed. Muzej Savremene Umetnosti, Beograd, 1971; dopo / later Zagreb, Galerija Suvremene Umjetnosti, *Yves Klein*, 25.III – 11.IV.1971

Hannover, Kunstverein, *Yves Klein*, 19.VI – 25.VII.1971; cat., testi di / texts by B. Carow, M. de LaMotte; ed. Kunsthalle, Berne, 1971: dopo / later Berne, Kunsthalle, *Yves Klein*, 04.VIII –29.VIII.1971

Cagnes-sur-Mer, Château Musée Grimaldi, *Yves Klein – Marie Raymond*, 16.XII.1972 – 17.II.1973; cat., testi di / texts by Y. Klein, P. Restany, M. Gaudet et al. / and others; ed. Château Musée, Cagnes-sur-Mer, 1972

Paris, Galerie Karl Flinker, *Yves Klein*, 13.II – 24.III.1973; cat., testi di / texts by Y. Klein; ed. Galerie Karl Flinker, Paris, 1973; dopo / later London, Gimpel Fils Gallery, *Yves Klein*, 30.V – 23.VI.1973; cat., ed. Galerie Gimpel Fils, London, 1973

Ludwigshafen am Rhein, Städtische Kunstsammlungen, *Yves Klein*, 20.III – 28.IV.1974; cat., testo di / text by M. Fath; ed. Städtische Kunstsammlungen, Ludwigshafen am Rhein, 1974

London[1], Tate Gallery, *Yves Klein, 1928–1962: Selected writings*, 20.III – 15.V.1974; cat., testo di / text by M. Compton; ed. The Tate Gallery, London, 1974

London[2], ICA, Institute of Contemporary Arts, *Basically white*, 15.III – 28.IV.1974; cat., testo di / text by C. Blotkemp; ed. ICA, London, 1974

Berlin, Nationalgalerie e / and Neue Berliner Kunstverein, *Yves Klein*, 04.VI – 12.VII.1976; cat. testo di / text by H. Weitermeier; ed. Nationalgalerie, Berlin, 1976; dopo / later Düsseldorf, Städtische Kunsthalle, 20.VII – 28.VIII.1976

Paris, Galerie Karl Flinker, *Yves Klein, Feux*, 19.X – 20.XI.1976

New York, Sidney Janis Gallery, *Monochrome paintings, sponge reliefs, fire & drag by Yves Klein*, 03.III – 02.IV.1977; cat., ed. Sidney Janis Gallery, New York, 1977

Tokyo, Bijutsu Shuppan-Sha, *Yves Klein 1928–1962*, Tokyo, 1979; cat., ed. Bijutsu Shuppan-Sha, Tokyo, 1979

Düsseldorf, Städtische Kunsthalle, *Schwarz*, 16.X – 29.XI.1981; cat., testo di / text by H. Weitemeier; ed. Städtischen Kunsthalle, Düsseldorf, 1981

Houston, Art Gallery, Institute for the Arts, Rice University *Yves Klein, 1928–1962, A retrospective*, 05.II – 02.V.1982; cat., testi di / texts by D. de Menil, D. Bozo, J-Y. Mock, P. Restany, et al. / and others; ed. Rice University / The Arts Publisher, Houston, 1982; dopo / later Chicago, Museum of Contemporary Art, 18.VI – 29.VIII.1982; dopo / later New York, Solomon R. Guggenheim Museum, 18.XI.1982 – 09.I.1983; dopo / later Paris, Centre Georges Pompidou – Musée national d'art moderne, 03.III – 23.V.1983; cat., testo di / text by D. Bozo; ed. Centre Georges Pompidou, Paris, 1983

Saint-Etienne, Musée d'Art et d'Industrie, *1960. L'art en France 1957–1967*, 04.III – 30.IV.1983; cat., testi di / texts by B. Ceysson, M. Serceau; ed. Musée d'Art et d'Industrie, Saint-Etienne, 1983

Takanawa, Seibu Museum of Modern Art, *Yves Klein*, 20.VII – 01.IX.1985; cat., ed. Asahi Shimbun, Tokyo, 1985; dopo / later Shiga, Museum of Modern Art, *Yves Klein*, 07.IX – 06.X.1985; dopo / later Iwaki, City Art Museum, *Yves Klein*, 12.X – 10.XI.1985; dopo / later Tokyo, Seibu Museum of Modern Art, *Yves Klein*, 02.I – 24.II.1986

Köln, Galerie Reckermann, *Yves Klein* 1928–1962, 30.VIII – 30.IX.1986; cat., ed. Galerie Reckermann, Köln, 1986

London, Anthony d'Offay Gallery, *Joseph Beuys – Yves Klein – Mark Rothko: Trasformation and Prophecy*, 05.VI – 03.VII.1987; cat., testo di / text by A. Seymur; ed. Anthony d'Offay Gallery, London, 1987; cat. *Joseph Beuys, Yves Klein, Mark Rothko: Wandlung und Prophezeiung*, testo di / text by A. Seymur; ed. Hatje Cantz, Ostfildern, 1987; dopo / later Madrid, Fundacion Caja de Pensiones, 01.IX – 20.XI.1987; cat. *Beuys – Klein – Rothko, Profecia y Transformación*, testo di / text by A. Seymur; ed. Fundacion Caja de Pensiones, Madrid, 1987

Paris, Galerie Beaubourg, *M.A.J.Y. – M.A.G.I.E., Duchamp, Warhol, Beuys, Klein*, 15.X – 01.XII.1988; cat., testo di / text by B. Lamarche-Vadel; ed. La Différence, Paris, 1988

São Paulo, XX Biennale Internationale, *Yves Klein, Alain Jacquet, Antonio Semeraro – Insights*, 14.X – 10.XII.1989; cat., testo di / text by C. Millet; ed. Association Française d'Action Artistique, Paris, 1989; dopo / later Paris, CNAP, Centre National des Arts Plastiques, 27.III – 07.V.1990; dopo / later Marseille, Centre de la Vieille Charité, 28.V – 20.VIII.1990

Paris, Musée de la Poste, *Les couleurs de l'argent*, 19.XI.1991 – 01.II.1992; cat., testi di / texts by J-M. Ribettes, J. Foucart, M. Nuridsany; ed. Musée de la Poste, Paris, 1991

Morlaix, Musée des Jacobins, *Pierre Restany, le coeur et la raison*, 12.VII – 10.XI.1991; cat., ed. Musée des Jacobins, Morlaix, 1991

Los Angeles, MOCA, Museum of Contemporary Art, *Yves Klein, the Fire Paintings*, 18.X – 06.XII.1992; cat., ed. Museum of Contemporary Art, Los Angeles, 1992

London, Anthony d'Offay Gallery, *Barnett Newman, Joseph Beuys, Cy Twombly, Yves Klein, Jasper Johns*, 09.IX – 15.X.1993; cat., testi di / texts by C. Tzu, D. Sylvester; ed. Anthony d'Offay Gallery, London, 1993; dopo / later Dublin, *Irish* Museum of Modern Art, 27.I – 04.IV.1994; dopo / later Nimes, Carré d'Art – Musée d'art contemporain, 21.IV.1994 – 30.VI.1994

Lyon, Halle Tony Garnier, *Et tous ils changent le monde*, 03.IX – 13.X.1993; cat., ed. Réunion des musées nationaux / Biennale d'art contemporain, Lyon, 1993

New York, Gagosian Gallery, *Yves Klein Fire at the Heart of the Void*, 04.III – 14.IV.1994; cat., testo di / text by P. Restany; ed. Spring, Putnam, 1993

Krefeld, Museum Haus Lange, *Im weißen Raum Lucio Fontana Yves Klein*, 06.XI.1994 – 05.II.1995; cat., testi di / texts by G. Storck, B. Köhler; ed. Museen Haus Esters und Haus Lange, Krefeld, 1994

Köln, Museum Ludwig, / Düsseldorf, Kunstsammlung Nordrhein-Westfalen, *Yves Klein*, 08.XI.1994 – 08.I.1995; cat., testo di / text by S. Stich; ed. Museum Ludwig, Köln / Kunstsammlung Düsseldorf / Hatje Cantz, Ostfildern, 1994; dopo / later London, Hayward Gallery, *Yves Klein, Lap in to the Void,* 09.II – 23.IV.1995; cat. *Yves Klein now, Sixteen views*, testo di / text by S. Stich; ed. Hayward Gallery, London, 1995; dopo / later Madrid, Museo Nacional Centro de Arte Reina Sofia, *Yves Klein, Salto en el Vacio*, 29.V – 29.VIII.1995; cat., testo di / text by S. Stich; ed. Centro de Arte Reina Sofia, Madrid, 1995

Zürich, Art Focus, *Yves Klein*, 06.X.1995 – 18.XI.1995

Reutlingen, Stiftung für konkrete Kunst, *Die konkrete Zeit – Gegenstände eines Jahrhunderts*, 31.III – 28.VII.1996; cat., ed. Stiftung für konkrete Kunst, Reutlingen, 1996

Milano, Galleria Fonte d'Abisso Arte, *Nouveaux Réalistes Anni '60. La memoria viva di Milano*, 16.X – 18.XII.1997; cat., testo di / text by P. Restany; ed. Mazzotta, Milano, 1997

Oslo, Museet for Samtidskunst, *Yves Klein*, 26.IV – 17.VIII.1997;

cat., testi di / texts by P. Restany, P. Descargues, T. Vuorikoski, H. Palumbo Mosca; ed. Museet for Samtidskunst, Oslo, 1997; dopo / later Tampere, Sara Hildén Art Museum, 06.IX – 23.XI.1997; dopo / later Sydney, Museum of Contemporary Art Australia, 11.XII.1997 – 29.III.1998

Paris, Passage de Retz, *Fétiches & Fétichismes, dans le défaut de l'objet religieux, économique et sexuel*, Éditions, 23.VI.1998 – 12.IX.1999; cat., testo di / text by J-M. Ribettes; ed. Blanche, Paris, 1999

Luxembourg, MUDAM – Musée d'art moderne Grand-Duc Jean, *L'École de Paris? 1945–1964*, 12.XII.1998 – 21.II.1999; cat., testi di / texts by B. Ceysson, J-L. Daval, S. Wilson; ed. Fondation Musée d'Art Moderne Grand-Duc Jean, Luxembourg, 1998

Montréal, Musée des Beaux-Arts, Pavillon Jean-Noël Desmarais, *Cosmos, du Romantisme à l'Avant-garde*, 17.VI – 17.X.1999; cat., testo di / text by J. Clair et al. / and others; ed. Musée des beaux-arts, Montréal, 1999; dopo / later Barcelona, Centro de Cultura Contemporània, *Cosmos Del Romanticismo a la Vanguardia 1801–2001*, 23.XI.1999 – 20.II.2000; cat., testo di / text by J. Clair et al. / and others; ed. C.C.C.B. / Institut d'Edicions, Barcelona, 1999; dopo / later Venezia, Palazzo Grassi, *Cosmos Da Goya a de Chirico, da Friedrich a Kiefer. La scoperta dell'infinito / From Goya to de Chirico, from Friedrich to Kiefer. Art in Pursuit of the Infinite*, 24.III – 23.VII.2000; cat., testo di / text by J. Clair et al. / and others; ed. Bompiani, Milano, 2000

Basel, Tinguely Museum, *Tinguely's Favorites, Yves Klein*, 01.XII.1999 – 09.IV.2000; cat., testi di / texts by H. Szeemann, T. McHevilley, P. Restany, H. Mack, J. Tinguely et al. / and others; ed. Musée Jean Tinguely, Basel, 1999

Paris, Musée du Louvre, *Posséder et détruire*, 10.IV – 10.VII.2000; cat., testo di / text by M. Régis; ed. Réunion des musées nationaux, Paris, 2000

Nice, MAMAC – Musée d'Art Moderne et d'Art Contemporain, *Yves Klein, La vie, la vie elle-méme qui est l'art absolu*, 28.IV – 04.IX.2000; cat., testi di / texts by G. Perlein, B. Corà; ed. T.A.T., Paris, 2000; dopo / later Prato, Centro per l'Arte Contemporanea Luigi Pecci, *Yves Klein, La vita, la vita stessa che è l'arte assoluta*, 23.IX.2000 – 10.I.2001; cat., testi di / texts by B. Corà, G. Perlein; ed. T.A.T., Paris, 2000

Köln[1], Galerie Gmurzynska, *Andy Warhol & Yves Klein, Natural - Unnatural*, 03.VI – 03.VIII.2002

Köln[2], Galerie Gmurzynska, *Yves Klein, Naturometries*, 02.VI – 03.VIII.2002; cat., testi di / texts by K. Gmurzynska, M. Rastorfer; ed. Galerie Gmurzynska, Köln, 2002

Rovereto, Museo di Arte Moderna e Contemporanea di Trento e Rovereto, *Le stanze dell'arte. Figure e immagini del XX secolo*, 15.XII.2002 – 13.V.2003; cat., testo di / text by G. Belli et al. / and others; Skira, Milano, 2002

Burgdorf, Museum Franz Gertsch, *Horizonte*, 26.IV – 27.VII.2003; cat., testi di / texts by R. Spieler, C. Markovic; ed. Museum Franz Gertsch, Burgdorf, 2003

Los Angeles, MAK, Center for Art and Architecture, *Yves Klein, Air architecture*, 13.V – 29.VIII.2004; cat., testi di / texts by P. Noever, F. Perrin, Y. Klein; ed. Hatje Cantz, Ostfildern-Ruit, 2004

Angers, Musée des Beaux-Arts, *Marie Raymond – Yves Klein*, 20.XI.2004 – 27.II.2005; cat., testo di / text by R. Fleck; ed. Expressions contemporaines, Angers 2004; dopo / later Roanne, Musée des Beaux-Arts et d'Archéologie Joseph-Déchelette, 11.III – 19.VI.2005; dopo / later Carcassonne, Musèe de beaux arts, 2006; dopo / later Koblenz, Ludwig Museum, 25.VI – 17.IX.2006; dopo / later Dunkerque, LAAC - Lieu d'art et action contemporaine, 03.III – 10.VI.2007

Frankfurt, Schirn Kunsthalle, *Yves Klein*, 17.IX.2004 – 09.I.2005; cat., testo di / text by O. Berggruen, M. Hollein, I. Pfeiffer et al. / and others; ed. Hatje Cantz / Schirn Kunsthalle / Guggenheim, Ostfildern-Ruit, 2004; dopo / later Bilbao, Museo Guggenheim, 31.I – 02.V.2005

Milano, Galleria Fonte d'Abisso Arte, *Nello spazio nel cosmo*, 17.III – 26.V.2005; cat., testi di / texts by A. Masoero, D. Battaglia Olgiati; ed. Mazzotta, Milano, 2005

London, Barbican Art Gallery, *Colour after Klein*, 26.V – 11.IX.2005; cat., testo di / text by J. Alison, ed. Black Dog London, 2005

New York, L&M Arts, *Yves Klein: A Career Survey*, 25.X – 10.XII.2005; cat., testo di / text by P. Karmel P., et al. / and others; ed. L & M Arts, New York, 2005

Hannover, Kestnergesellschaft, *Yves Klein. Der Sprung ins Leere. Pretiosen des Nouveau Réalisme*, 27.II – 31.V.2006; dopo / later Passau, Museum Moderner Kunst, 21.VII – 24.IX.2006

Lugano, Museo Cantonale d'Arte, *L'immagine del vuoto. Una linea di ricerca nell'arte in Italia 1958–2006*, 06.X.2006 – 07.I.2007; cat., testi di / texts by M. Franciolli, B. Della Casa et al. / and others; ed. Skira, Milano, 2006

Düsseldorf, Stiftung Museum, Kunst Palast, *ZERO, Internationale Künstler-Avantgarde der 50er/60er Jahre*, 08.IV – 09.VII.2006; cat., testi di / texts by L. Hegyi, H. Martin, H. van den Valentyn, M. Visser; ed. Hatje Cantz, Düsseldorf, 2006; dopo / later Saint-Etienne, Musè d'Art Moderne, *Zero. Avant-garde internationale des années 1950–1960*, 15.IX.2006 – 15.I.2007; cat., testi di / texts by L. Hegyi, R. Zimmermann, C. Millet, H.N. Jocks; ed. Musée d'art moderne, Saint-Étienne, 2006

Paris, Centre Georges Pompidou – Musée national d'art moderne, *Yves Klein Corps, couleur, immatériel*, 05.X.2006 – 05.II.2007; cat., testi di / texts by C. Morincau et al. / and others; ed. Centre Pompidou, Paris, 2006; dopo / later Wien, MUMOK – Museum Moderner Kunst Stiftung Ludwig, *Yves Klein, Die Blaue revolution*, 03.III – 03.VI.2007; cat., testi di / texts by C. Morineau et al. / and others; ed. Museum Moderner Kunst Stiftung Ludwig, Wien, 2007

Barcelona, Fundació Joan Miró, *Un cos sense limits*, 25.X – 27.I.2008; cat., testi di / texts by J-L. Prat, R.M. Malet; ed. Fundació Joan Miró, Barcelona, 2008

Bologna, MAMbo, Museo d'Arte Moderna di Bologna, *Vertigo. Il secolo di arte off-media dal Futurismo al web*, 06.V – 04.XI.2007; cat., testi di / texts by G. Celant, G. Maraniello et al. / and others; ed. Skira, Milano, 2007

Baden-Baden, Museum Frieder Burda, *Les peintres sculpteurs*, 05.VII – 26.X.2008; cat., testi di / texts by J-L. Prat, C. Edde, F Schmidt; ed. Museum Frieder Burda / Hatje Cantz, Ostfildern, 2008

Lugano, MASI – Museo d'arte della Svizzera italiana, *Yves Klein & Rotraut*, 16.V – 13.IX.2009; cat. *Yves Klein*, testi di / texts by B., Corà, D. Moquay; ed. Silvana Editoriale, Cinisello Balsamo, 2009

Madrid, Círculo de Bellas Artes, *Marie Raymond – Yves Klein Herencias*, 28.X.2009 – 17.I.2010; cat., testi di / texts by N. Morales, J. Arnaldo, R. Fleck; ed. Circulo de bellas artes, Madrid, 2009

Washington D.C., Hirshhorn Museum and Sculpture Garden, *Yves Klein: With the Void, Full Powers*, 20.V – 12.XI.2010; cat., testi di / texts by K. Brougher, P. Vergne, K. Ottoman, K. Cabaňas; Hatje Cantz, Ostfildern, 2010; dopo / later Minneapolis, Walker Art Center, 23.X – 13.II.2011

Paris, Galerie Lelong, *Kounellis Klein, feu / contre-feu*, 19.V – 09.VII.2011

Nice, MAMAC – Musée d'Art Moderne et d'Art Contemporain, *La couleur en avant*, 24.VI – 27.XI.2011; cat. *L'art contemporain et la Côte d'Azur. Un territoire pour l'expérimentation, 1951 - 2011*, testi di / texts by M. Brun, G. Perlein, MAMAC, Nice, 2011

Clermont-Ferrand, FRAC Auvergne, Fonds régional d'art contemporain, *Un corps inattendu*, 02.IV.2011 – 26.VI.2011; cat., testi di / texts by J-C. Vergne, P. Daix, J-L. Prat; ed. FRAC Auvergne, Clermont-Ferrand, 2011

Bedburg-Hau, Museum Schloss Moyland, *Asche und Gold, Eine Wertenreise*, 28.I – 22.III.2012; cat., testi di / texts by D. Rübel, M. Kröger, A. Grönert, A. Schloen, P. Bamm; ed. Wienand, Köln, 2012; dopo / later Herford, MARTa, 13.V – 19.VIII.2012; cat., *Ashes and Gold. A World's Journey*, testi di / texts by D. Rübel, M. Kröger, A. Grönert, A. Schloen, P. Bamm; ed. Wienand, Köln, 2012

Los Angeles, MOCA, Museum of Contemporary Art, *Destroy the Picture: Painting the Void, 1949-1962*, 06.X.2012 - 14.I.2013; cat., testo di / text by P. Schimmel; ed. MOCA/Skira, Rizzoli, Los Angeles/New York, 2012; dopo / later Chicago, Museum of Contemporary Art, 16.II – 26.V.2013

Paris, Tornabuoni Art, *Tout feu tout flamme*, 05.X.2012 – 15.I.2013; cat., testo di / text by D. Abadie; ed. Forma, Poggibonsi, 2012

Curitiba, Museu Oscar Niemeyer, *Zero in South America*, 01.VIII – 03.XI.2013; cat., testi di / texts by H. Van Den Valentyn, J-N. Jocks, O. Piene, P. Filho; ed. Museu Oscar Niemeyer, Curitiba, 2013; dopo / later Porto Alegre, Fundaçao Iberê Camargo, 05.XII.2013 – 02.III.2014; dopo / later Sao Paulo, Pinacoteca do Estado, 03.IV – 15.VI.2014

Milano, Museo del Novecento, *Klein Fontana, Milano Parigi 1957-1962*, 22.X – 31.XII.2014; cat., testi di / texts by S. Bignami, G. Zanchetti; ed. Electa, Milano, 2014

Cagnes-sur-Mer, Château Musée Grimaldi – Musées de Cagnes-sur-Mer, *Yves Klein à Cagnes-sur-Mer*, 19.IX – 04.X.2015

Berlin, Martin-Gropius-Bau, *Zero, The International Art Mouvement of the 50s and 60s*, 21.III – 08.VI.2015; cat., testi di / texts by D. Pörschmann, M. Schavemaker et al. / and others; ed. Walter König, Köln, 2015; dopo / later Amsterdam, Stedelijk Museum, *Zero, let us explore the stars*, 04.VII – 08.XI.2015

London, Gagosian Gallery, *Alberto Giacometti, Yves Klein – In search of the Absolute, Part II*, 27.IV – 11.VI.2016

New York, Gagosian Gallery, *Nude – From Modigliani to Currin*, 20.IX – 19.XI.2016; cat., testo di / text by M. Cary; ed. Gagosian Gallery, New York, 2016

Buenos Aires, PROA Fundación, *Yves Klein, Retrospectiva*, 18.III – 31.VII.2017; cat., testo di / text by D. Moquay, Y. Klein, D. Riout, P. Restany, K. Ottoman, D. Buzzati; ed. PROA Fundación, Buenos Aires, 2017; dopo / later Ciudad de México, MUAC – Museo Universitario de Arte Contemporáneo, *Yves Klein*, 26.VIII.2017 – 14.I. 2018; cat., testi di / texts by D. Franco, Y. Klein, K. Ottoman, D. Saldaña París, J. Volpi; ed. MUAC / UNAM / Insurgentes Sur 3000, Ciudad de México, 2017

Chur, Bundner Kunst Museum, *Always Different, Always the same*, 30.VI – 11.XI.2018; cat., testo di / text by E. Devereaux, M. Power, G. Fraiday; ed. Rowman & Littlefield, Lanham, 2022

New York, Eykyn Maclean, *Ornament and Crime*, 02.V – 15.VI.2018; cat., testo di / text by M. O'Rourke; ed. Eykyn Maclean Gallery – Sternberg Press, New York, 2018

Woodstock, Blenheim Palace, *Yves Klein at Blenheim Palace*, 18.VII – 07.X.2018; cat., testo di / text by S. Corréard, M. Frahm, D. Moquay; ed. Blenheim Art Foundation, Woodstock, 2018

Moskva, The Jewish Museum and Tolerance Center, *Boom! Bam! Playing with Masterpieces: from Henri Matisse to Marina Abramović*, 13.II – 12.V.2019; cat., testi di / texts by A. Munipov, I. Munipova, L. Chechin, I. Dvoretskaya; ed. The Jewish Museum and Tolerance Center, Moskva, 2019

Shanghai, PSA – Power Station of Art, *The Challenging Souls, Yves Klein, Lee Ufan, Ding Yi*, 27.IV – 28.VII.2019; cat., testi di / texts by G. Yan, Y. Lee; ed. Power Station of Art, Shanghai, 2019

Rodez, Musée Soulages, *Yves Klein, Des cris bleus*, 21.VI – 03.XI.2019; cat., testo di / text by B. Decron; ed. Musée Soulages, Rodez, 2019

London, Paul Coulon, *Selected works by 20th Century Masters*, 15.IX – 30.X.2020

Metz, Centre Pompidou – Musée national d'art moderne, *Le ciel comme atelier. Yves Klein et ses contemporains*, 18.VII.2020 – 15.III.2021; cat., testi di / texts by E. Lavigne, F. Migayrou, Y. Hasegawe, L.M. Barbero, A. Kremer-Mallory; ed. Centre Pompidou, Paris, 2020

Massignac, Domaine des Étangs, *Yves Klein, Les éléments et les couleurs*, 25.VI.2020 – 29.I.2021; cat., testi di / texts by K. Ottoman, D. Moquay, P. Siauve; ed. Arteos, Paris, 2020

Lens, Fondation Opale, *Yves Klein, Rêver dans le rêve des autres / Dreaming in the dream of others*, 10.XII.2022 – 16.IV.2023; cat., testi di / texts by G. Petitjean, W. Caruana, D. Semin, K. Akerman; ed. Mousse Publishing, Milano, 2022

Aix-en-Provence, Hôtel de Caumont, *Yves Klein, Intime*, 28.X.2022 – 26.III.2023; cat., testi di / texts by C. Braschi, D. Riout; ed. In fine, Paris, 2022

Silkeborg, Museum Jorn, *Yves Klein, The Infinite Space / Det Uendelige Rum*, 03.VI – 03.IX.2023; cat., M. Bernstein, G. Berreby, J. Rokkjaer Birch; ed. Walther & Franz König, Köln, 2023

Beijing, Guardian Art Center, *Yves Klein, Painter of Space*, 06.VII – 03.X.2023; cat., L. Yongwood; ed. Guardian Art Center, Beijing, 2023

New York, Lévy Gorvy Dayan, *Yves Klein and the Tangible World*, 11.IV – 25.V.2024

YVES KLEIN
Bibliografia delle opere in mostra / Bibliography of the displayed works

Adam É., *Intinéraire d'un marchand de couleurs à Montparnasse*, Éditions du Chêne, Paris, 2011

Alison J., *Colour after Klein*, Black Dog Publishing, London, 2005

Arnaldo J., *Yves Klein*, Edition Nerea, Hondarribia, 2000

Berggruen O., Hollein M., Pfeiffe I., *Yves Klein, macht blau*, Hatje Cantz, Berlin, 2004

Bouzerand J., *Yves Klein au-delà du bleu*, Éditions A Propos, Garches, 2006

Braschi C., Riout D., *Yves Klein Intime*, In fine, Paris, 2022

Cesar M., *Yves Klein Flip Flap'Art*, Artissima jeunesse, Paris, 2006

Charlet[1] N., *Yves Klein sculpteur*, Éditions de l'Amateur, Paris, 2000

Charlet[2] N., Restany P., *Yves Klein*, Adam Biro, Paris, 2000

Charlet[3] N., *Yves Klein*, Prestel Verlag, München, 2000

Charlet N., *Yves Klein – La sculpture et le vide*, La Nuit Myrtide, Lille, 2015

Chilver J., Eichler D., *Glenn Brown and Rebecca Warren*, Marquand Books, Seattle, 2015

"Die Netzwerker", *Weltkunst*, Hamburg, 2015

Francblin C., *Les Nouveaux Réalistes*, Éditions du Regard, Paris, 1997

Glasner B., Schmidt P., *Chroma Design architecture & art in color*, Birkhäuser Verlag, Basel, 2010

Guide du Musée, Guggenheim Museum, Bilbao, 2005

Hollein N., *Yves Klein into the blue*, Hatje Cantz Verlag, Ostfildern, 2004

Klein d'oeil en bleu, Placements & art de vivre, Paris, 2000

"Klein!", *Arte*, Cairo Editore, Milano, 2006

Klein-Moquay R., Pincus-Witten R., *Yves Klein USA*, Éditions Dilecta, Paris, 2009

Kramer-Mallordy A., Klein-Moquay R., *Yves Klein Germany*, Éditions Dilecta, Paris, 2017

Leclerc F., *L'École de Nice Paroles d'artistes*, Verlhac Éditions, Paris, 2010

Ledeur J-P., Restany P., *Yves Klein. Catalogue des edition and sculptures editées*, Éditions Guy Pieters, Knokke-Heist, 2000

Lepage J., Juffroy A., Restany P., Hahn O., *Trois artistes de l'École de Nice, Arman, Yves Klein, Martial Raysse*, Musées de Nice, Nice, 1967

"Marie Raymond[1] – Yves Klein dialogue", *La Gazette de l'Hôtel Drouot*, Paris, 2005

"Marie Raymond[2], Fred et Yves Klein", *Pourtours*, Gémenos, 2005

Martano G., *Yves Klein, il mistero ostentato*, Martano Editore, Torino, 1970

Masoero A., Battaglia Olgiati D., *Nello spazio nel cosmo*, Mazzotta Editore, Milano, 2005

Millet C., "Yves Klein", *Artpress*, Paris, 2006

Ottoman K., *Yves Klein le philosophe*, Éditions Dilecta, Paris, 2010

Perlein G., Buisine A., Corà B., Bourriaud N., *Yves Klein, Long Live the Immaterial!*, Delano Greenidge Editions, New York, 2000

Poli F., *Minimalismo, Arte Povera, Arte Concettuale*, Laterza, Roma, 1995

Prot F., Smith P., *Yves Klein Embrasure*, 5 Continents Éditions, Milano, 2012

Prot F., Smith P., *Yves Klein incandecences*, 5 Continents Éditions, Milano, 2013

Ramade B., *L'Exposition Yves Klein Corps, couleur, immatériel*, Éditions du Centre Pompidou, Paris, 2006

Restany P., "Yves Klein, Le jaillissement du futur", *Arts Lettres Spectacles*, n. 1011, Paris, 1965

Restany P., *Yves Klein*, Chêne/Hachette, Paris, 1982

Restany P., Ottoman K., *Yves Klein Fire at the Heart of the Void*, Spring, Putnam, 2005

Riout D., *Yves Klein, Manifester l'immatériel*, Éditions Gallimard, Paris, 2004

Riout D., *Yves Klein, L'aventure monochrome*, Éditions Gallimard, Paris, 2006

Riout D., "Yves Klein l'Intrépide", *Telerama hors série*, Paris, 2014

Ruhnau A., *Die Thaeterbauhütte in Gelsenkirchen / Thaeterbauhütte. The lodge at Gelsenkirchen*, Kerber, Bielefeld-Berlin, 2016,

Sciaccaluga M., "Yves Klein, Profondo Blu", *Arte*, n. 326, Milano, ottobre / October 2000

Taylor R., *A fascination with fractals*, Physics World, Bristol, 2013

Weitemeier H., *Schwarz*, Städtischen Kunsthalle, Düsseldorf, 1981

Weitemeier H., *Yves Klein, 1928–1962, International Klein Blue*, Taschen, Köln, 1994 2023

Wember P., *Yves Klein*, M. DuMont Schauberg, Köln, 1969

Yacob A., "Yves Klein la quête de l'immatériel", *L'Objet d'Art*, n. 417, pp. 46-53, Faton, Dijon, 2006

"Yves Klein", *Art Press*, Flammarion, Paris, 1983

Yves Klein, Springer Verlag, Wien, 2007

"Yves Klein[1] ou le bleu de chauffe", *Point de vue*, Paris, 2000

"Yves Klein[2]", *Beaux arts magazine* (hors série), Paris, 2000

"Yves Klein[3]", *Journal des Arts*, Paris, 2000

"Yves Klein[1] Die Blaue Revolution", *Frankfurter Allgemeine Zeitung*, Frankfurt am Main, 2004

"Yves Klein[2] Shirn Kunsthalle", *International Herald Tribune*, Paris, 2004

"Yves Klein", *Connaissance des arts, Réalités*, n. 642, Paris, 2006

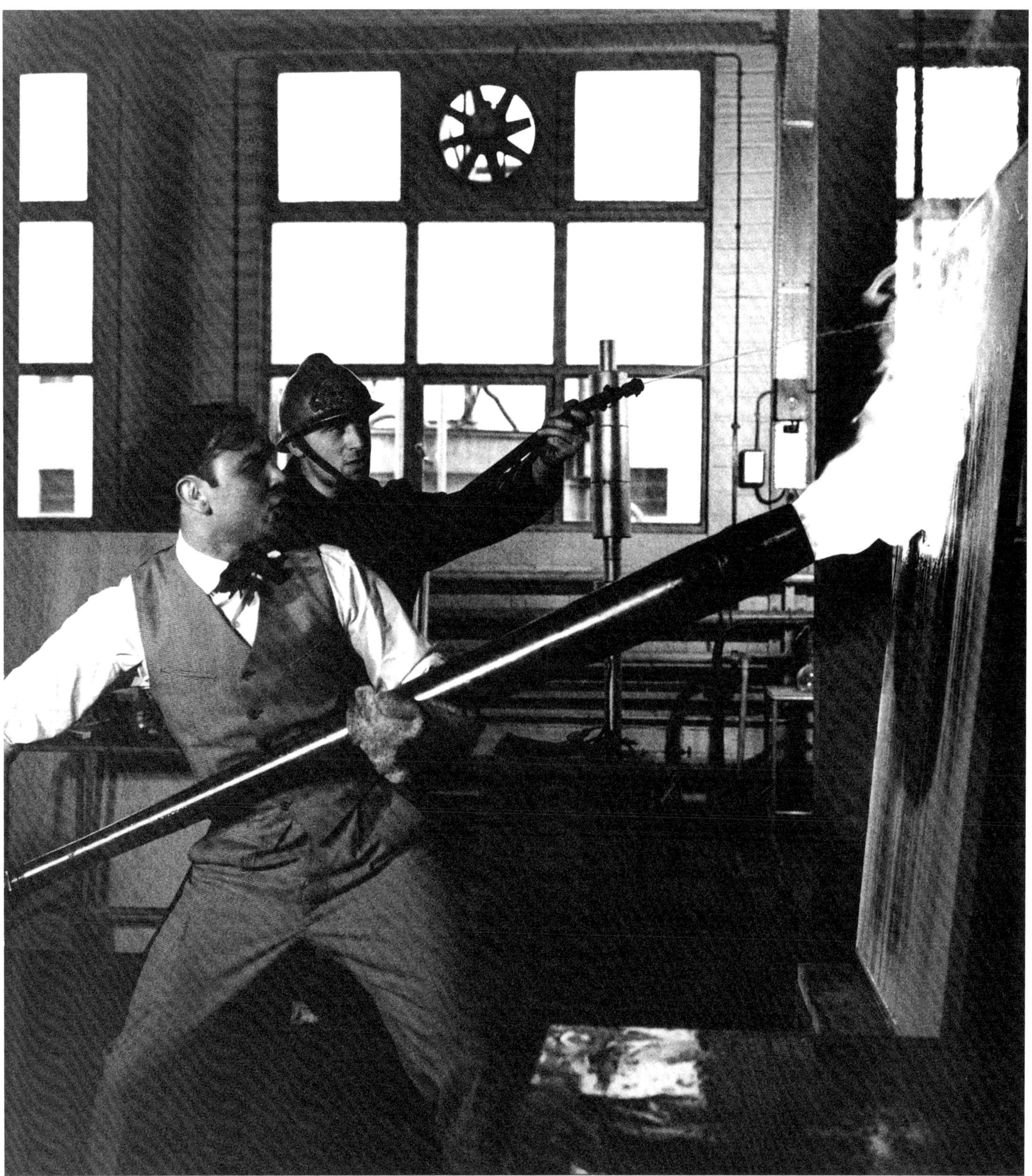

Yves Klein mentre realizza/working on *Peinture de Feu* (F 2), Centre d'essais de Gaz de France, Saint-Denis, Francia/France, 1962

ARMAN
Schede delle opere / List of works

1.
Cachet (Priorité A), 1957

Impronte di timbri su carta / Rubber stamps
traces on paper
27 × 21 cm
Collezione privata / Private collection, Lugano

ESPOSIZIONI / EXHIBITIONS
Zürich, 1986, n. 2, p. 33 [ripr. / repr.]

BIBLIOGRAFIA / BIBLIOGRAPHY
Durand-Ruel D., 2005, n. 81, pp. 64–65 [ripr. /
repr.]

2.
Cachet, 1957

Impronte di timbri su carta rinforzata su pannello
di legno / Rubber stamps traces on strengthened
paper on wood panel
5.5 × 40.5 cm
Collezione / Collection Giancarlo e Danna Olgiati,
Lugano
Provenienza / Provenance Galleria Schwarz,
Milano

ESPOSIZIONI / EXHIBITIONS
Parma, 1984, n. 5, p. 37 [ripr. col. / col. repr.];
Zürich, 1986 n. 3, pp. 32–33 [ripr. col. / col. repr.];
Milano, 1991, p. 332 [ripr. col. / col. repr.]

BIBLIOGRAFIA / BIBLIOGRAPHY
Durand-Ruel, 2005, n. 89, pp. 66–67 [ripr / repr.];
Celant, 2020, n. 104, p. 69 [ripr. col. / col. repr.]

3.
Cachet (Tampons assemblages), 1959

Impronte di timbri e inchiostri su carta intelata /
Rubber stamps traces and ink on paper mounted
on canvas
135 × 178 cm
Collezione / Collection Giancarlo e Danna Olgiati,
Lugano
Provenienza / Provenance Galleria Apollinaire,
Milano; Archive Durand-Ruel n. 1157

ESPOSIZIONI / EXHIBITIONS
Milano, 1959; Lissone, 1961; Roma, 1973, n. 1,
p. 216 [ripr. / repr.]; Paris, 1986, p. 66 [ripr. / repr.]
/ Mannheim, 1987 / Winterthur, 1987; Milano,
1991, p. 14 [ripr. / repr.]; Milano, 1997, n. 3,
p. 27 [ripr. col. / col. repr.]; Nice, 2001, p. 47
[ripr. col. / col. repr.]; Nice, 2003 [ripr. col. / col.
repr.]; Milano, 2003, n. 2, pp. 34–35 [ripr. col. /
col. repr.]

BIBLIOGRAFIA / BIBLIOGRAPHY
Durand-Ruel, 2005, n. 182, pp. 131 [ripr. col. / col.
repr.], pp. 132–133 [ripr. / repr.]; Celant, 2020,
n. 1, p. 10 [ripr. col. / col. repr.]

4.
Allure d'Objets, 1958

Tracce d'oggetti, vernice su cartone / Objects
traces, enamel on cardboard
65 × 50 cm
Collezione / Collection Giancarlo e Danna Olgiati,
Lugano
Provenienza / Provenance Galleria Schwarz,
Milano; Archive Durand-Ruel n. 66

ESPOSIZIONI / EXHIBITIONS
Milano, 1966, n. 2 [ripr. / repr.]; Milano, 1968,
n. 3; Parma, 1984, n. 9, p. 40 [ripr. / repr.]; Venezia,
1985; Zürich, 1986, n. 4, p. 34 [ripr. / repr.]

BIBLIOGRAFIA / BIBLIOGRAPHY
Durand-Ruel, 2005, n. 174, pp. 114–115 [ripr. /
repr.]; Celant, 2020, n. 114, p. 79 [ripr. / repr.]

5.
Violini, [1961]

Pittura serigrafica su tela / Silkscreen painting
on canvas
130 × 200 cm
Firmato in basso a destra / Signed lower right
Collezione / Collection Gian Enzo Sperone

ESPOSIZIONI / EXHIBITIONS
Knokke-Heist, 1984, n. 11 [*Violin Bows*, datato /
dated 1975, ripr. / repr.]; Milano, 1990, n. 13 [*Musical*,
datato / dated 1968, 200 × 150 cm, ripr. / repr.]

6.
FULL-UP, 1960

Oggetti in scatola metallica / Objects in metal box
10.5 × 6 × 3 cm
Collezione privata / Private collection
Invito / invitation, *Arman, Le Plein*, Galerie Iris
Clert, Paris, 1960 (500 esemplari / copies)

ESPOSIZIONI / EXHIBITIONS
Paris, 2006, [ripr. col. / col. repr.]

BIBLIOGRAFIA / BIBLIOGRAPHY
Durand-Ruel, 1991, p. 15 [ripr. / repr.]; Celant,
2020, n. 125, p. 85 [ripr. col. / col. repr.]

7.
Premier portrait-robot d'Yves Klein, le Monochrome,
1960

Oggetti in scatola di legno e plexiglass / Objects
in wood and plexiglass case
76 × 50 × 12 cm
Collezione privata / Private collection

ESPOSIZIONI / EXHIBITIONS
Amsterdam, 1964, n. 6 [*Portrait d'Yves Klein*];
Krefeld, 1965, n. 4 [*Portrait d'Yves Klein*, ripr.
/ repr.]; Bruxelles, 1966, n. 16 [ripr. / repr.];
Hannover, 1982, n. 15, p. 58 [ripr. / repr.] /
Darmstadt, 1982 / Tel Aviv, 1983 / Tubingen,
1982 / Antibes, 1983, n. 15, p. 46 [ripr. / repr.] /
Dunkerque, 1983; Paris, 1986, n. 4, p. 117 [ripr.
col. / col. repr.] / Mannheim, 1987 / Winterthur,
1987; Paris, 1998, p. 101 [ripr. col. / col. repr.] /
Ludwigshafen, 1998 / Lisboa, 1998 / Tel Aviv, 1999;
Paris, 2010, p. 131 [ripr. col. / col. repr.] / Basel,
2011; Berlin, 2015, p. 251 [ripr. col. / col. repr.], p.
514 [ripr. col. / col. repr.] / Amsterdam, 2015; Aix-
en-Provence, 2022, p. 112 [ripr. col / col. repr.]

BIBLIOGRAFIA / BIBLIOGRAPHY
Durand-Ruel, 1991, n. 103, p. 57 [ripr. col. / col.
repr.], pp. 58–59 [ripr. / repr.]; Martin, 1973, n. 19
p. 35 [*Robot-Portrait d'Yves Klein, le monochrome*,
ripr. col. / col. repr.]; Lamarche-Vadel, 1998, p. 92
[ripr. col. / col. repr.]; *Beaux Arts Magazine*, 1998
[ripr. col. / col. repr.]; Foster, 2006, n. 6, p. 438
[ripr. col. / col. repr.]; Bouhours, 2010 [ripr. col. /
col. repr.]; Celant, 2017, n. 9 p. 17 [ripr. col. / col.
repr.]; Lavigne, 2020, p. 112 [ripr. col. / col. repr.];
Celant, 2020, n. 19, p. 19 [ripr. col. / col. repr.],
n. 137, p. 93 [ripr. col. / col. repr.]; *Connaissance des
arts*, 2022 [ripr. col. / col. repr.]

8.
Malheur aux barbus, 1960

Accumulazione di rasoi elettrici in scatola di
legno e vetro / Accumulation of electric razors in
wooden and glass box
101 × 60.5 × 10 cm
Collezione privata / Private collection

ESPOSIZIONI / EXHIBITIONS
Amsterdam, 1964, n. 7 [ripr. / repr.]; Krefeld,
1965, n. 3; Bruxelles, 1966; Milano, 1970; Paris,
2010, p. 127 [ripr. col. / col. repr.]; Paris, 2016

BIBLIOGRAFIA / BIBLIOGRAPHY
Durand-Ruel, 1991, n. 48, p. 35 [ripr /repr.];
Celant, 2020, n. 149, p. 105 [ripr. col. / col. repr.]

9.
Les mains, 1961

Accumulazione di mani di bambola tra due
vetri e cornice di legno, visibile da due parti /
Accumulation of dolls hands in glass box with
wooden frame, visible from both side
40.1 × 20.3 × 3.5 cm
Collezione / Collection Gian Enzo Sperone
Arman Studio Archive, New York
n. YV#40.080; Archive Durand-Ruel n. 897

BIBLIOGRAFIA / BIBLIOGRAPHY
Durand-Ruel, 1991, n. 149, p. 66–67 [ripr. / repr.];
Celant, 2020, n. 187, p. 131 [ripr. col. / col. repr.]

10.
Sans titre (Pique-nique), 1960

Accumulazione di pirottini in alluminio in scatola
di legno e vetro / Accumulation of silver cookies
papers in wooden and glass box
45 × 33 × 12 cm
Collezione / Collection Gian Enzo Sperone

ESPOSIZIONI / EXHIBITIONS
Rovereto, 2023, p. 77 [*Pic Nic*, ripr. col. / col. repr.]

BIBLIOGRAFIA / BIBLIOGRAPHY
Durand-Ruel, 1991, n. 191, pp. 100–101 [*Sans titre
/ Untitled*, 1961, 40 × 30 × 15 cm, ripr. /repr.];
Celant, 2020, n. 150, p. 106 [*Pique-Nique*, ripr.
col. / col. repr.]

11.
Fiat pas Lux II, 1960

Lampadine usate in scatola verniciata di legno
e vetro / Used light bulbs in a painted wooden
and glass box
40.3 × 63.2 × 8 cm
Collezione / Collection Gian Enzo Sperone
Arman Studio Archive, New York
n. APA#8002.60.052

ESPOSIZIONI / EXHIBITIONS
Leverkusen, 1967, n. 2 [*Radioröhren*, ripr. / repr.]
/ Berlin, 1967; Paris, 2010, p. 141 [ripr. col. / col.
repr.]

BIBLIOGRAFIA / BIBLIOGRAPHY
Durand-Ruel, 1991, n. 72, p. 141 [*Sans titre /
Untitled, lampes de radio / radio bulbs*, ripr. /repr.];
Celant, 2020, n. 148, p. 104 [*Fiat pas Luxe II*, ripr.
col. / col. repr.]

12.
Sans titre (Accumulation de vis), 1963

Viti e resina in un vassoio di legno montate su di
un'asse dipinta di bianco / Screws and resin in a
wooden tray mounted onto a white painted board
80 × 65 × 10 cm
Collezione / Collection Gian Enzo Sperone
Arman Studio Archive, New York
n. APA#8003.63.405

ESPOSIZIONI / EXHIBITIONS
Arles, 1974; Paris, 1974, n. 1 [*Accumulation de vis*,
ripr. / repr.]

BIBLIOGRAFIA / BIBLIOGRAPHY
Durand-Ruel, 1991, n. 141, pp. 64–65 [ripr. / repr.];
Celant, 2020, n. 255, p. 189 [ripr. col. / col. repr.]

13.
Sans titre (Accumulation de bobines), 1961

Bobine di filo di ferro in scatola di legno e plexiglass dipinta / Wire bobbins in wood and plexiglass painted box
48.9 × 64.8 × 7 cm
Collezione / Collection Gian Enzo Sperone
Arman Studio Archive, New York
n. APA#8002.61.071

Madrid, 1987; Bordeaux, 1988, p. 150 [*Accumulation de bobines*, ripr. col. / col. repr.]; Berlin, 1988; Roma, 1988, p. 98 [*Accumulation de bobines*, ripr. col. / col. repr.] / Trento, 1989; Genève, 1990; Tokyo, 1990 / Sendai, 1990 / Hiroshima, 1990 / Kyoto, 1991; Cannes, 2006

BIBLIOGRAFIA / BIBLIOGRAPHY
Durand-Ruel, 1991, n. 181, p. 98–99 [ripr. / repr.]

14.
Dans la nébuleuse mécanique, 1963

Meccanismi di orologeria in plexiglass / Clock works in plexiglass
135.4 × 44.5 × 4.5 cm
Collezione / Collection Giancarlo e Danna Olgiati, Lugano
Provenienza / Provenance Galleria Schwarz, Milano

ESPOSIZIONI / EXHIBITIONS
Milano, 1963, p. 6 [ripr. / repr.]; Zürich, 1986, n. 17, p. 47 [ripr. col. / col. repr.]; Paris, 1986, p. 198 [ripr. col. / col. repr.] / Mannheim, 1986 / Winterthur, 1987; München, 2000, p. 193 [ripr. col. / col. repr.]; Rovereto, 2002, p. 372 [ripr. col. / col. repr.]

BIBLIOGRAFIA / BIBLIOGRAPHY
Durand-Ruel, 1994, n. 138, pp. 64–65 [ripr. / repr.]; Celant, 2020, n. 250, p. 183 [ripr. col. / col. repr.]

15.
Inconstante, 1963

Sezioni di statuetta in poliestere / Sliced statuette in polyester
50 × 36.5 × 7 cm
Collezione privata / Private collection, Lugano

ESPOSIZIONI / EXHIBITIONS
Zürich, 1986, n. 51, p. 83 [ripr. col. / col. repr.]; Milano, 2003, n. 10, pp. 50–51 [ripr. col. / col. repr.]; Nice, 2003, [ripr. col. / col. repr.]

BIBLIOGRAFIA / BIBLIOGRAPHY
Durand-Ruel, 1991, n. 72, pp. 42–43 [ripr. / repr.]; Celant, 2020, n. 293, p. 221 [ripr. col. / col. repr.]

16.
Cello, 1962

Violoncello sezionato su tavola / Sliced cello on wood panel
160 × 135 × 21.5 cm
Collezione / Collection Giancarlo e Danna Olgiati, Lugano
Archive Durand-Ruel n. 222

ESPOSIZIONI / EXHIBITIONS
London, 1964 [ripr. / repr.]; Bruxelles, 1965 [ripr. / repr.]; New York, 1973, p. 30 [ripr. / repr.]; La Jolla, 1974, n. 25 / Seattle, 1974 / Fort Worth, 1975 / Des Moines, 1974 / Buffalo, 1975; Tokyo, 1985, n. 38, p. 59 [ripr. / repr.]; Vence, 2001; Nice, 2003 [ripr. / repr.]; Milano, 2003, n. 22, pp. 74–75 [ripr. col. / col. repr.] e copertina / and cover [ripr. col. / col. repr.]; Città di Castello, 2017, n. 88, p. 251 [ripr. col. / col. repr.]

BIBLIOGRAFIA / BIBLIOGRAPHY
Durand-Ruel, 1991, n. 280, p. 146–147 [ripr. / repr.]; Meneguzzo, 2006, p. 202 [*Violoncello segato*, ripr. col. / col. repr.]; Celant, 2020, n. 210, p. 151 [ripr. col. / col. repr.]

17.
Yves' Guitar, 1963

Chitarra spaccata su tavola / Smashed guitar on board
120 × 76 × 15 cm
Collezione privata / Private collection

ESPOSIZIONI / EXHIBITIONS
Krefeld, 1965, n. 36

BIBLIOGRAFIA / BIBLIOGRAPHY
Durand-Ruel, 1991, n. 18, pp. 24–25 [ripr. / repr.]

18.
Sarasate's Gipsy Hair, 1962

Frammenti di violino su tavola / Smashed violin on wood panel
79.5 × 64.5 × 8 cm
Collezione privata / Private collection
Provenienza / Provenance Galerie Schmela, Düsseldorf

ESPOSIZIONI / EXHIBITIONS
Düsseldorf, 1963; Krefeld, 1965, n. 65; Köln, 1968, n. 5, p. 26, 151 [ripr. col. / col. repr.]; Wuppertal, 1971, n. 24 [ripr. col. / col. repr.]; Paris, 1998 / Ludwigshafen am Rhein, 1998 / Lisboa, 1998 / Tel Aviv, 1999; Rio de Janeiro, 1999 / São Paulo, 2000 / Monterrey, 2000; Taipei, 2000; Barcelona, 2001; Roma, 2007, p. 45 [ripr. col. / col. repr.]

BIBLIOGRAFIA / BIBLIOGRAPHY
Arman[1], 1968, n. 14; Arman[2], 1968; Arman[3], 1968, n. 20; Durand-Ruel, 1991, n. 191, p. 135 [ripr. / repr.]; Guadagnini, 2023, pp. 339, 389 [ripr. col / col. repr.]

19.
Colère de Violon, 1964

Frammenti di violino e custodia in plexiglass / Smashed violin and safekeeping on plexiglass
100 × 120 × 9 cm
Collezione / Collection Giancarlo e Danna Olgiati, Lugano

ESPOSIZIONI / EXHIBITIONS
Parma, 1984, n. 33 [datato / dated 1962, ripr. col. in copertina / col. repr. on the cover]; Zürich, 1986, n. 30, p. 60 [ripr. col. / col. repr.]; Lugano, 2022 [ripr. col. / col. repr.]

20.
Antonio e Cleopatra (Colère), 1966

Violoncelli sezionati su tavola dipinta / Sliced cellos on painted wood panel
200.5 × 160.5 × 21 cm
Collezione / Collection Giancarlo e Danna Olgiati, Lugano
Archive Durand-Ruel n. 2479

21.
Colour Bow, 1967

Tubetti di pittura a olio in plexiglass / Oil paint tubes under plexiglass
123 × 123 × 6 cm
Collezione privata / Private collection

22.
Tourning White (Hommage à Y. Klein), 1968

Tubetti di colore bianco in poliestere e sotto plexiglass / White paint tubes in polyester and plexiglass
100 × 100 × 3.5 cm
Collezione / Collection Giancarlo e Danna Olgiati, Lugano
Archive Durand-Ruel n. 3522

ESPOSIZIONI / EXHIBITIONS
La Jolla, 1974, n. 45, p. 54 [ripr. / repr.] / Seattle, 1974 / Forth Worth, 1975 / Des Moines, 1975 / Buffalo, 1975; Zürich, 1986, p. 11 [ripr. col. / col. repr.]; Milano, 2003, n. 12, p. 55 [*Hommage à Y. Klein*, datato / dated 1975, ripr. col. / col. repr.]; Milano, 2008, p. 56 [*Hommage à Y. Klein*, ripr. col. / col. repr.]

23.
Cloud burst, 1968

Accumulazione di componenti elettrici in resina / Electrical components accumulation in resin
95 × 60 × 5 cm
Collezione / Collection Gian Enzo Sperone
Arman Studio Archive, New York
n. APA#8003.68.00; Archive Durand-Ruel n. 10313

24.
Accumulation in Doors (Hommage à Duchamp), 1968

Rilievo in cartone e matita / Cardboard relief and pencil
32 × 84 × 22 cm
Collezione / Collection Giancarlo e Danna Olgiati, Lugano
Provenienza / Provenance Galleria Schwarz, Milano; Archive Durand-Ruel n. 1978

ESPOSIZIONI / EXHIBITIONS
Parma, 1984, n. 22, p. 47 [datato / dated 1970, ripr. col. / col. repr.]; Milano, 2003, n. 13, pp. 56–57, [datato / dated 1970, ripr. col. / col. repr.]; Milano, 2008, p. 47 [datato / dated 1970, ripr. col. / col. repr.]

25.
Les ailes jaunes – Accumulation Renault n. 105, 1967

Elementi di carrozzeria gialli saldati (ali parabordi) / Welded yellow car elements (fender wings)
164 × 120 × 115 cm
Collezione / Collection Giancarlo e Danna Olgiati, Lugano
Archive Durand-Ruel n. 1605

ESPOSIZIONI / EXHIBITIONS
Paris, 1969, n. 5 [ripr. / repr.]; Hannover, 1982, p. 87, [ripr. col. / col. repr.] / Darmstadt, 1982 / Tel Aviv, 1983 / Tubingen, 1983 / Antibes, 1983, n. 52, p. 75 [ripr. col. / col. repr.] / Dunkerque, 1983; Lugano, 1984, n. 52, p. 87 [*Accumulation Renault*, ripr. col. / col. repr.]; Parma, 1984, n. 68, p. 89 [*Accumulation Renault*, ripr. col. / col. repr.]; Zürich, 1986, n. 16, p. 46 [ripr. col. / col. repr.]; Rovereto, 2002, p. 373 [ripr. col. / col. repr.]; Milano, 2003, n. 18, pp. 65–66 [ripr. col. / col. repr.]; Paris, 2007, n. 157, p. 227 [ripr. col. / col. repr.] / Hannover, 2007; Basel, 2011, p. 47 [ripr. col. / col. repr.]

BIBLIOGRAFIA / BIBLIOGRAPHY
Celant, 2020, n. 293, p. 221 [ripr. col. / col. repr.]

26.
Accumulation Renault – Bielles, 1968

Bielle in plexiglass / Connecting rods in plexiglass
105 × 81.5 × 3 cm
Collezione privata / Private collection, Lugano
Archive Durand-Ruel n. 1660

ESPOSIZIONI / EXHIBITIONS
Lugano, 1984, n. 22, p. 43 [ripr. col. / col. repr.] / Parma, 1984, n. 14, p. 45 [ripr. col. / col. repr.]; Zürich, 1986, n. 14, p. 44; Rottweil, 2002, n. 29 [ripr. col. / col. repr.]; Milano, 2003, n. 19, pp. 68–69 [ripr. col. / col. repr.]

27.
Spaghetti-Sauce Renault – Accumulation Renault n. 132, 1968

Accumulazione di cavi elettrici in teca di plexiglass / Accumulation of electrical cables in plexiglass case
159 × 100 × 6 cm
Collezione / Collection Gian Enzo Sperone
Archive Durand-Ruel n. 1634

ESPOSIZIONI / EXHIBITIONS
Amsterdam, 1969, n. 20 [*Accumulation Renault n. 132*, ripr. / repr.]; Paris, 1969, n. 22, p. 10 [*Accumulation Renault n. 132*, ripr. / repr.]

BIBLIOGRAFIA / BIBLIOGRAPHY
Martin, 1973, n. 147, p. 162 [*Spaghetti-Sauce Renault*, ripr. / repr.]; Celant, 2020, n. 308, p. 238 [*Spaghetti-sauce Renault*, ripr. col. / col. repr.]

28.
Senza titolo, 1969

Violino spaccato e bruciato in resina in plexiglass / Broken and burnt violin in resin in plexiglass
80 × 40 × 5.5 cm
Collezione / Collection Gian Enzo Sperone
Arman Studio Archive, New York
n. APA#8208.69.182; Archive Durand-Ruel n. 304

ARMAN
Esposizioni delle opere in mostra / Exhibitions of the displayed works

Milano, Galleria Apollinaire, *Mostra personale di Arman*, XII.1959; cat., testo di / text by P. Restany; ed. Galleria Apollinaire, Milano, 1959

Lissone, Palazzo del Centro del Mobile, *XII Premio Lissone*, 1961; cat., testi di / texts by G.C. Argan, U. Apollonio, P. Restany; ed. Mariani, Lissone, 1961

Milano, Galleria Schwarz, *Arman*, 06.XI – 29.XI.1963; cat., testo di / text by A. Jouffroy; ed. Galleria Schwarz, Milano, 1963

Düsseldorf, *Galerie Schmela, Arman, Colères et coupures*, 05.VI.1963

London, The Tate Gallery, *Paintings and Sculpture of a Decade 54-64*, 22.IV – 28.VI.1964; cat., testi di / texts by E. Wright, R. Fior; ed. Tate Gallery / Calouste Gulbelkian Foundation, London, 1964

Amsterdam, Stedelijk Museum, *Arman*, 22.IX – 02.XI.1964; cat., testi di / texts by P. Restany, C. Pascal; ed. Stedelijk Museum, Amsterdam, 1964

Bruxelles, Palais des Beaux-Arts, *Pop art, nouveau réalisme etc...*, 05.II – 01.III.1965; cat., testi di / texts by P. Restany, J. Dypreau; ed., Palais des Beaux-Arts, Bruxelles, 1965

Krefeld, Museum Haus Lange, *Arman*, 10.IV – 30.V.1965; cat., testo di / text by P. Wember; ed. Museum Haus Lange, Krefeld, 1965

Bruxelles, Palais des Beaux-Arts, *Arman*, 17.II – 06.III.1966; cat., testo di / text by P. Restany, Palais des Beaux-Arts, Bruxelles, 1966

Milano, Galleria Schwarz, *Mouvement Dada 1916-1966*, 05.II – 04.III.1966; cat., ed. Galleria Schwarz, Milano, 1966

Leverkusen, Städtisches Museum Schloss Morsbroich, *fetisch-formen*, 07.IV – 15.V.1967; cat., testo di / text by J. Schickel, H.H. Holtz, P. Gorsen; ed. Städtisches Museum Schloss Morsbroich, Leverkusen, 1967; dopo / later Berlin, Berliner Kunstverein, Haus am Waldsee, 23.V – 02.7.1967

Köln, Wallraf-Richartz Museum, *Sammlung Hahn, Zeitgenössische Kunst*, 03.V.1968 – 07.VII.1968; cat., testo di / text by W. Hahn; ed. Wallraf-Richartz Museum, Köln, 1968

Milano, Galleria Schwarz, *Arman*, 11.VI.1968 – 30.IX.1968; cat., testo di / text by P. Restany; ed. Galleria Schwarz, Milano, 1968

Amsterdam, Stedelijk Museum, *Arman, 33 Accumulations*, 11.III – 13.IV.1969; cat., n. 456, ed. Stedelijk Museum, Amsterdam, 1969

Paris, Musée des Arts décoratifs, *Arman: Accumulation Renault*, 22.V – 28.VII.1969; cat., testo di / text by F. Mathey; ed. Union Central des Arts décoratifs, Paris, 1969

Milano, Rotonda della Besana, *Nouveau Réalisme 1960-1970*, 27.XI.1970 – 25.I.1971; cat., testo di / text by P. Restany; ed. Comune di Milano, Milano, 1970

Wuppertal, Von der Heydt Museum, *Fünf Sammler, Kunst unserer Zeit*, 05.VI – 11.VII.1971; cat., testi di / texts by J.-H. Müller, G. Aust; ed. Von der Heydt Museum, Wuppertal, 1971

New York, John Gibson Gallery, *Arman. Selected activities*, 20.X – 21.XI.1973; cat., testi di / texts by J. Van der Marck, P. Schjeldahl; ed. John Gibson Gallery, New York, 1973

Roma, Parcheggio di Villa Borghese, *Contemporanea*, 30.XI.1973 – VI.1974; cat., testi di / texts by A. Bonito Oliva et al. / and others; ed. Centro Di, Firenze, 1973

Paris, Galerie Mony Calatchi, *Exposition pour le 25e anniversaire de mes activités de marchand de tableaux, 1re partie, 10 artistes des année 60*, 21.III – 20.IV.1974; cat., testo di / text by M. Calatchi; ed. Galerie Mony Calatchi, Paris, 1974

Arles, Salle Romanes du Cloître Saint-Trophime, *Arman, Le juste poids d'un homme et d'une oeuvre*, 09.VII – 30.IX.1974; cat., testo di / text by P. Restany; ed. Ville d'Arles, Arles, 1974

La Jolla, San Diego, Museum of Contemporary Art, *Arman. Selected Works 1958-1974*, 15.IX – 29.X.1974; cat., testo di / text by J. Van der Marck; ed. Museum of Contemporary Art, La Jolla, 1974; dopo / later Seattle, Henry Art Gallery, University of Washington, 10.XI – 08.XII.1974; dopo / later Fort Worth, Fort Worth Art Museum, 18.I – 23.II.1975; dopo / later Des Moines, Des Moines Art Center, 18.III – 20.VI.1975; dopo / later Buffalo, Albright Knox Art Gallery, 28.VI – 03.VIII.1975

Hannover, Kunstmuseum Hannover mit Sammlung Sprengel, *Arman. Parade der Objekte. Retrospektive 1955 bis 1982*, 23.V – 25.VII.1982; cat., testi di / texts by J. Büchner, P. Restany; ed. Sammlung Sprengel, Hannover, 1982; dopo / later Darmstadt, Hessisches Landesmuseum, 15.IX – 31.X.1982; dopo / later Tel Aviv, The Tel Aviv Museum, *Parade of Objects, Retrospective 1955-1982*, I – II.1983; cat., Testi di M. Sheps et al. / and others; ed. The Tel Aviv Museum, Tel Aviv, 1983; dopo / later Tubingen, Kunsthalle, 12.III – 15.V.1983; dopo / later Antibes, Musée Picasso Chateau Grimaldi, *Arman, La parade des objets. Rétrospective 1955-1983*, estate / Summer 1983 [15 opere aggiunte / added works]; cat., testi di / texts by D. Giraudy, P. Restany; ed. Musée Picasso, Antibes, 1983; dopo / later Dunkerque, Lieu d'Art et Action Contemporaine de Dunkerque, LAAC, autunno / autumn 1983

Knokke-Heist, Chrystian Fayt Art Gallery, *Arman*, 17.III – 23.IV.2.1984; cat., testo di / text by D. Abadie; ed. Chrystian Fayt Art Gallery, Knokke-Heist, 1984

Lugano, Museo Civico di Belle Arti, Villa Ciani, *Arman o l'oggetto come alfabeto. Retrospettiva 1955-1984*, 29.VI – 16.IX.1984; cat., testi di / texts by W. Schonenberg, A. Verdet, P. Restany; ed. Città di Lugano, Lugano, 1984; dopo / later Parma, Palazzetto Eucherio Sanvitale, Parco ducale, 25.X – 30.XI.1984; cat., testi di / texts by W. Schönenberg, A. Verdet, P. Restany; ed. Comune di Parma, Parma, 1984

Tokyo, The Seibu Museum of Art, *Arman*, 2.I – 13.II.1985; cat., ed. The Seibu Museum of Art, Tokyo, 1985

Venezia, Palazzo Cà Vendramin Calergi, *III Salone Internazionale Mercanti d'Arte Moderna*, 06 – 16.09.1985; cat., testo di / text by V. Sgarbi; ed. Marsilio, Venezia, 1985

Zürich, Galerie Pavillon Werd, *Arman. Retrospektive*, 23.I – 01.III.1986; cat., testi di / texts by M. Kahn-Rossi, A. Hanspeter, M. Reto; ed. Schweizerische Bankgesellschaft, Zürich, 1986

Paris, Musée d'art moderne de la Ville de Paris, *1960: Les Nouveau Réalistes*, 15.V – 07.IX.1986; cat., testi di / texts by H.J. Burderer, M. Fath, D. Schwarz; ed. Société des Amis du Musée d'art moderne de la Ville de Paris, Paris, 1986; dopo / later Mannheim, Kunsthalle, 27.IX.1986 – 04.I.1987 / Winterthur, Kunstmuseum, 25.I – 22.III.1987

Madrid, Museo Nacional Centro de Arte Reina Sofía, *Colección Sonnabend. 25 años de selección y de actividad*, 30.X.1987 – 15.II.1988; cat., testo di / text by J. L. Froment; ed. Ministerio de Cultura, Madrid 1987

Bordeaux, CAPC Musée d'art contemporain, *Collection Sonnabend: 25 Années de Choix et d'Activités d'Ileana et Michael Sonnabend*, 06.V – 21.VIII.1988; cat., testo di / text by M. Bourel; ed. CAPC Musée d'art contemporain, Bordeaux, 1988

Berlin, Hamburger Bahnhof, *Museum der Avantgarde. Die Sammlung Sonnabend New York*, 07.XII.1988 – 26.II.1989; cat., testo di / text by C.M. Joachimides; ed. Electa, Milano 1988

Roma, Galleria Nazionale d'Arte Moderna, Roma, *La collezione Sonnabend: dalla Pop Art in poi*, 14.IV – 02.X.1988; cat., testo di / text by G. De Feo, L. Velani; ed. Electa, Milano, 1988; dopo / later Trento, Museo d'Arte Moderna e Contemporanea di Trento e Rovereto, Palazzo delle Albere, 04.XI.1989 – 07.I.1990

Genève, Musée Rath, *La Collection d'Ileana et Michael Sonnabend. Une grande collection américaine des années soixante à aujourd'hui*, 1990; cat., testi di / texts by R. Aeschlimann, A. Bonito Oliva; ed. Musée Rath, Genève, 1990

Tokyo, Sezon Museum of Art, *Sonnabend Collection,* 1990; dopo / later Sendai, Miyagi Museum of Art / Hiroshima, Fukuyama Museum of Art / Kyoto, National Museum of Modern Art, 1990

Milano, Galleria Arte Borgogna, *Arman*, II – IV.1990; cat., testi di / texts by P. Restany, M. Rossi; ed. Arte Borgogna, Milano, 1990

Milano, Fondazione Mudima, *Arman in Italy*, 07.III – 07.IV.1991; cat., testi di / texts by H. Martin, A. Bonito Oliva; ed. Fondazione Mudima, Milano, 1991

Milano, Galleria Fonte d'Abisso Arte, *Nouveaux Réalistes. Anni '60. La memoria viva di Milano*, 16.X – 18.XII.1997; cat., testi di / texts by P. Restany; ed. Mazzotta, Milano, 1997

Paris, Galerie Nationale du Jeu de Paume, *Arman*, 27.I – 12.IV.1998; cat., testi di / texts by D. Abadie, Arman, U. Eco, R. Moulin, W. Rubin; ed. Jeu de Paume, Paris, 1998; dopo / later Ludwigshafen am Rhein, Wilhelm-Hack-Museum; 02.V – 19.VII.1998; cat. testo di / text by R.W. Gassen; ed. Gerd Hatje, Ostfildern-Ruit, 1998; dopo / later Lisboa, Culturgest, 15.IX – 06.XII.1998; dopo / later Tel Aviv, Museum of Art, 16.V – 13.VI.1999; dopo / later Madrid, Fondaciòn La Caixa, Barcellona, *Arman*, 19.I – 01.IV.2001; cat., testi di / texts by D. Abadie, Arman, U. Eco, R. Moulin, W. Rubin; ed. La Caixa, Madrid, 2001

Rio de Janeiro, MAM, Museu de Arte Moderna, *Arman*, 24.IX – 15.XI.1999; dopo / later Sào Paulo, Museu de Arte de Sào Paulo, Assis Chateaubriand-MASP, 30.XI – 09.I.2000; dopo / later Monterrey, Museo de Monterrey, 24.II – 30.IV.2000; dopo / later Taipei, National Museum of History, 30.XI.2000 – 10.IX.2001

München, Haus der Kunst, *Dinge in der Kunst des XX. Jahrhundert*s, 02.IX – 19.XI.2000; cat., testi di / text by S. Rosenthal, S. Longhi, I. Kredler; ed. Steidl, Gottingen, 2000

Vence, 2001, Galerie Beaubourg, Chateau Notre Dame des Fleurs, *Africarmania. Arman et L'Afrique*, 01.VII – 31.X.2001; cat., testi di / texts by Arman, P. Nahon; ed. Les Éditions de la Différence / Galerie Beaubourg, Vence, 2001

Nice, Musée d'art moderne et Contemporain, *Arman. Passage à l'acte*, 16.VI – 14.12.2001; cat., testo di / texts by G. Perlein, A. Jouffroy, Arman, P. Restany, A. Hindry; ed. Skira / Seuil, Milano, 2001

Rottweil, Kreissparkasse, *3 x Nouveau Réalisme: Arman, Daniel Spoerri, Jean Tinguely*, 02.VII – 11.VIII.2002; cat., testo di / text by M. Rischgasser; ed. Kreissparkasse, Rottweil, 2002

Rovereto, Museo di Arte Moderna e Contemporanea di Trento e Rovereto, *Le stanze dell'arte. Figure e immagini del XX secolo*, 15.XII.2002 – 13.IV.2003; cat., testi di / texts by G. Belli et al. / and others; ed. Skira, Milano, 2002

Nice, Bibliothèque Louis-Nucéra, *Arman, ou la lecture à l'oeuvre*, 24.IV – 21.VI.2003; cat., testo di / text by T. Reut; ed. Bibliothèque Louis-Nucéra, Nice, 2003

Milano, Galleria Fonte d'Abisso Arte, *Arman. Le plein de l'art*, 23.X.2003 – 20.XII.2003; cat., testi di / texts by D. Battaglia Olgiati, M. Meneguzzo; ed. Mazzotta, Milano, 2003

Cannes, La Malmaison, *Arman Les Inédits, Collection Jean Ferrero*, 08.VII – 26.XI.2006: cat., testi di / texts by F. Ballester, J. Ferrero; ed. Images en Manoeuvres, Marseille, 2006

Paris, Centre Georges Pompidou – Musée national d'art moderne, *Yves Klein Corps, couleur, immatériel*, 05.X.2006 – 05.II.2007; cat., testi di / texts by C. Morineau et al. / and others; ed. Centre Pompidou, Paris, 2006

Paris, Galeries Nationales du Grand Palais, *Le Nouveau Réalisme*, 28.III – 02.VII.2007; cat., testi di / texts by C. Debray, C. Francblin, C. Morineau; ed. Réunion des musées nationaux, Paris, 2007; dopo / later Hannover, Sprengel Museum, *Le Nouveau Réalism – Revolution des Alltäglichen*, 09.IX – 27.I.2008; cat., testi di / texts by U. Kempel et al. / and others; ed. Hatje Cantz, Ostfildern, 2007

Roma, Scuderie del Quirinale, *Pop Art 1956–1968*, 26.X.2007 – 27.I.2008; cat., testi di / texts by W. Guadagnini, L. Hegyi, D. Lancioni; ed. Silvana Editoriale, Cinisello Balsamo, 2007

Milano, PAC Padiglione d'Arte Contemporanea, *Il Nouveau Réalisme dal 1970 ad oggi. Omaggio a Pierre Restany*, 07.XI.2008 – 01.II.2009; cat., testi di / texts by R. Barilli et al. / and others; ed. Silvana Editoriale, Cinisello Balsamo, 2008

Paris, Centre Georges Pompidou, Musée national d'art moderne, *Arman*, 22.IX.2010 – 16.I.2011; cat., testi di / texts by J-M. Bouhours, A. Pacquement, U. Eco, B. Rose, E. Ollier et al. / and others; ed. Centre Pompidou, Parigi, 2010; dopo / later Basel, Museum Tinguely, 16.II– 15.V.2011; cat. testo di / text by J-M. Bouhours, U. Eco, B. Rose, E. Ollier et al. / and others; ed. Museum Tinguely, Basel, 2011

Basel, Museum Tinguely, *Fetisch Auto. Ich fahre, also bin ich / Car Fetish. I Drive, Therefore I Am*, 08.VI – 09.X.2011; cat., testi di / texts by H. Böhme, R. Wetzel, M. Kraft, L. Lütkehaus; ed. Kehrer, Heidelberg, 2011

Berlin, Martin-Gropius-Bau, *Zero, The International Art Mouvement of the 50s and 60s*, 21.III – 08.VI.2015; cat., testi di / texts by D. Pörschmann, M. Schavemaker et al. / and others; ed. Walter König, Köln, 2015; dopo / later Amsterdam, Stedelijk Museum, *Zero, let us explore the stars*, 04.VII – 08.XI.2015

Paris, Galerie Daniel Templon, *Arman Accumulations, 1960–1964*, 27.II – 06.IV.2016; cat., testi di / texts by N. Bourriaud; ed. Daniel Templon, Paris, 2016

Città di Castello, Fondazione Palazzo Albizzini Collezione Burri, *Burri Lo spazio di materia / tra Europa e USA*, 24.IX.2016 – 06.I.2017; cat., testi di / texts by B. Corà; ed. Fondazione Palazzo Albizzini Collezione Burri, Città di Castello, 2016

Lugano, Collezione Giancarlo e Danna Olgiati, *Vedo Rosso*, 26.III – 12.VI.2022; cat., testo di / text by Danna Olgiati; ed. Collezione Giancarlo e Danna Olgiati / MASI Museo d'Arte della Svizzera Italiana, Lugano, 2022

Aix-en-Provence, Hôtel de Caumont, *Yves Klein, Intime*, 28.X.2022 – 26.III.2023; cat., testi di / texts by C. Braschi, D. Riout; ed. In fine, Paris, 2022

Rovereto, Museo d'Arte Moderna e Contemporanea di Trento e Rovereto, *L'uomo senza qualità. Gian Enzo Sperone collezionista*, 26.X.2023 – 03.III.2024; testi di / texts by V. Sgarbi, D. Isaia, G.E. Sperone; ed. Silvana Editoriale, Cinisello Balsamo, 2023

ARMAN
Bibliografia delle opere in mostra / Bibliography of the displayed works

Arman[1], *Kölner Leben*, Köln, 1968
Arman[2], *Telegraf*, 16 giugno / June, Berlin, 1968
Arman[3], *Westkunst XXXVIII Jahrgang*, n. 14, 15 luglio / July, München, 1968
Arman, *Beaux-Arts magazine*, Paris, France, 1998
Bonnefoy F., Clément S., *Arman*, Galerie Nationale du Jeu de Paume, Paris, 1998
Bouhours J-M., *Arman, L'exposition / The exhibition*, Centre Pompidou, Parigi, 2010
Celant G., *Arman 1954–2005*, Silvana Editoriale, Cinisello Balsamo, 2017
Celant G., *Arman 1954–1974*, Silvana Editoriale, Cinisello Balsamo, 2020
Durand-Ruel D., *Arman. Catalogue Raisonné II, 1960–1961–1962*, Édition de La Différence, Parigi, 1991
Durand-Ruel D., *Arman. Catalogue Raisonné III, 1963–1964–1965*, Les Éditions de la Différence, Parigi, 1993
Durand-Ruel D., *Arman. Catalogue Raisonné I, 1954–1959*, Cudemo, Bordighera, 2005
Foster H., Krauss R., Boys Y-A., Buchloh B., *Arte dal 1900, Modernismo, Antimodernismo, Postmodernismo*, Zanichelli, Bologna, 2006
Lamarche-Vadel B., *Arman*, Les Édition de la Différence, Paris, 1998
Martin H., *Arman or, Four and twenty blackbirds baked in a pie or why settle for less when you can settle for more*, Harry N. Abrams, New York, 1973
Meneguzzo M., *L'Arte Contemporanea*, "La Storia dell'Arte-La Biblioteca di Repubblica", vol. 18, Electa, Milano, 2006
Swenson G.R., "Arman and Esthetic Chance", *Quadrum, revue internationale d'art moderne*, n. 17, Gand, 1964

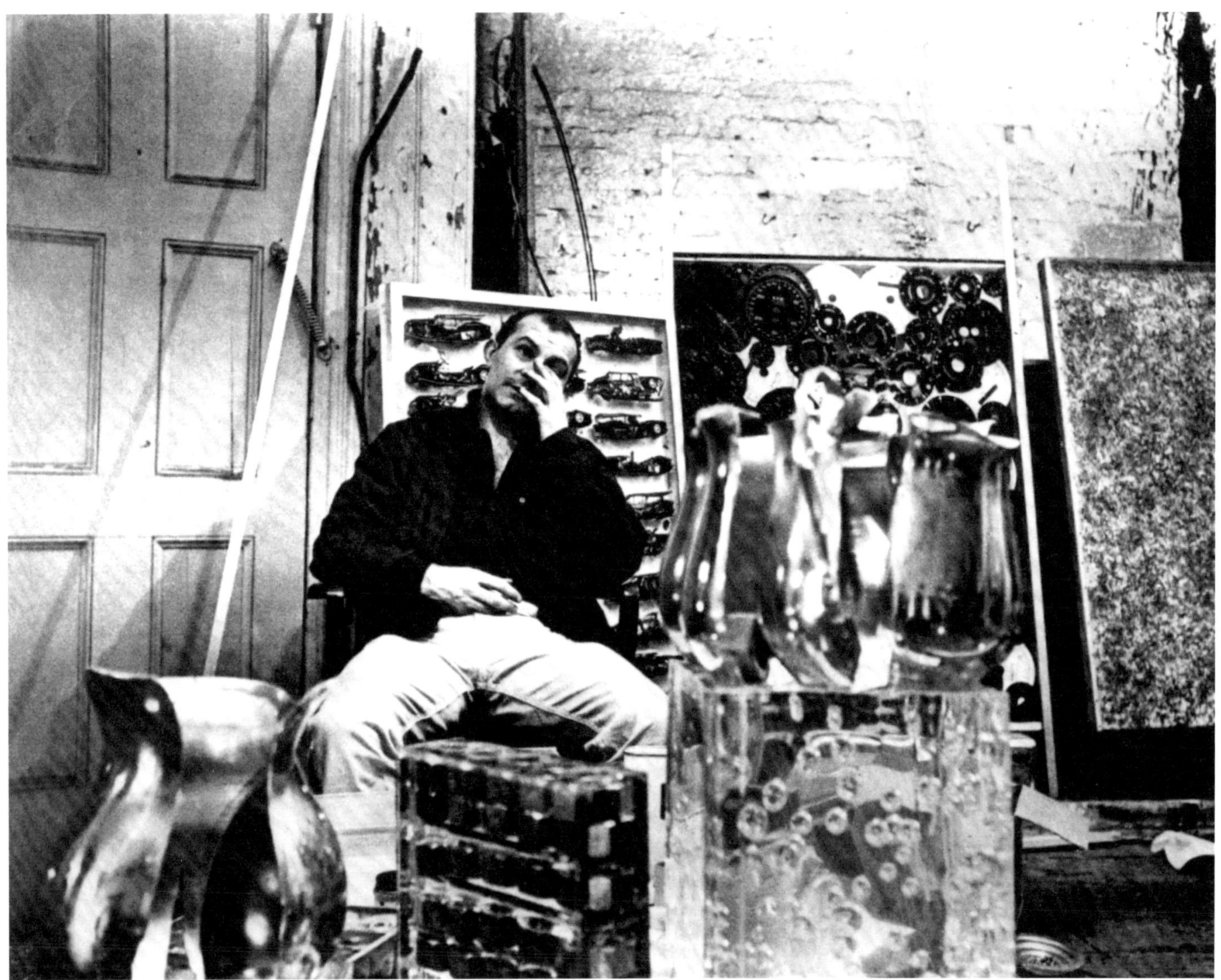

Arman nel suo studio/in his studio, 1964

Crediti fotografici / Photo credits

Per tutte le immagini con opere di / For all the images showing works by
Yves Klein: © Succession Yves Klein by SIAE 2024
Arman: © Arman by SIAE 2024; © Arman Studio Archives New York

p. 6 © J. Nocenti
p. 10 © foto / photo Miltos Toscas
p. 13 Getty Research Institute, Los Angeles (2014.R.20). Gift of the Roy Lichtenstein Foundation in memory of Harry Shunk and Janos Kender. Foto / photo Shunk-Kender. © J. Paul Getty Trust
p. 17 (alto / top) foto / photo Maria Eugenia Le Noci
p. 17 (basso / bottom), 27, 35, 45 (alto / top) Getty Research Institute, Los Angeles (2014.R.20). Gift of the Roy Lichtenstein Foundation in memory of Harry Shunk and Janos Kender. Foto / photo Shunk-Kender. © J. Paul Getty Trust
p. 20 © Shinichi Segi
p. 23 Getty Research Institute, Los Angeles (2014.R.20). Gift of the Roy Lichtenstein Foundation in memory of Harry Shunk and Janos Kender. Foto attribuita a / photo attributed to Miltos Toscas
p. 28, 31, 49 Getty Research Institute, Los Angeles (2014.R.20). Gift of the Roy Lichtenstein Foundation in memory of Harry Shunk and Janos Kender. Foto / photo Shunk-Kender. © J. Paul Getty Trust
p. 32 foto / photo Jean Ferrero © Ferrero, Nice
p. 41 (basso / bottom) foto / photo Paul Sarisson
p. 42 © Hans Haacke by SIAE 2024
p. 45 (basso / bottom) Getty Research Institute, Los Angeles (2014.R.20). Gift of the Roy Lichtenstein Foundation in memory of Harry Shunk and Janos Kender. Foto / photo Shunk-Kender. © J. Paul Getty Trust
p. 46 foto / photo Christian Vincent
p. 54 foto / photo Christian Baur, Basel. © Jean Tinguely by SIAE 2024. Courtesy of Museum Tinguely, Basel
p. 57 © Jean Tinguely by SIAE 2024
p. 76, 97, 117, 118–19, 120, 134 foto / photo Stefania Beretta
p. 82, 136 foto / photo François Fernandez
p. 104 foto / photo Todd-White Art Photography
p. 116, 135, 139, 140, 145, 148 foto / photo Studio Pagi, 2024
p. 122–23, 128, 130, 131, 132, 133, 144, 149, 151 foto / photo Franco Borrelli
p. 143 foto / photo Antonio Maniscalco
p. 167 © Pierre Joly et Véra Cardot by SIAE 2024

Ringraziamenti / Acknowledgments

Uno speciale ringraziamento alla Fondazione Yves Klein per la collaborazione e le ricerche d'archivio, in particolare al suo Direttore François Roulin, a Rotraut Klein-Moquay e a Daniel Moquay.
Si ringraziano Marilou Barbanti e Louis Thelier per il supporto nella realizzazione della mostra / A special thanks to the Yves Klein Foundation for their collaboration and archival research, particularly to its Director François Roulin, to Rotraut Klein-Moquay, and to Daniel Moquay.
Thanks to Marilou Barbanti and Louis Thelier for their support in the realization of the exhibition.

Si ringrazia Arman Studio Archives di New York e in particolare Corice Arman per la preziosa collaborazione al progetto / Thanks to the Arman Studio Archives in New York and especially to Corice Arman for the valuable collaboration on the project.

Uno speciale ringraziamento a Gian Enzo Sperone, alla Collezione Lanfranchi e a tutti coloro che desiderano mantenere l'anonimato, per i prestigiosi prestiti accordati / A special thanks to Gian Enzo Sperone, to the Lanfranchi Collection, and to all those who wish to remain anonymous, for the prestigious loans granted.

Questo catalogo è stato pubblicato in occasione della mostra / This catalogue has been published on the occasion of the exhibition

Yves Klein e Arman. Le Vide et Le Plein

22 settembre / September 2024
12 gennaio / January 2025

A cura di / Curated by
Bruno Corà

Progetto espositivo / Exhibition Design
Mario Botta Architetti

Collezione Giancarlo e Danna Olgiati
Riva Antonio Caccia 1
6900 Lugano, Svizzera / Switzerland
collezioneolgiati.ch

Parte del circuito museale del / A branch of the museum network of
MASILugano

Direzione artistica / Creative Director
Danna Olgiati

Exhibition Management
Arianna Quaglio
Davide Morandi

Assistente di direzione / Assistant to Director
Alice Mauri

MASI – Museo d'arte della Svizzera italiana

Direttore / Director
Tobia Bezzola

Registrar
Maria Pasini

Conservazione e restauro / Conservation and Restoration
Sara De Bernardis
Massimo Soldini
Alice Gobbetti
Elena Prieto Bello

Staff tecnico / Art Handling
Pascal Campana
Federico Saurer
Gabriel Escobar
Giacomo Galletti
Pablo Jörg
Salvatore Oliverio
Ivan Spoti

Marketing e comunicazione / Marketing and Communication
Sarah Greenwood
Laura Pomari
Martina Santurri
Sara Tua
Silvia Zanni

Amministrazione, finanze e risorse umane / Administration, Finances and Human Resources
Dragan Jovanovic
Hanna Keskin

Assicurazione / Insurance
Helvetia Assicurazioni
HWI Europe

Trasporti / Shipping
Haas & Company AG
Liguigli Fine Arts Service
Zürcher Trasporti S.A.

Con il patrocinio di / With the patronage of

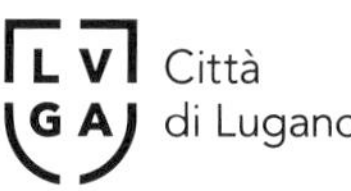 Città di Lugano

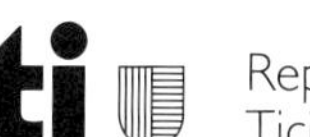 Repubblica e Cantone Ticino

In collaborazione con / In collaboration with

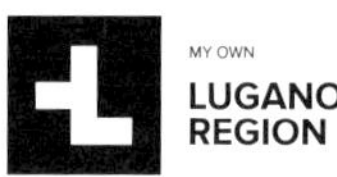

Con il contributo e il sostegno di / With the contibution and support of

fondazione giancarlo e danna olgiati

Fondazione Sir Lindsay and Lady Owen-Jones

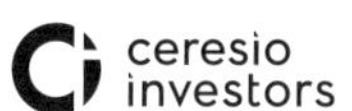

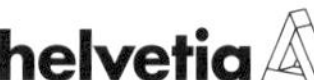

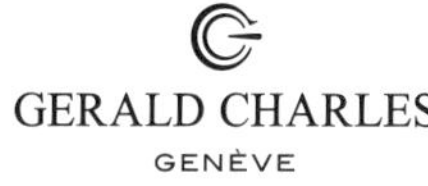

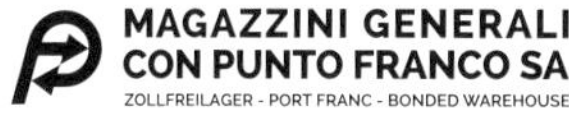

Catalogo / Catalogue

Publishing Editor
Micola Clara Brambilla (Mousse)

Editorial Coordinator
Emma Passarella (Mousse)
Arianna Quaglio (Collezione Giancarlo e
Danna Olgiati)

Progetto grafico / Graphic Design
Francesco Valtolina (Mousse)
Alessandro Schino (Mousse)

Testi di / Texts by
Giancarlo e Danna Olgiati
Bruno Corà
Tobia Bezzola
Mario Botta

Apparati / Appendix
Aldo Iori

Traduzioni / Translations
Aelmuire Helen Cleary
Marcus Kleinfeld

Stampato da / Printed by
Artigiana Grafica Snc, Montegalda (VI)

Prima edizione / First edition
2024

© 2024 Collezione Giancarlo e Danna Olgiati,
Mousse Publishing
© 2024 Gli autori per i loro testi / the authors
for their texts

ISBN
9788867496440

€ 40 / $ 45

Pubblicato da / Published by
Mousse Publishing
Contrappunto s.r.l.
via Pier Candido Decembrio 28
20137, Milano / Milan, Italia / Italy
moussemagazine.it

Distribuito da / Available through
Mousse Publishing, Milan
moussemagazine.it
DAP | Distributed Art Publishers, New York
artbook.com
Idea Books, Amsterdam
ideabooks.nl
Les presses du réel, Dijon
lespressesdureel.com
Antenne Books, London
antennebooks.com
Libro Co. Italia, Firenze
libroco.it